Alexandra Busch Ladies of Fashion

Für Heike Frederking, Hilge Landweer
und Sophia Lütke Föller

Alexandra Busch

Ladies of Fashion
Djuna Barnes, Natalie Barney und das Paris der 20er Jahre

Haux

Inhalt

Du weißt nicht mehr, wer du bist, wer du
gewesen bist, du weißt, daß du gespielt hast,
du weißt nicht mehr, was du gespielt hast,
was du spielst. Du weißt weder was deine Rollen
noch wer deine lebenden oder toten Kinder sind.
Und du weißt nicht mehr die Orte, die Bühnen,
die Hauptstädte, die Kontinente, wo du
die Leidenschaft der Liebenden hinausgeschrien hast.
Du weißt nur, daß das Publikum bezahlt hat
und daß man ihm das Schauspiel schuldet.
Marguerite Duras, SAVANNAH BAY

Vorwort

Wie der natürlichen Weiblichkeit eine einzige soziale
Rolle entspricht, so schließt die Rede
von der Natur den Terminus der Rolle aus.
Eine Rolle verweist auf eine andere Rolle, nicht jedoch
auf eine ursprüngliche und unbeeinflußbare Natur.
Ursula Geitner, SCHAUSPIELERINNEN

Die Beschäftigung mit dem Paris der 20er Jahre und den Lebensgeschichten Djuna Barnes' und Natalie Barneys führt die LeserInnen* ins Labyrinth der Bilder, Schauspiele, Inszenierungen und Mythen.

Ähnlich wie Paris die Phantasie vieler dort nicht lebenden Menschen beschäftigt wie keine andere europäische Hauptstadt, haben auch die 20er Jahre die Phantasie der Nachgeborenen beflügelt wie kein anderes Jahrzehnt dieses Jahrhunderts.

Das Paris der 20er Jahre wird durch die Verbindung zweier höchst erfolgreicher kollektiver Phantasien zu einem der irrealsten und zugleich faszinierendsten Orte der »Moderne«, dessen Reiz dadurch noch gesteigert wird, daß sich dort zwischen den beiden Weltkriegen die Avantgarde der europäischen Kunst und der englischsprachigen Literatur versammelte. Zu dieser literarischen Avantgarde gehörten nicht nur mittlerweile weltbekannte Autoren wie James Joyce und Ernest Hemingway, sondern auch Schriftstellerinnen wie Hilda Doolittle und Gertrude Stein. Die Geschichte dieser AutorInnen, ihrer in den 20er und 30er Jahren entstandenen Texte und ihres Lebens in Paris, das heißt die Geschichte der *expatriate culture* der amerikanischen und europäischen Kultur-EmigrantInnen, die zwischen 1920 und 1930 zu Hunderten in die französische Hauptstadt strömten, ist mit dem Salon der amerikanischen Millionärin, Mäzenatin und Schriftstellerin Natalie Barney eng verbunden. Dieser Salon fungierte in den 20er Jahren in Paris als eine Art kultureller Schmelztiegel. Bei Natalie Barney trafen sich

* Anders als Leserinnen meint »LeserInnen« sowohl Frauen als auch Männer. Siehe dazu auch die Vorbemerkung zum Sprachgebrauch auf S. 202.

Mitglieder der verschiedenen amerikanischen und europäischen Zirkel und Gruppen, RepräsentantInnen der verschiedenen literarischen und künstlerischen Strömungen, Politiker, Adelige und Homosexuelle beiderlei Geschlechts.

Zu den Gästen Natalie Barneys gehörte in jenen Jahren auch Djuna Barnes — jene brillante und mittlerweile auch in der Bundesrepublik bekannt gewordene amerikanische Schriftstellerin. Sie wurde im Paris der 20er Jahre zu den bedeutendsten AutorInnen der amerikanischen Literatur gerechnet und setzte Natalie Barney und ihrem Freundinnenkreis mit ihrem 1928 veröffentlichten LADIES ALMANACH ein ebenso unterhaltsames wie kritisches literarisches Denkmal.

Die Lebensgeschichten Djuna Barnes' und Natalie Barneys erzählen nicht nur von zwei verschiedenen Versionen des Aufbruchs der Frauen in die Literatur und Kultur des 20. Jahrhunderts. Sie erzählen darüber hinaus von jenem »›Anderen‹ des Rätsels« — von der Kehr- und Rückseite der Geschichte der *Lost Generation* und der Pariser *expatriate culture*, vom *Paris France* der weiblichen Avantgarde und vom *Paris Lesbos* einiger weniger *Ladies of Fashion*, die im Kreise Natalie Barneys eine Möglichkeit fanden, der Verwirklichung ihrer persönlichen Utopien einen Schritt näher zu kommen.

So, wie die Geschichte des Paris der 20er Jahre immer auch die Geschichte des Mythos' einer Stadt und eines Jahrzehnts ist, ist die Geschichte Djuna Barnes' und Natalie Barneys immer auch die Geschichte faszinierender Inszenierungen und Schauspiele. Im LADIES ALMANACH spiegelt sich der Mythos von *Paris France* und *Paris Lesbos* und verbindet sich mit den literarischen Inszenierungen und Dekonstruktionen Djuna Barnes' zu einer Satire, die jene »Unterströmungen« repräsentiert, die von den meisten Literaturgeschichten über die 20er Jahre bewußt ignoriert oder schlicht übersehen worden sind.

Thema dieses Buches ist weder die historische Wirklichkeit einer für die Entwicklung der Literatur des 20. Jahrhunderts entscheidenden Epoche noch die biographische Wahrheit zweier bedeutender Vertreterinnen der weiblichen Avantgarde dieser Zeit. Thema sind einerseits die Bilder und

Mythen, die das Paris der 20er Jahre zu jenem magischen Ort gemacht haben, der vielen LeserInnen als Hintergrund der dort entstandenen Texte Joyces, Hemingways, Steins oder Barnes' präsent ist. Andererseits geht es um die sozialen und literarischen Inszenierungen Djuna Barnes' und Natalie Barneys, die ihrem Publikum nicht nur in den 20er Jahren ›Schauspiele‹ besonderer Art zu bieten hatten.

Die im folgenden beschriebene Reise zum magischen Ort Paris, die Darstellung der Lebensgeschichten Djuna Barnes' und Natalie Barneys unter dem Aspekt des ›Schauspiels‹ und der im zweiten Teil des Buches beschriebene LADIES ALMANACH erzählen von *einer* von vielen möglichen Lesarten der Geschichte. Diese Lesart versteht sich in erster Linie als Anregung für andere LeserInnen, sich im Paris der 20er Jahre, in den Lebensgeschichten Djuna Barnes' und Natalie Barneys und den Texten Djuna Barnes' auf eigenen Entdeckungsreisen zu begeben.

»That ›other‹ of the mystery« Djuna Barnes, Natalie Barney und das Paris der 20er Jahre

Sie waren es, von denen alle Romanzen handelten,
die wir jemals gelesen haben. ... Sie reichen weit zurück
in unsere verlorene Ferne, wo das, was wir niemals
besaßen, steht und wartet. Die Begegnung mit ihnen
war unvermeidlich, denn sie wurden
von unserer Sehnsucht auf dem Irrweg geschaffen.
Djuna Barnes, NACHTGEWÄCHS

»Lost Men« und »Winning Women« Die Pariser »expatriate culture« und die »Women of the Left Bank«

Is our memory a second life — when the past becomes the future?
Natalie Barney in einem Brief an Djuna Barnes

Das Paris der 20er Jahre gehört zu jenen magischen Orten, die prädestiniert sind, zum Mythos zu werden: »Nur selten haben eine Stadt und eine Epoche die Phantasie so gefangengenommen wie das Paris jener Jahre. Aus unserer heutigen Perspektive erscheint diese Epoche wie abgetrennt vom historischen Gang des 20. Jahrhunderts, seltsam fern und doch erstaunlich faszinierend. Unsere Eindrücke dieser Zeit sind in gleicher Weise geprägt von einem Sinn für genüßlichen Hedonismus wie von der Erinnerung an ein intellektuelles Fieber. ... Wir haben diese Jahre romantisiert, wie es auch diejenigen taten, die sie durchlebten.«[1]

Diese KünstlerInnen, SchriftstellerInnen, PhotographInnen und JournalistInnen, die nicht nur aus Frankreich, sondern aus ganz Europa und den Vereinigten Staaten gekommen waren, ließen die französische Hauptstadt in ihren Erzählungen, Briefen, Artikeln, Memoiren, Romanen, Photos und Bildern zu einer Legende werden, die fast alle, die an ihrer Entstehung beteiligt gewesen waren, um Jahrzehnte überlebte: »Unvergeßliches, gefallenes Paris! Wer hat es nicht für irgendetwas geliebt, das ihm keine andere Stadt bieten konnte! ... Was schulden wir, die wir es kennengelernt haben, dieser Stadt nicht alles! Man konnte sich nehmen, soviel man tragen konnte. Warum nicht gleich alles — auch das.«[2] Hier und an anderer Stelle ist immer wieder von der Freiheit die Rede, die Paris seinen Gästen, die es tolerierte und liebte, gewährte — eine Freiheit zu künstlerischen und persönlichen Aufbrüchen, Abenteuern und Ausschweifungen, die *expatriates*[3] aus den Vereinigten Staaten ebenso faszinierte und animierte wie europäische Intellektuelle und KünstlerInnen: »Wenn die Kunst wirklich international ist, wie Henry James und T.S. Eliot glaubten, dann war ihre kulturelle Hauptstadt in den zwanziger Jahren Paris.«[4]

Dieses Paris Gertrude Steins, Ezra Pounds, Djuna Barnes', James Joyces, Meret Oppenheims, Pablo Picassos, Berenice Abbotts, Man Rays und vieler anderer LiteratInnen, KünstlerInnen, Bohemians und Bonvivants mit seinem Exzentrik und Selbstinszenierungen nicht nur tolerierenden, sondern geradezu herausfordernden Klima ging mit Ausbruch des Zweiten Weltkriegs unter, wie die Welt der Belle-Epoque-Salons und Prousts SUCHE NACH DER VERLORENEN ZEIT mit Ausbruch des Ersten Weltkriegs untergegangen war. Dieses Paris gehörte bereits 1941, als Djuna Barnes ihr KLAGELIED AUF DAS LINKE UFER verfaßte, unwiderruflich der Vergangenheit an: »Das Schreckliche ist ja nicht, daß all diese Dinge geschehen konnten, sondern daß sie alle vorbei sind.«[5]

Viele *expatriates* hatten Paris schon während der 20er Jahre wieder verlassen[6], die verbliebenen kehrten in den 30er Jahren in ihre Heimatländer zurück oder verließen bis auf wenige Ausnahmen bei Ausbruch des Zweiten Weltkrieges wegen der nationalsozialistischen Besatzer die Stadt. Zwar kehrten einige von ihnen — so beispielsweise Natalie Barney — nach dem Krieg nach Paris zurück, doch in den 50er und 60er Jahren beherrschten neue Namen, neue intellektuelle und literarische Moden die Szene der Stadt. Vom Paris der 20er Jahre blieben all jene Texte, deren AutorInnen sich literarisch oder (auto)biographisch mit den *roaring Twenties* beschäftigten und dabei ihre eigene Vergangenheit und die Metropole, in der sie »heiterere Tage, als es zu der Zeit sonst irgendwo gab, und traurigere«[7] verlebt hatten, auf die eine oder andere Art in Szene setzten.

Diese Erinnerungen derjenigen, die zur richtigen Zeit am richtigen Ort gewesen waren, trafen und treffen noch heute auf die kollektiven Phantasien der anderen, denen die französische Hauptstadt allgemeinstes Symbol und gefälligste Metapher alternativer Möglichkeiten und Perspektiven war und ist. Denn auch die, die des Französischen nicht mächtig sind, können sich unter dem angeblich typisch französischen *joie de vivre* gewöhnlich etwas vorstellen und wissen genau, an welchem Ort diese traumhafte Mischung aus Liebe, Lust und Leidenschaft zuhause ist: in jenem längst legendären Paris der Champs Elysées, des Montmartre, der Boulevards, der Cafés, Bistros, und Restaurants. Auch ohne die Stadt betreten zu haben, können sich alle jederzeit und überall vom Flair dieser Metropole, dessen Ingredienzen nach Belieben und Vorlieben gemischt werden können, umwehen und einfangen lassen. Was den einen die Eleganz und der Duft Coco Chanels ist, mögen die anderen in den Verheißungen des Vin Rouge und des unvermeidlichen Champagners suchen — doch darauf kommt es nicht an. Denn entscheidend ist nicht, ob »Paris« eher oder häufiger Bilder vom Louvre oder vom Moulin Rouge hervorruft. Wichtiger ist, daß fast allen zu dieser Stadt etwas einfällt, das auf die eine oder andere Art und Weise die eigenen Träume, Wünsche oder Phantasien repräsentiert. Die französische Hauptstadt als Rätsel und Versprechen zugleich gehört zu den erfolgreichsten »Mythen des Alltags«[8] dieses Jahrhunderts und ist auch im Zeitalter des Massen- und Long-Distance-Tourismus vielen EuropäerInnen und AmerikanerInnen die längst nicht mehr beschwerliche Reise wert, die viele der amerikanischen *expatriates* in den 20er Jahren noch in der *Tourist Third* der Reisegesellschaften der North Atlantic Conference antreten mußten.

Die 20er Jahre als angeblich ebenso dekadentes wie aufregendes Jahrzehnt zwischen Kriegsende und Großer Depression sind wie die französische Hauptstadt dazu angetan, die Phantasie der Nachgeborenen zu beflügeln, die geneigt sind, genau jene nicht genauer zu beschreibende und ergo unvergleichliche Mischung aus Exzentrik, Extravaganz, Eleganz, Erotik und Exotik für den Zeitgeist einer Epoche zu halten, die ebenso erfolgreich zerredet worden ist wie das Paris jener Zeit. Dieser Ansicht war auch Djuna Barnes, die bereits 1922 bemerkte, »die Vervielfältigung von Paris habe seine Zerstörung bewirkt ... allzuviele Menschen hätten über Paris berichtet — es habe den Ruf einer allzu schönen Frau.«[9]

Trotzdem ist nicht nur Djuna Barnes selbst, sondern sind auch viele ihrer InterpretInnen diesem ›Ruf‹ nur allzu gern gefolgt. Alle, die sich auf solch eine Reise begeben, sollten sich wie Barnes in ihren Artikeln über das Paris der 20er Jahre darüber im klaren sein, daß sie nicht der historischen Wahrheit dieser Epoche, sondern einem Mythos auf der Spur sind, aus dem sich die Geschichte seiner Entstehung längst verflüchtigt hat. Einige der NachfolgerInnen Djuna Barnes' und anderer *expatriates* haben sich darauf beschränkt, die gängigen Klischees von den »wilden 20er Jahren« in einer bezaubernden Stadt zu reproduzieren, ohne sich oder ihre LeserInnen zu fragen, wie dieses schöne Objekt kollektiver Sehnsucht nach einer ganz anderen Zeit eigentlich entstanden ist. Ein solches Vorgehen mag den Nachgeborenen die Identifikation mit den HauptakteurInnen der *Golden Twenties* erleichtern. Es verstellt jedoch den Blick auf all jene faszinierenden Aspekte der 20er Jahre und der auf ihren Bühnen auftretenden Figuren, die erst dann deutlich werden, wenn man nicht nur die Fassaden dieser Zeit, sondern auch die Risse und Brüche in diesen Fassaden zu betrachten und vielleicht auch zu bewundern und zu bestaunen bereit ist.

Paris France

Als Djuna Barnes 1920 zum erstenmal nach Paris kam, hatten Natalie Barney, Gertrude Stein und Sylvia Beach bereits etliche Jahre in der französischen Metropole verbracht. Anfang des Jahrhunderts waren jedoch nicht nur KünstlerInnen und SchriftstellerInnen, für die Paris schon seit den Zeiten Benjamin Franklins ein kulturelles ›Muß‹ gewesen war, sondern auch viele Geschäftsleute mit ihren Familien in die französische Hauptstadt gekommen. Die, die geblieben waren, hatten sich am rechten Seine-Ufer niedergelassen und bildeten dort eine kleine amerikanische Kolonie, die Anfang dieses Jahrhunderts sogar über eine eigene Zeitung, den PARIS HERALD, verfügte.

Während im 19. Jahrhundert die Reise nach Europa und der Aufenthalt in Paris zum Bildungsprogramm amerikanischer Intellektueller und der reichen amerikanischen Oberschicht gehört hatte, strömten nach dem Ersten Weltkrieg Hunderte von KünstlerInnen und SchriftstellerInnen nach Paris, die ihren Aufenthalt dort nicht länger als Bildungsurlaub verstanden, sondern sich — aus unterschiedlichen Gründen — für eine Weile (oder den Rest ihres Lebens) ins europäische ›Exil‹ begaben: »Während die Künstler in den Vereinigten Staaten der zwanziger Jahre wenig geschätzt wurden ..., hatte Paris sie immer akzeptiert, ja sogar geliebt.«[10] In den 20er Jahren gab es für diese Auswande rung der Avantgarde viele Gründe. Ein Ergebnis der Erfahrungen, die AmerikanerInnen und EuropäerInnen mit sich und ihren Ländern während des Ersten Weltkrieges gemacht hatten, war »die Glaubenskrise, die die westliche Kultur des 20. Jahrhunderts durchzieht: Glaubens- und Vertrauensverlust, die Erfahrung von Zersplitterung und Zerfall, und die Zerstörung kultureller Symbole und Normen.«[11] Unzufrieden mit einem Amerika, dessen intellektuelle, kulturelle und gesellschaftliche Entwicklung nach dem Ende des Krieges ihren Vorstellungen und Erwartungen in keiner Weise entsprach, schien den *expatriates* Paris der geeignete Ort für eine ästhetische Aufarbeitung jenes Scherbenhaufens, den der Erste Weltkrieg hinterlassen hatte. Denn in Paris lebte nicht nur der »Aufsichtsrat der kontinentalen Avantgarde«[12] — Pound, Joyce, Hemingway, Ford, Stein — sondern dort lebten auch die VerlegerInnen, KritikerInnen und vor allem die LeserInnen der neuen, heute gern »modern« genannten Literatur. »Wie Henry James nach Paris gegangen war, um Flaubert, Sand, Maupassant, Zola und Turgenjew zu treffen, so ging in den zwanziger Jahren ein junger Schriftsteller nach Paris, um Valéry, Picasso, Strawinsky und Joyce zu treffen. Daß hier ihre Leser lebten, war einer der wichtigsten Gründe für [amerikanische] Schriftsteller ... nach Paris zu kommen. Die literarische Gemeinde war in Paris: Verleger der neuen Literatur, kleine Zeitschriften, die die neuesten Gedichte druckten und Rezensionen dieser Gedichte, ein Buchladen und eine Leihbücherei[13], wo die neuesten Werke erhältlich waren. Das linke Seine-Ufer war noch eine kleine Stadt, in der Kommunikation und Unterstützung zugunsten der Schriftsteller funktionierten. ... hier wurden sie gefordert, stimuliert und kritisiert und — vor allem — in der literarischen Gemeinschaft gelesen.«[14]

Für viele der Texte, die in dieser Gemeinschaft der *expatriates* in den 20er Jahren entstanden, gilt, was die »moderne« Literatur des frühen 20. Jahrhunderts kennzeichnet: »Die Kunst, die nach dem Ersten Weltkrieg entstand, spiegelte den emotionalen Aspekt dieser Krise wider: Verzweiflung, Hoffnungslosigkeit, angstvolle Lähmung und eine Ahnung von Sinnlosigkeit, Chaos und dem Zerbrechen der materiellen Wirklichkeit. Auf unterschiedlichen Wegen gelangten [die Schriftsteller] aus der Lähmung absoluter Verzweiflung zu einer aktiven Sinnsuche ... Die Künstler als Seher versuchten das zu schaffen, was der Kultur nicht mehr gelang: Symbol und Sinn in den Dimensionen der Kunst ...«[15]

Dabei war »[d]ie Gesellschaft der ›expatriates‹ in Paris ... ähnlich gemischt wie die in Greenwich Village und die aller vergleichbaren ›Szenen‹ in den Großstädten der Epoche.«[16] Die literarische Gemeinschaft der *expatriates* beherbergte in den 20er Jahren so unterschiedliche SchriftstellerInnen und Persönlichkeiten wie Gertrude Stein und Ernest Hemingway, Ezra Pound und Djuna Barnes, Ford Madox Ford und H.D. (Hilda Doolittle), die zwar größtenteils miteinander und untereinander bekannt waren, sich jedoch in verschiedenen *crowds*, Zirkeln und Freundeskreisen gruppierten. Die meisten von ihnen zogen in das am linken Seine-Ufer gelegene Viertel St. Germain-des-Prés, in dem sich auch Djuna Barnes Anfang der 20er Jahre niederließ. Zwischen den Quais des Seine-Ufers, dem Boulevard Raspail und dem Boulevard St. Michel entstand so das Zentrum der Pariser *expatriate culture*, deren wichtigste VertreterInnen die englischsprachige Literatur des 20. Jahrhunderts mit ihren Texten entscheidend beeinflußt haben. Die in Paris entstandenen Texte sind so unterschiedlich wie ihre AutorInnen, gemeinsam ist ihnen jedoch, daß fast alle die oben kurz skizzierte Krise des »modernen Bewußtseins« zu reflektieren und zu verarbeiten versuchten. Ob James Joyce mit seinen im ULYSSES verwendeten Erzähltechniken und der Einbeziehung und Umsetzung der Erkenntnisse der Psychoanalyse die Gattung Roman revolutionierte, ob Gertrude Stein in ihren Texten traditionellen Identitätsvorstellungen eine radikale Absage erteilte, ob Ernest Hemingway in seinen Erzählungen und Romanen all den Erschütterungen Ausdruck verlieh, an denen vor allem die Männer der *Lost Generation*[17] nach dem Ersten Weltkrieg zu leiden hatten, ob sich am Dada, am Surrealismus und an anderen, manchmal nur sehr kurzlebigen »-ismen« ein veränderter Umgang der SchriftstellerInnen mit ihrem Arbeitsmaterial Sprache ablesen ließ oder ob sich SchriftstellerInnen wie Barnes und Joyce parodistisch-satirisch mit der englischen Literaturtradition auseinandersetzten — immer wird an diesen sehr unterschiedlichen Texten deutlich, daß die traditionellen Formen und Schreibweisen nicht länger genügten, um all jenen Veränderungen Ausdruck verleihen und gerecht werden zu können, mit denen sich die SchriftstellerInnen der 20er Jahre konfrontiert sahen.

»[D]ie *expatriates* des Linken Ufers waren eng miteinander verbunden; sie lebten intellektuell und räumlich in nächster Nähe. Jeder kannte jeden: Das Linke Ufer war eine kleine Gemeinde, umgeben von einer unglaublich vitalen Großstadt. Die *expatriates* lasen die gleichen englischsprachigen Zeitungen, besuchten dieselben Konzerte und Theateraufführungen, verkehrten in denselben Cafés ... Man machte die gleichen Erfahrungen, weil man gemeinsam in einer Zeit und einer Stadt lebte.«[18] Dieses literarische Paris war so amerikanisch, daß einige der *expatriates* auch nach mehreren in Paris verbrachten Jahren die französische Sprache kaum beherrschten[19]. Obwohl sie keineswegs unter sich blieben, sondern auch mit französischen und anderen europäischen SchriftstellerInnen, KünstlerInnen und Intellektuellen in Kontakt kamen, führte der Aufenthalt im ›Exil‹ trotzdem nicht zu einer Distanzierung von den USA. Gerade die Entfernung von einem Heimatland, das im Vergleich zu »Paris France«[20] provinziell, rückständig und einengend erschien, ermöglichte all jene ästhetischen Auseinandersetzungen mit der amerikanischen Kultur, Literatur und Tradition, die an vielen Texten Gertrude Steins, Djuna Barnes', Sherwood Andersons oder Ernest Hemingways unmittelbar ablesbar sind. Es gab nur wenige KünstlerInnen und SchriftstellerInnen, für die Paris nicht nur Kulisse war, sondern wirklich eine neue Heimat wurde. »Unter jenen Schriftstellern, die ihre Wurzeln fast gänzlich gekappt zu haben schienen, ragten drei heraus. Die erste war Natalie Barney, deren Salon in der Rue Jacob vielleicht am berühmtesten für seinen Mangel an Amerikanern war. ... Eine weitere war Kay Boyle. Sie hat fast ausschließlich für andere Völker geschrieben, doch tat sie das, wie Amerikanerinnen schreiben, höchst treffend im Ausdruck, doch ein bißchen überspitzt. Und dann war da noch Julian Green. Es ist schwierig, etwas über ihn zu sagen: er war wirklich sehr seltsam. Er schrieb auf Französisch.«[21]

Im selben Text schilderte Barnes 1941 rückblickend auch die ungeahnten Möglichkeiten, die das Paris der 20er Jahre seinen amerikanischen Gästen zu bieten hatte: »Man konnte nahezu jeden kennenlernen, wenn man es nur genügend wollte. Dies kann und konnte man in den USA nicht — und natürlich ebensowenig in Paris, wenn man ein absoluter Schwachkopf war. Doch man konnte es, wenn man intelligent und interessiert war.«[22]

Darüber hinaus bot die französische Hauptstadt eine Vielfalt von Vergnügungsmöglichkeiten. »Da war die ganze Aufregung um das kurzlebige Theater, das Cigale, das vom Conte de Beaumont finanziert wurde. Da war das Ballett Russe mit dem Picasso-Vorhang — einer kräftigen rosa Frauengestalt, die durch den Sand rannte. ... Weisheit konnte man sich an der Sorbonne holen, mit Gelehrten sprechen, mit großen Metaphysikern streiten, Seite an Seite neben den plüschigen Damen des Theaters sitzen. ... Man konnte mit Gewinn die Stätten besuchen, an denen Balzac gearbeitet hatte, oder man konnte zum Zelli oder Ciro gehen und verrückt spielen wie ein Wildpferd und am Morgen aufwachen und darüber stöhnen, daß einen niemand in die Oper mitgenommen hatte ...«[23] Es gab Cafés wie das Dôme, das Aux Deux Magots oder das Café de Flore: »Hier kann man kommen und gehen. Wenn man Freunde trifft und sich nicht einig ist, bezahlt man seine Rechnung und geht; wenn man ›miteinander zurechtkommt‹, kann daraus jede erdenkliche Harmonie erwachsen. In einem Café kann man den aufgeribbelten Ärmel der Zeit wieder neu stricken oder so verbittert sein, wie man will, und das nur sich selbst zu verdanken haben.«[24] Es gab kleine Theater, Bars, den Jardin du Luxembourg, Nôtre Dame, die alte Kirche von St. Germain-des-Prés, den Blumenmarkt am Place de la Madeleine, den Salon Gertrude Steins in der Rue de Fleurus, den Salon Natalie Barneys in der Rue Jacob.

Aufgrund des günstigen Wechselkurses konnten sich viele AmerikanerInnen im Paris der 20er Jahre viele der Annehmlichkeiten leisten, die in den USA für sie unerschwinglich gewesen wären. So vermischte sich die Kritik an den bestehenden amerikanischen Verhältnissen und die Suche nach neuen, dem veränderten Bewußtsein angemessenen literarischen Formen mit der Lust an der Freiheit und den Abenteuern, die Paris all denen gestattete, die sich offen für solche Verlockungen zeigten. »Ich hatte angenommen, daß sie nach Paris gekommen waren, weil sie Lust dazu hatten; der Wein ist billig, die Mädchen sind hübsch, die Crêpes Suzette göttlich, der Place de la Concorde großartig ...«[25] Denen, die zuerst nach Paris gekommen waren, folgten andere, die gingen, weil man einfach *abroad* gehen mußte, betrachtete man sich als Bestandteil der kulturellen und intellektuellen Avantgarde der Zeit, so daß die französische Hauptstadt in den 20er Jahren zu einem Zentrum englischsprachiger Literatur wurde.

Women/Writers

Während die meisten der *expatriate women* der 20er und 30er Jahre nach dem Zweiten Weltkrieg für tot gehalten wurden oder schlicht in Vergessenheit gerieten, blieb die *Lost Generation* Schlagwort und charakterisierender Begriff *einer* literarisch-kulturellen Etappe des *männlichen* Aufbruchs in die »Moderne«. Die führenden Köpfe dieser Bewegung, zu denen Ezra Pound, T.S. Eliot, James Joyce, Ernest Hemingway oder Scott Fitzgerald gerechnet werden, gelten noch heute als ›Erfinder‹ des *Modernism* in der englischsprachigen Literatur: »... häufig wird die Ansicht vertreten, daß der *Modernism*[26] von Männern geschaffen wurde, ja, daß dieses Ereignis selbst eindeutig maskulin war.«[27]

Verlegerinnen wie Sylvia Beach, die 1922 die Veröffentlichung von Joyces ULYSSES ermöglichte; Journalistinnen wie Janet Flanner, die in ihren LETTERS FROM PARIS im NEW YORKER über die kulturellen und politischen Entwicklungen in der französischen Hauptstadt berichtete; Photographinnen wie Berenice Abbott, die Schriftstellerinnen wie Djuna Barnes in ihren Bildern inszenierte; Mäzenatinnen wie Natalie Barney; Autorinnen wie H.D. oder Mina Loy und Malerinnen wie Romaine Brooks galten und gelten bestenfalls als »Hebammen bei der Geburt des *Modernism*, als Frauen, die, die traditionelle weibliche Rolle erfüllend, dieser ... Geburt lediglich hilfreich zur Seite standen.«[28]

Bei genauerer Betrachtung der 20er Jahre zeigt sich jedoch, daß die *expatriate culture* des linken Seine-Ufers und die dort entstandene Literatur keineswegs so männerdominiert war, wie es im nachhinein oft den Anschein hat. Denn in den 20er und 30er Jahren lebten nicht nur Sherwood Anderson, Scott Fitzgerald, Ernest Hemingway, James Joyce, Ezra Pound und William Carlos Williams zeitweilig in Paris, sondern auch Djuna Barnes, Natalie Barney, Kay Boyle, Bryher, Nancy Cunard, H. D., Janet Flanner, Mina Loy, Anaïs Nin, Jean Rhys, Gertrude Stein und Edith Wharton. Diese *Women of the Left Bank*[29] bildeten eine ebenso heterogene Gruppe wie ihre männlichen Kollegen, von denen sie keineswegs strikt getrennt lebten. Djuna Barnes »ist vielleicht die einzige Autorin in Paris, mit der [Joyce] seine Werke ausführlich diskutieren würde«[30]. Ernest Hemingway war mit Gertrude Stein befreundet und gehörte lange Zeit zu den Gästen ihres Salons in der Rue de Fleurus. H.D. hatte in London mit Ezra Pound zusammengelebt, Bryher war die Ehefrau Robert McAlmons und hatte zugleich eine Beziehung zu H.D.. Im Salon Natalie Barneys in der Rue Jacob, in Sylvia Beachs Buchhandlung SHAKESPEARE & COMPANY, in den Cafés und Theatern trafen sich die berühmten und weniger berühmten männlichen und weiblichen *expatriates*. In LITTLE REVIEW, der TRANSATLANTIC REVIEW und anderen kleinen Zeitschriften wurden ihre Texte veröffentlicht, bei SHAKESPEARE & COMPANY konnten sie entliehen, gelesen und diskutiert werden.

Natalie Barney und Djuna Barnes gelten in der Literatur über die 20er Jahre oft als Hauptrepräsentantinnen zweier verschiedener Versionen weiblichen Aufbruchs nach Paris. »Viele dieser Frauen hatten auffallende Gemeinsamkeiten: der familiäre Hintergrund, kulturelle und intellektuelle Ambitionen, politische und sogar religiöse Haltungen ... Natalie Barney galt vielfach als der ›Typus‹ der *expatriate*-Modernistin, eine Frau, deren intellektuelle und sexuelle Unabhängigkeit durch Vermögen und gesellschaftliches Ansehen abgesichert war.«[31] Im Gegensatz dazu erscheint Djuna Barnes häufig als weibliches Pendant des »armen Poeten« — eine Frau, die für ihre immer wieder demonstrierte intellektuelle und künstlerische Unabhängigkeit keinerlei finanzielle Absicherung beanspruchen konnte. Die meisten *expatriate women* waren weder so reich wie Natalie Barney noch so mittellos wie Djuna Barnes. »Im allgemeinen genossen die Frauen der *expatriate community* eine größere finanzielle Unabhängigkeit als die Männer. Sie kamen mit Erbschaften nach Paris oder bezogen kleine Jahresrenten, wodurch sie sich die Freiheit von Amerika erwerben konnten ... Einige dieser Frauen kamen aus den angesehensten Familien der Oberschicht, die meisten jedoch aus soliden Mittelschichtsfamilien.«[32] Kaum eine der Frauen kam aus einer künstlerisch interessierten Familie, viele von ihnen — wie Natalie Barney und Djuna Barnes — hatten keine öffentlichen Schulen besucht, sondern waren privat unterrichtet worden. »[S]ie alle hatten eine ähnliche Ausbildung erhalten, hatten Musik, Malerei oder Literatur ›studiert‹ ...«[33], so daß nur wenige eine humanistische Grundausbildung in alten Sprachen erhalten hatten, die der ihrer männlichen Kollegen vergleichbar gewesen wäre. »[D]iese Frauen scheinen einen gemeinsamen Grund gehabt zu haben, ihr Vaterland zu verlassen: Sie wollten Amerika entfliehen, um in Europa die kulturelle, sexuelle und persönliche Freiheit zu finden, die sie benötigten, um sich und ihre schöpferischen Möglichkeiten kennenzulernen.«[34]

Viele der *expatriate women* hatten Amerika verlassen, weil ihnen Paris die Freiheit bot, die sie in den USA schmerzlich vermißt hatten. »[D]ie französische Toleranz — wahrscheinlich aus einer gewissen Selbstsicherheit und Gleichgültigkeit gegenüber anderen Kulturen — [achtete] nicht auf das Verhalten von Außenseitern. Frauen fanden dort nicht unbedingt ein größeres feministisches Bewußtsein — wie ihre Beobachtungen der Haltung von Joyce, Pound, Hemingway und Gide beweisen —, aber es gab weniger Einschränkungen und sozialen Druck.«[35] Frauen, die wie Gertrude Stein, Sylvia Beach oder Natalie Barney auch erotische Beziehungen mit anderen Frauen hatten, fanden in Paris eher die Möglichkeit, ihre persönlichen Utopien zu verwirklichen als im puritanischen Amerika. Dazu schreibt Stromberg: »Was in Oscar Wildes Generation noch streng verschwiegen — und, wie man weiß, mit schweren Strafen belegt wurde — wird in den zwanziger Jahren in ›Künstlerkreisen‹ und unter aufgeklärten Intellektuellen selbstverständlich akzeptiert und teils lässig, teils demonstrativ gehandhabt.«[36]

Vom Klima der Offenheit und Freizügigkeit, das wesentlicher Bestandteil der *expatriate culture* war, profitierten nicht nur die Männer, sondern auch und gerade die Frauen, die nicht zu den Randfiguren der Left-Bank-Kultur gehörten, sondern in vielerlei Hinsicht im Zentrum agierten. *Innerhalb* dieser Kultur zweifelte denn auch kaum jemand an dem Talent Djuna Barnes', an der Großartigkeit Gertrude Steins, der Wichtigkeit Sylvia Beachs für die Veröffentlichung des ULYSSES und der Bedeutung Natalie Barneys und ihres Salons.

Interpretationen

In der gängigen Literatur zur *Lost Generation* und zum *Modernism* finden sich normalerweise zwei unterschiedliche Interpretationen dieser literarischen Bewegung. Die erste, die im *Modernism* ein Produkt der »Pound-Ära« der Jahre vor dem Ersten Weltkrieg sieht und stark an der Person Ezra Pounds orientiert ist, sei hier außer Acht gelassen[37]. Die zweite Interpretation des *Modernism* definiert diesen vor allem als ein Nachkriegs-Phänomen und betont die Rolle, die der Erste Weltkrieg bei der Entstehung jenes »Verzweiflungs-Bewußtseins« spielte, in dem zumindest der männliche Teil des *Modernism* eine seiner Hauptmotivationen fand. Obwohl der Erste Weltkrieg das Leben und Denken vieler Frauen stark veränderte, liegt es auf der Hand, daß Frauen schon aufgrund ihrer gesellschaftlichen Position und der Art der Erfahrungen, die sie während des Ersten Weltkrieges gemacht hatten, von einer solchen Bewußtseins-Krise nicht auf die gleiche Art und Weise betroffen gewesen sein können wie Männer. In einer Gesellschaft, in der nur allzu oft »Mann« und »Mensch« gleichgesetzt und die »männliche« mit der »allgemein-menschlichen« Erfahrung verwechselt wird, ist es kaum erstaunlich, daß viele der Chronisten der *Lost Generation* die in dieser Zeit von Männern verfaßte Literatur zum Maßstab für die Definition des *Modernism* machten. Der Schluß, der aus solch einer Definition nur allzu rasch gezogen wird, ist, »daß Frauen nicht vollständig an der Nachkriegsliteratur teilhaben konnten, weil sie nicht über konkrete Kriegserfahrungen«[38], das heißt über Erfahrungen im Kampf auf den Schlachtfeldern, verfügten. Besonders deutlich wird dieser Ausschluß der Schriftstellerinnen an rhetorischen Fragen, die die Situation der Schriftsteller nach dem Ersten Weltkrieg beschreiben wollen: »Was konnte ein junger Mann tun? ... Wie konnte er hoffen, sich selbst zu erhalten, sein Selbst rein zu halten?«[39]

Was aber konnten die jungen Frauen, die wie Djuna Barnes Anfang der 20er Jahre nach Paris kamen, tun? Oder konnten sie am Ende gar nichts tun, weil sie tatsächlich so untalentiert waren, wie Ezra Pound glaubte, und schon deshalb nicht an der angeblich männlichen Errungenschaft *Modernism* partizipieren konnten? Was geschah im Laufe der Jahre mit all den in Paris von Frauen geschriebenen Texten, gemalten Bildern, verlegten Zeitschriften? Was wurde aus ihren Photographien, ihren Erinnerungen und Inszenierungen?

»Die jungen Frauen spazierten umher und plauderten; ihre Plaudereien sind vergessen«[40], schreibt Kenner in seiner Untersuchung über die »Pound-Ära« und beschreibt damit das Ergebnis all jener Ausschlußmechanismen, die dazu geführt haben, daß die »verlorenen Männer« der 20er Jahre längst zum bildungsbürgerlichen Inventar gehören, während die Frauen, die zur gleichen Zeit nicht nur persönliche Unabhängigkeit, sondern auch »a Literature of Their Own«[41] gewannen, bis vor wenigen Jahren weitgehend vergessen waren.

Leerstellen

Die auch diesem Vergessen zugrundeliegenden Ausschlußmechanismen sogenannter weiblicher Beiträge sind in den Diskussionen der feministischen Literaturwissenschaft in den letzten Jahren immer wieder thematisiert worden: »Wir müssen uns daran erinnern, daß beispielsweise die ›Realität‹ jener Jahre heute präsent ist als eine Folge der Vorstellungen und Ideen (*idées reçues*), die größtenteils von Männern geprägt wurden. Wir lesen ihre Fiktionen in den Werken der Literatur, die in ihrer Gesamtheit den *Modernism* geprägt haben, in den Interpretationen von Cowley und Hoffman, in den Biographien der männlichen und weiblichen *expatriates* — die von Männern verfaßt wurden — und in den Briefen, Notizen und Tagebüchern von Schriftstellern wie T.S. Eliot,

F. Scott Fitzgerald, James Joyce, Ezra Pound, und William Carlos Williams und in den Erinnerungen von Morrill Cody, Robert McAlmon, und Ernest Hemingway.«[42]

Im Fall der *woman writers* ergänzten sich die hier von Benstock beschriebenen Mechanismen und Faktoren des literarischen Marktes hervorragend im *circulus vitiosus* der Leerstellen-Bildung: Von wenigen Ausnahmen abgesehen können Verlage keinen Nutzen daraus ziehen, Texte von AutorInnen zu veröffentlichen oder wieder aufzulegen, an denen auf dem Markt keinerlei Interesse zu bestehen scheint. Nun ist es durchaus möglich, daß dort nur deshalb keinerlei Interesse besteht, weil das Publikum weder von der Existenz der entsprechenden AutorInnen noch von der Existenz eventuell zu veröffentlichender oder wieder aufzulegender Texte etwas weiß. Wie sollen jedoch die LeserInnen auf Texte und AutorInnen aufmerksam werden, die nicht einmal den vermeintlichen wissenschaftlichen Fachleuten ein Begriff sind? Wie sollen aber LiteraturwissenschaftlerInnen, die nicht aufgrund persönlicher Interessen bei ihren Forschungen auf noch zu entdeckende AutorInnen stoßen, auf die Idee kommen, nach AutorInnen und Texten zu suchen, die wie die Arbeiten Mina Loys oder Natalie Barneys weder im Kanon der Literaturgeschichte noch in Seminaren oder der sogenannten Sekundärliteratur erwähnt werden oder längst als unbedeutend ad acta gelegt worden sind?[43]

Zu Beginn der siebziger Jahre zeigte sich, daß das hier kurz skizzierte Prinzip des Ausschlusses durch Nicht-Thematisierung, dem viele Texte der Pariser *women writers* zum Opfer gefallen waren, dadurch in Frage gestellt werden kann, daß von außen Aufklärungsansprüche an die Wissenschaft und Lesebedürfnisse an den Literaturmarkt herangetragen werden. Genau das geschah, als Mitte der siebziger Jahre in den USA Wissenschaftlerinnen, die zugleich Feministinnen waren und zumindest einen Teil ihrer Forschungsmotivation aus den Diskussionen der Frauenbewegung bezogen, im traditionellen Wissenschaftsbetrieb begannen, die »blinden Flecken« im alten Traum der Subjekt-Objekt-Symmetrie zwischen den Geschlechtern als ideologische Leerstellen zu betrachten. Indem sie die Nicht-Thematisierung des Weiblichen in der Wissenschaft von einem explizit feministischen Standpunkt aus problematisierten, begann vor allem in den Geistes- und Sozialwissenschaften die oft mühsame Spurensicherung jener zunächst gern als »Schwestern von gestern« idealisierten Vorgängerinnen[44], die sich relativ bald auch den Amerikanerinnen in Paris und der Frage nach einer weiblichen Avantgarde zuwandte.

Diejenigen Wissenschaftler und Wissenschaftlerinnen, die in den siebziger Jahren begannen, sich mit den *expatriate women* zu beschäftigen, sahen sich mit vielfältigen Problemen konfrontiert. Ein Großteil der in den 20er und 30er Jahren von Schriftstellerinnen wie Djuna Barnes oder Mina Loy verfaßten Texte war entweder nur in sehr kleinen Auflagen oder in Zeitungen und Zeitschriften veröffentlicht und seitdem nicht wieder aufgelegt worden. Biographische und autobiographische Materialien befanden sich entweder noch in Privatbesitz oder unaufgearbeitet in Archiven zwischen Paris und der amerikanischen Westküste. Hinzu kam, daß viele der Frauen, die im Paris der 20er Jahre gelebt und gearbeitet hatten, nicht sonderlich bemüht gewesen waren, Spuren dieses Lebens und Arbeitens zu sichern. Fast alle ZeitzeugInnen waren Mitte der siebziger Jahre bereits gestorben oder zeigten sich, wie Djuna Barnes, von vornherein wenig kooperativ: »Ich werde von jungen Dingern belagert, die ihre Doktorarbeiten schreiben; ich glaube, ich erzählte Dir schon davon; wie schrecklich sie aussehen, dabei sind sie ganz nett (oder auch nicht), ›Hippies‹ und ›mods‹, die bei mir anklopfen (welcher berühmte Franzose sagte doch gleich: ›Am Ende landet alles in der Gosse‹ — auch die großen Worte).«[45]

Trotz dieser Anfangsschwierigkeiten entstanden in den letzten zehn Jahren in den USA eine Fülle von Aufsätzen, Mono- und Biographien und Dissertationen, die sich mit verschiedenen Aspekten der *expatriate literature*, der *women writers* und dem Paris der 20er Jahre beschäftigen. Darauf reagierte mit einiger Verspätung sowohl die traditionelle Literaturwissenschaft als auch der literarische Markt. An der Wiederentdeckung der Schriftstellerinnen der *Lost Generation* beteiligen sich in den USA inzwischen auch Literaturwissenschaftler. Etliche Verlage haben auf das neue Interesse an Schriftstellerinnen wie Djuna Barnes oder Gertrude Stein mit der Wiederveröffentlichung alter Texte und mit der

Publikation von bis dahin nur schwer zugänglichen Texten reagiert.

Renaissancen

In der Bundesrepublik waren fast alle *expatriate women* bis Mitte der 80er Jahre vollkommen unbekannt. Zwar hatte der Roman NACHTGEWÄCHS Djuna Barnes eine kleine, aber beständige Fan-Gemeinde gesichert und war dabei unpassenderweise zum Kultbuch avanciert, während sich Gertrude Steins »Eine Rose ist eine Rose ist eine Rose« auch in deutschsprachigen Intellektuellen-Texten als durchaus zitierbar erwiesen hatte. Trotzdem wurden Stein und Barnes — im Gegensatz zu Joyce, Hemingway, Pound oder Eliot — bis Anfang der 80er Jahre kaum gelesen, was auch damit zusammenhing, daß der größte Teil ihrer Texte nicht übersetzt war, und man nach literaturwissenschaftlichen Auseinandersetzungen mit ihnen und ihrer Zeit vergeblich suchte[46]. 1982 begann mit einem von Brigitte Siebrasse verfaßten EMMA-Artikel, dem die Autorin mehrere einführende Artikel in Zeitschriften und erste Übersetzungen von journalistischen Texten Barnes' folgen ließ, eine ›Renaissance‹, die Djuna Barnes innerhalb weniger Jahre zu relativ großer Bekanntheit verhalf. Dazu ist anzumerken, daß Brigitte Siebrasse nicht nur der EMMA als »(Wieder)Entdeckerin der Schriftstellerin Djuna Barnes für den deutschen Sprachraum«[47] gilt. Siebrasse, die Barnes noch kurz vor deren Tod in New York besuchte, hat sich wie die Barnes-Übersetzerinnen Christine Koschel und Inge von Weidenbaum in den später 70er und den frühen 80er Jahren intensiv um Barnes' Werk bemüht und hat mit ihrem Engagement wesentlich zur hier kurz skizzierten »Barnes-Renaissance« beigetragen. In deren Verlauf ließ der Berliner Wagenbach-Verlag innerhalb weniger Jahre fast alle veröffentlichten Barnes-Texte übersetzen und präsentierte sie einem zunächst zurückhaltend-skeptischen, dann mehr und mehr hingerissenen deutschen Publikum.

Schon 1984 erschien ein langer Artikel über Djuna Barnes in der ZEIT[48] und wenige Wochen später zog der SPIEGEL nach[49]. Die bei Wagenbach erscheinenden Bücher wurden, eines nach dem anderen, in der FRANKFURTER ALLGEMEINEN, der FRANKFURTER RUNDSCHAU, der SÜDDEUTSCHEN und vielen anderen, kleineren Zeitungen und Zeitschriften zum Teil enthusiastisch rezensiert. Sechzig Jahre nach ihrer Erstveröffentlichung waren Djuna Barnes' Texte in der BRD zumindest in literarisch interessierten Kreisen in aller Munde. 1984 hatte Brigitte Siebrasse einen ihrer Barnes-Artikel noch mit »Wer hat Angst vor Djuna Barnes?«[50] überschreiben müssen. Zwei Jahre später wurden Barnes und ihre Texte als eine *der* literarischen Entdeckungen der 80er Jahre gefeiert, gelesen, ver- und gekauft. Das einseitige, auf Texte wie NACHTGEWÄCHS und ANTIPHON bezogene Bild von den »düsteren«, schwer verständlichen und hermetischen Barnes-Texten war mit der Veröffentlichung von Erzählungen, Portraits und dem LADIES ALMANACH endgültig revidiert worden. Man hatte ›die andere Barnes‹ entdeckt, goutierte ihre Respektlosigkeit, ihren oft beißenden Humor, ihre bis dahin völlig unbekannten satirischen und journalistischen Talente und hatte mit ihr endlich wieder eine positive Vertreterin der mittlerweile als ›autobiographische Jammerliteratur‹ ad acta gelegten sogenannten Frauenliteratur gefunden. Als literarisch zweifelsohne hochbegabte, schöne, unabhängige, jeglicher Identifikation abgeneigte, mit Männern und Frauen bisweilen gleichermaßen hart ins Gericht gehende *femme totale* mit leicht emanzipatorischem Einschlag, schien Barnes in den oft als post-feministisch bezeichneten 80er Jahren prädestiniert für die Rolle der Vorgängerin, die bis dahin mit Autorinnen wie Ingeborg Bachmann oder Virginia Woolf eher dramatisch denn unterhaltsam besetzt gewesen war.

Mit der deutschen Ausgabe von Djuna Barnes' LADIES ALMANACH und dem von Brigitte Siebrasse verfaßten Nachwort über die Hintergründe dieses 1928 in Paris anonym veröffentlichten Textes erfuhren die deutschen LeserInnen erstmals auch etwas über Frauen wie Mina Loy, Dolly Wilde, Lucie Delarus-Mardrus und Natalie Barney und deren legendären Freitags-Salon. Die kollektiven Phantasien über die im LADIES ALMANACH satirisch portraitierten *women writers* und die Pariser *women communities* wurden selbst in sich ansonsten eher seriös gebenden Zeitungen wie der FRANKFURTER ALLGEMEINEN ablesbar, die 1986 eine Rezension zum LADIES ALMANACH ungewohnt reißerisch mit »Zwischen

Puff und Gebetshaus«[51] überschrieb und den Rezensenten ausführlich aus der *chronique scandaleuse* Natalie Barneys zitieren ließ. Noch bevor die letzte entzückte Rezension das entzückte Publikum in seinen wildesten Vermutungen über die *roaring Twenties* bestätigt und die Barnes-Renaissance ihren vorläufigen Höhepunkt erreicht hatte, waren die eben erst wieder ans Licht der Öffentlichkeit gekommenen Schriftstellerinnen der 20er Jahre schon wieder in den neuentworfenen Bildern, Mythen und Legenden verschwunden[52].

Ladies of Fashion

Wer aber waren all jene von Barnes im LADIES ALMANACH portraitierten Schriftstellerinnen[53]? Woher waren sie gekommen, und wie haben sie in Paris gelebt? Welche Erfahrungen hatten diese Frauen geprägt? Litten sie unter derselben Verzweiflung, Hoffnungslosigkeit und Angst, die sich zur gleichen Zeit in die Texte ihrer männlichen Kollegen »einschrieb«? Welche Art von Identität galt es für diese Frauen zurückzugewinnen oder ein für allemal zu destruieren? Worüber schrieben sie, wenn sie nicht über den Ersten Weltkrieg und seine Folgen und nicht nur über die »exotischsten Figuren der Pariser Gesellschaft« und deren sexuelle Unersättlichkeit[54] schrieben?

»Gemessen an der Fragestellung der männlichen Avantgarde könnte man die Semantik, die Botschaft in den Romanen von Virginia Woolf, Gertrude Stein, Clarice Lispector, Djuna Barnes oder Jean Rhys als marginal ansehen, krankend an einem immanenten Defizit: an viel zu wenig Philosophie«[55], schreibt Marlis Gerhardt über »Weiblichkeit und Avantgarde« und irrt sich dabei sowohl in der Perspektive als auch in den Schlußfolgerungen, die sie aus dieser Diagnose zieht: »Dem kleinen Ich ohne Metaphysik entspricht die Entscheidung für die kleinere, marginale Form, die Nähe zum Tagebuch, zum Gelegenheitsgedicht, zum Brief. Die ›männliche‹ Ambition, mit der Sprache zu experimentieren, sich bewußt auf ästhetisches Neuland einzulassen, ist dagegen weniger verbreitet.«[56] Dem Klischee von der stets vom »Rückgriff auf die autobiographische Erfahrung«[57] dominierten sogenannten Frauenliteratur entsprechen gerade die Texte der oben genannten Autorinnen ganz und gar nicht.

Vor allem die Arbeiten Gertrude Steins, Djuna Barnes' und Virginia Woolfs sind immer auch Texte, in denen auf allen Ebenen der Kampf »mit der Tradition und gegen eine ästhetische Ordnung, die das Gesetz des Vaters repräsentiert«[58], geführt wird. Gerade Gertrude Stein, Djuna Barnes und Virginia Woolf haben in ihren Texten immer wieder ästhetisches Neuland betreten und haben ihren Ambitionen, auch mit der Sprache und der Tradition der ›Väter‹ und der ›Brüder‹ zu experimentieren, kompromißlos Ausdruck verliehen. Indem sie sich immer wieder mit Fragen und Problemen der Identität und dem Ort des Weiblichen im herrschenden Diskurs beschäftigt haben, haben sie einen Sprach-Kampfplatz erobert, den weder die ›Väter‹ noch die ›Brüder‹ bis dahin für der Rede wert gehalten hatten, ohne daß sie sich deshalb darauf beschränkt hätten, Texte für und über Frauen zu schreiben.

Es ist durchaus zutreffend, daß weder Djuna Barnes noch Gertrude Stein auf all den anderen Kampfplätzen, auf denen Pound, Hemingway und Joyce mit *ihren* ›Vätern‹ und der Tradition des 19. Jahrhunderts abrechneten, etwas zu suchen gehabt haben. Und wären Stein, Barnes, Barney, Loy, Rhys und all die anderen Schriftstellerinnen der Pariser Left-Bank-Kultur ›gute Töchter‹ gewesen, hätten sie sich herausgehalten aus all den ästhetischen Auseinandersetzungen des frühen 20. Jahrhunderts. Indem sie sich einmischten und — wie Barnes und Stein — einen angemessenen Platz in der Galerie der »Moderne« für sich und ihr Werk beanspruchten, wurden sie Wegbereiterinnen einer ganz anderen Tradition von Frauenliteratur: einer Literatur, die sich nicht länger autobiographisch »mit der Erkundung von Binnenräumen«[59] beschäftigte. Mit ihren Texten legten diese Schriftstellerinnen einerseits Analysen und Dekonstruktionen all jener Diskurse vor, die »das Weibliche« normalerweise als das »andere Geschlecht« ausgrenzen und zum Schweigen bringen. Andererseits setzten sie sich in ihren Arbeiten mit all jenen großen, auf den ersten Blick geschlechtsneutralen Themen auseinander, die sich auch in den Texten ihrer männlichen Kollegen finden.

In Texten wie dem LADIES ALMANACH führten die *women writers* dabei vor, »[w]ie ... ein weibliches Subjekt, das eigentlich gar kein Ich hat, sondern Nicht-Ich ist, das Kunststück fertig[bringt], sich über das hinwegzusetzen, was ihm an negativen Definitionen auferlegt ist.«[60]

Die Voraussetzungen »jener Autorinnen, die zur Avantgarde gerechnet werden«, sind dabei in der Tat andere als die der »ästhetischen Revolution der Söhne«[61]. Denn Gertrude Stein, Djuna Barnes und die anderen Schriftstellerinnen der Left-Bank-Kultur hatten sich in ihren Texten nicht nur mit dem Erbe der ›Väter‹, sondern auch noch mit den Bildern, die zur gleichen Zeit in den Texten ihrer schreibenden ›Brüder‹ von ihnen entworfen wurden, auseinanderzusetzen. Als ›Töchter‹ rebellierten sie gegen den Namen und gegen das »Gesetz des Vaters«, das die Frauen als »Nicht-Ich« zum Objekt der Blicke, der Sprache und der Interpretationen und Definitionen von Männern gemacht hatte. Als ›Schwestern‹ rebellierten sie gegen das »Gesetz der Brüder«, das die Frauen erneut zum Objekt der von Männern entworfenen Diskurse über Weiblichkeit und Welt zu machen versuchte.

Soweit diese Frauen in ihren Texten »[d]ie Dekonstruktion des Sinns, die Problematisierung von Geschlechtsidentität bei fiktiven Figuren, die Aufgabe der Teleologie im Erzählen, die Bewußtbarmachung der Materialität des Mediums«[62] betrieben, gehörten sie zur selben Avantgarde wie Joyce und andere große Autoren des 20. Jahrhunderts. Indem sie darüber hinaus in ihren Texten die diskursive Produktion von Weiblichkeit beschrieben und Mittel und Wege fanden, Vorstellungen von Weiblichkeit zu entwickeln und zu vermitteln, die von den traditionellen stark abwichen, waren sie Bestandteil der »weiblichen Avantgarde« des 20. Jahrhunderts. Deren Vertreterinnen zeichnen sich nicht dadurch aus, daß sie ganz anders schreiben, denken und sind als ihre männlichen Kollegen, sondern dadurch, daß sie immer etwas weniger sind und etwas mehr leisten müssen: Als Frauen müssen sie das »Mensch-Sein«, das »Männlichkeit« immer schon impliziert, erst beanspruchen und mit ihren Realitäten füllen. Als Schriftstellerinnen müssen sie neben vielem anderen immer auch diesen Kampf gegen die Gesetze ihrer ›Väter‹ und ›Brüder‹ und gegen die Sprache führen, reflektieren und verarbeiten: »Wenn uns die Erfahrung der *expatriate*-Schriftstellerinnen irgendetwas vermitteln kann, dann, daß Poesie und Politik nicht zu trennen sind, und daß das Konzept des ›Asexuellen‹ das Konzept des ›Sexuellen‹ stets beinhaltet. Weiterhin hat uns diese Erfahrung Möglichkeiten gezeigt, wie einige moderne Literatinnen ›asexuelle Poesie‹ und ›sexuelle Politik‹ in der Fortführung weiblicher Poesietradition zu verbinden wußten — einer Tradition, die zurückreichte bis zu Sappho und im 20. Jahrhundert auf H.D.'s Erneuerung der klassischen Tradition verweist.«[63]

Es ist durchaus zutreffend, wenn Stromberg kritisiert, daß sogenannte »radikal feministische Annäherungen«[64] an Djuna Barnes und andere Autorinnen zu unzulässigen Verallgemeinerungen, Fehlinterpretationen oder zur Reduktion sehr komplexer und komplizierter Texte auf die »weiblich-feministische Aussage« geführt haben. Eine differenzierte und distanzierte Beschäftigung mit den *Women of the Left Bank* führt denn auch nicht zur Entdeckung leicht zu vereinnahmender »Schwestern von gestern«. Vielmehr ermöglicht sie Begegnungen mit Frauen, deren Lebensgeschichten voller Widersprüche sind, deren Texte manchmal nur schwer verständlich sind, und die sich all jenen, die sich mit ihnen oder ihren Arbeiten mit Hilfe von Schlagworten identifizieren wollten, oft konsequent verweigert und entzogen haben. »Djuna Barnes hat es — mit Recht — abgelehnt, sich in eine Kategorie einordnen zu lassen: sie sei keine Lesbierin, wie ihr in der Folge ihres leidenschaftlichen Verhältnisses zu Thelma Wood und noch mehr nach dem Erscheinen von NIGHTWOOD nachgesagt wurde ... Mit ebenso gutem Recht entzieht sie sich der Einordnung als Feministin.«[65]

1928 hat Djuna Barnes einige der Pariser Schriftstellerinnen in ihrem LADIES ALMANACH satirisch portraitiert. Als *Ladies of Fashion* sind Djuna Barnes und ihre Freundin Natalie Barney, das lebende Vorbild der Hauptfigur des LADIES ALMANACH, mit ihren literarischen und sozialen Inszenierungen zentrale Figuren der Pariser Left-Bank-Kultur. Ihre Lebensgeschichte und viele ihrer Texte sind mit dieser Kultur eng verbunden. Diese Texte sind Dokumente *einer* Etappe *weiblichen* Aufbruchs in die Moderne und führen die LeserInnen zurück an jenen magischen Ort: *Paris France.*

»Swan-song« — Djuna Barnes im Paris der 20er Jahre

The more facts we have about a person
the less we know.
Djuna Barnes, NIGHTWOOD

Anders als Natalie Barney, die der Ansicht war, es gäbe auch eine »Indiskretion des Schweigens«, war Djuna Barnes Zeit ihres Lebens hinsichtlich persönlicher Dinge wenig mitteilsam, gab selten Interviews und verfaßte im Unterschied zu vielen anderen *expatriates* auch keine Erinnerungen an ihre Pariser Zeit. Zwar verkaufte sie Anfang der siebziger Jahre ihren gesamten Nachlaß an die Universität Maryland, doch enthielt dieser Nachlaß — abgesehen von Durchschriften der Briefe, die Barnes an Freunde und Freundinnen geschrieben hatte — keine Tagebuchaufzeichnungen oder ähnliche Materialien, die Aufschluß über die diversen »blinden Flecken« in der Biographie der Autorin geben könnten.

Obwohl die Stationen und Daten des Lebenslaufs Barnes' bekannt sind und inzwischen zwei Biographien vorliegen, deren VerfasserInnen umfangreiche Recherchen angestellt haben, um ihren LeserInnen ein Bild der »berühmtesten Unbekannten« des 20. Jahrhunderts[1] zu vermitteln, sind viele Fragen, die man an Djuna Barnes' Leben stellen könnte und vielleicht stellen sollte, unbeantwortet geblieben. Nach wie vor ist über ihre Kindheit und Jugend in Cornwall-on-Hudson und Long Island, über ihre Zeit als Journalistin in Greenwich Village und über einige Aspekte ihres Lebens im Paris der 20er und 30er Jahre wenig Verläßliches bekannt. Ob die BiographInnen diese Lücken mit Hilfe von Rückschlüssen aus den literarischen Texten oder mit Hilfe von Äußerungen anderer Personen über Barnes zu füllen versucht haben — immer ist das so entstandene Bild von Djuna Barnes eines aus zweiter, manchmal gar aus dritter oder vierter Hand. Dort, wo wie in Kyra Strombergs distanziert-vorsichtiger Barnes-Biographie Gelegenheit besteht, Barnes selbst — beispielsweise mit ihren Briefen — gegen einige dieser von anderen entworfenen Bilder ansprechen zu lassen, wird rasch deutlich, wie groß die Versuchung ist,

Leerstellen in der Biographie einer anderen Person mit eigenen Phantasien und Projektionen zu besetzen.

Wenn die Person, auf deren in vielerlei Hinsicht längst verwischten Spuren spätere LeserInnen und InteressentInnen mit einigen Jahrzehnten Verspätung zu wandeln beginnen, nicht nur bemüht gewesen ist, Privates für sich zu behalten, sondern wie Barnes darüber hinaus zu Lebzeiten die Produktion der eigenen Legende in Gang gesetzt hat, ist es schließlich kaum noch möglich, zwischen den diversen Selbstinszenierungen, Mythenbildungen, Phantasien und Projektionen zu unterscheiden.

Die oben erwähnten Leerstellen der Barnes'schen Biographie können im folgenden nicht mit authentischem Material aus neuerschlossenen Quellen gefüllt werden. Es soll allerdings gezeigt werden, welche verschiedenen Arten des Umgangs Djuna Barnes mit ihrer Politik der Nicht-Information provoziert hat, an welchen Stellen sie selbst massiv in den Gang der hier teilweise nachvollzogenen Erstellung des *portrait of an artist* eingegriffen hat, und an welchen Orten und zu welchen Zeiten sich Alternativen zu den bisher vorgelegten Interpretationen und Projektionen aufdrängen.

Das Gefühl von Unzufriedenheit, das eine Beschäftigung mit dem Leben Djuna Barnes' in einer Zeit hervorrufen mag, in der aufgrund der vielerwähnten Überinformation oft der Eindruck entsteht, alles sei restlos zu erforschen und dabei zu erkennen und zu erklären, führt die LeserInnen ins Labyrinth: diejenigen, die den Irrgarten mit der Erwartungshaltung betreten, schließlich ans Ziel zu gelangen, werden enttäuscht. Wohin man Djuna Barnes auf ihren Reisen auch folgen mag — immer ist die, die man sucht, schon längst an einem anderen Ort angelangt. Allerdings nähert man sich, wenn man bereit ist, sich trotzdem auf diese so scheinbar sinnlose Verfolgung einzulassen, auf dem oft mühsamen Umweg über die eigene und die Faszination anderer LeserInnen letztlich zumindest einem der diversen Barnes'schen ›Rätsel‹ und seiner Lösung: »Die Gurus — das sind, wie jedermann weiß, indische Lehrer — stellen dir die Aufgabe, dich zehn Jahre lang in das Wesen der Eichel zu versenken. Und wenn nach dieser Zeit dein Wissen über die Nuß nicht gereift ist, dann ist es mit deiner Weisheit nicht weit her; und das ist das einzige, was du als Gewißheit nach Hause trägst: eine Melancholie für Fortgeschrittene — ...«[2] Direkte Erkenntnis eines Sachverhaltes oder einer Person — so eine der zentralen Aussagen des Romans NACHTGEWÄCHS — ist für niemanden zu erlangen. Am Ende jedes Erkenntnisprozesses steht die Einsicht, daß eine vollständige Lösung der Rätsel niemals möglich sein wird: der Ursprung jener »Melancholie für Fortgeschrittene«, die Djuna Barnes in all ihren Texten fortgeschrieben hat.

Orte

Als Djuna Barnes 1919 oder 1920[3] Greenwich Village verließ und im Auftrag des MCCALL'S MAGAZINE nach Paris ging, um aus der französischen Hauptstadt über Kunst, Kultur und Klatsch zu berichten, hatte sie sich in New York als Journalistin und Autorin bereits einen Namen gemacht. Ihre meist selbst-illustrierten Artikel waren in verschiedenen New Yorker Tageszeitungen erschienen, und VANITY FAIR, LITTLE REVIEW und SMART SET hatten ihre Gedichte, Einakter und Erzählungen veröffentlicht. 1915 war in New York THE BOOK OF REPULSIVE WOMEN erschienen, 1919/20 hatten die berühmten PROVINCETOWN PLAYERS zwei ihrer Einakter mit großem Erfolg uraufgeführt.

In Paris bezog Barnes zunächst ein Zimmer im Hotel d'Angleterre in der Rue Jacob, in der auch Natalie Barney wohnte. »Ihre Empfehlungsschreiben wurden in Gebrauch genommen«[4], und Barnes lernte bald nach ihrem Eintreffen die literarischen Größen der Stadt kennen: Sie traf Ezra Pound und Gertrude Stein und wurde T.S. Eliot vorgestellt, der 1936 mit seinem Vorwort und seinem persönlichen Engagement für den Text wesentlich zur Veröffentlichung des Romans NACHTGEWÄCHS beitrug — möglicherweise handelt es sich jedoch auch hierbei nur um eine Legende, denn Stromberg weist mit Hilfe von Briefzitaten darauf hin, daß Djuna Barnes' Freundin Emily Coleman Eliot massiv unter Druck gesetzt hat, um ihn zu seinem immer wieder erwähnten Engagement für den Text zu bewegen[5].

Schließlich begegnete Djuna Barnes auch James Joyce, dessen ULYSSES sie bewunderte, und den sie in einem Portrait-Interview-Artikel für VANITY FAIR distanziert-bewundernd als »the man, who is, at present, one of the more significant figures in literature«[6] hervorragend und einfühlsam beschrieb: »Ja, damals ging mir auf, daß Joyce das Leben tatsächlich als Sänger, und zwar als ein sehr zartbesaiteter Sänger, begonnen haben mußte. Und weil keine Stimme auf die Dauer gegen die Grausamkeiten des Lebens ansingen kann, ohne zu brechen, wandte er sich Feder und Papier zu, denn so konnte er, in gebotenem Schweigen, die Überfülle der Unzulänglichkeiten als Juwelenauslage arrangieren — Juwelen mit einem Hang zu Moder und Verfall.«[7]

Wie die anderen AmerikanerInnen in Paris verbrachte auch Barnes, die in den *expatriate*-Kreisen der »Greenwich Village *crowd*« um Robert McAlmon zugrechnet wurde, einen Teil ihrer Zeit in Cafés, ließ sich sehen und wurde gesehen: »Aber es wäre absurd zu behaupten, daß sie so ihre Zeit verbrachte ... Wie die anderen ... ernsthaft ehrgeizigen *expatriate*-Künstler ... verbrachte auch sie den größten Teil ihrer Zeit schreibend. Sie schrieb im Bett und vor allem in den Morgenstunden.«[8]

So entstanden Kurzgeschichten und Gedichte, die 1923 unter dem Titel A BOOK in New York erschienen, und der Roman RYDER, der 1928 ebenfalls in New York veröffentlicht wurde. Außerdem verfaßte Barnes zwischen 1920 und 1930 über vierzig Artikel und Interviews, die unter anderem in VANITY FAIR und im THEATRE GUILD MAGAZINE erschienen.

1921 reiste Djuna Barnes mit der »Greenwich Village *crowd*« nach Budapest und Wien und verbrachte längere Zeit in Berlin: »Kennen Sie Deutschland, Madame, Deutschland im Frühling? Dann ist es zauberhaft dort, finden Sie nicht? Alles so großzügig und frisch, und die Spree, die sich schmal und dunkel vorwärtswindet — und die Rosen! Die gelben Rosen an den Fenstern. Und die strahlenden Amerikaner mit ihrer Gesprächigkeit, wie sie zwischen den Gruppen schwerfälliger deutscher Männer hindurchlaufen, die über ihre Maßkrüge hinweg ihre lebenslustigen, lachenden Frauen anstarren.«[9]

Barnes' Aufenthalt in Paris wurde in den 20er Jahren außerdem durch mehrere längere Reisen in die USA unterbrochen, die in Zusammenhang mit den oben erwähnten

Buchveröffentlichungen standen. Reisen im Freundeskreis oder zu Freunden und Freundinnen, unter anderem nach Italien und Spanien, folgten.

1931 verließ Barnes Paris wieder und verbrachte einige Zeit in Tanger, im englischen Landhaus ihrer Freundin Peggy Guggenheim, in dem sie große Teile ihres Romans NACHTGEWÄCHS schrieb, und in New York. 1937 kam sie zum letzten Mal nach Paris, das sie kurz vor Ausbruch des Zweiten Weltkrieges endgültig verließ. Sie kehrte nach New York zurück, wo sie 1941 ein Eineinhalb-Zimmer-Apartment am Patchin Place in Greenwich Village bezog, in dem sie die folgenden 41 Jahre verbrachte und 1982 neunzigjährig starb.

Rückblende

Als Djuna Barnes 1911 oder 1912 nach New York ging, war sie 19 Jahre alt und hatte in einer Familie, die von einem exzentrischen Vater und einer nicht weniger exzentrischen Großmutter beherrscht wurde, jene »Lehrjahre eines Ungeheuers«[10] absolviert, die in die ›Vorgeschichte‹ so unterschiedlicher Texte wie der Theaterstücke THE BIOGRAPHY OF JULIE VON BARTMANN, ANTIPHON und des Romans RYDER eingegangen sind: »Woher die zugrundeliegende Geschichte stammt? Aus meinem Leben. Jeder Schriftsteller schreibt aus seinem Leben.«[11]

Field, der vor allem die ›Vorgeschichte‹ der Barnes-Großmutter Zadel und ihres Vaters Wald zurückverfolgt, beschreibt die zentralen Figuren der Kindheit Barnes' folgendermaßen: »Ihre schwache englische Mutter, die dickköpfige Großmutter und ihr verdorbener amerikanischer Vater waren untüchtige Exzentriker. Das war ihr Unglück, aber es war auch die Quelle *all* ihrer Kunst.«[12]

Als Djuna Barnes 1892 als zweitältestes von insgesamt fünf ehelichen und mehreren unehelichen Kindern Wald Barnes' geboren wurde, lebte die Familie — bestehend aus Großmutter Zadel, Mutter Elizabeth Chappel, Vater Wald und ältestem Sohn Thurn — in Cornwall-on-Hudson, einer kleinen, ländlichen Stadt in der Nähe New York Citys: »Die Familie, in der Djuna Barnes aufwuchs, war matriarchalisch strukturiert, beherrscht von ›Mutter‹ Zadel, die mit Würde und entsprechender Machtfülle hinter ihrem überspannten Sohn stand und alle Fäden in der Hand hielt.«[13] Barnes, die auf Anordnung ihres Vaters keine normale Schule besuchen durfte, berichtete später, sie verdanke ihrer Großmutter — »der Mensch, den Djuna am meisten liebte«[14], — die im wesentlichen für ihre Erziehung und Ausbildung verantwortlich gewesen war, »ihr ganzes Talent und sehr viel Unterstützung«[15].

Von solch einer Unterstützung sprechen auch die von Stromberg zitierten Briefe Zadels an Djuna Barnes. »Das Verhältnis der Enkelin zur Großmutter war eng — enger und offener wohl als das zur Mutter und ganz gewiß zum Vater.«[16] Ob zwischen Großmutter und Enkelin tatsächlich eine »homo-spirituelle Verbindung«[17] bestanden hat, die für die späteren »homosexuellen Neigungen« der Enkelin verantwortlich gemacht werden könnte, kann getrost den Spekulationen entsprechend motivierter BiographInnen überlassen werden.

Wichtiger scheint mir, daß Barnes durch ihre Großmutter, die Mitte des 19. Jahrhunderts als Journalistin gearbeitet hatte, mit Harriet Beecher Stowe und anderen, führenden Feministinnen der Zeit bekannt gewesen war, sich hatte scheiden lassen und sich längere Zeit in Europa aufgehalten hatte, einen Großteil der unterschiedlichen Quellen kennenlernte, die sich in fast all ihren literarischen Texten wiederfinden lassen: die Bibel, Shakespeare, die englische Literatur des 17. und 18. Jahrhunderts, die »*oral history* ihrer Familie«[18], amerikanische Gegenwartslyrik und -prosa, experimentelle Texte unterschiedlicher Art und journalistische und literarische Arbeiten, die sich auch mit feministischen Fragestellungen und Problemen beschäftigten.

Außerdem mag Zadel Barnes mit ihrer ungewöhnlichen Lebensgeschichte und ihrer nicht gerade herrschenden Vorstellungen entsprechenden weiblichen Persönlichkeit als eine Art Modell für die Rolle fungiert haben, für die Barnes sich später sowohl in literarischer Hinsicht als auch im Privatleben entschied: die der »Prophetin« , die aufgrund ihres Bedürfnisses, in jeder Hinsicht radikale Unabhängigkeit zu erlangen, weder hierhin noch dorthin gehörte, sondern ihr Leben lang darauf bedacht war, zwischen allen Stühlen zu sitzen, und zwar »in one Condition«*.

Daß Djuna Barnes keine Schule besuchen durfte, sondern statt dessen von ihrer Großmutter Zadel all das lernte, was diese in ihrem für ihre Zeit sicherlich ungewöhnlichen Leben gelernt oder als richtig erkannt hatte, ersparte ihr einerseits jene Unterordnung und Anpassung an die Normen, die jede Form von Schulbildung den von ihr Betroffenen zwangsläufig vermittelt. Andererseits mag die so entstandene Freiheit aber tatsächlich auch »ein Gefühl von sozialer Isolation und Sonderbarkeit«[18] entstehen lassen haben, das dadurch noch verstärkt wurde, daß die Familie Barnes auch in anderen Hinsichten den traditionellen Familien-Vorstellungen nicht entsprach: So lebte Wald Barnes, »ein Künstler, der musizierte und malte und Agnostiker in Bezug auf Politik und Religion war«[19], zeitweilig mit Barnes' Mutter Elizabeth (von der er sich 1912 scheiden ließ) und einer Geliebten in einer *ménage-à-trois*-Situation. Er hatte neben seinen ehelichen mehrere uneheliche Kinder und ging auch auf seinen Farmen in Cornwall-on-Hudson und Long Island, wohin die Familie einige Jahre nach Barnes' Geburt umzog, keiner geregelten Arbeit nach: »All das, was Wald Barnes nicht tat oder nicht tun wollte, erledigten seine Frauen oder Kinder für ihn. Als junges Mädchen konnte Miss Barnes nicht nur nähen und kochen, sondern auch pflügen und pflanzen. ... [Wald Barnes] erschien als korrekter Forstmann, auch dann, wenn er nichts tat. Er pflegte eher die Aphorismen als die Felder ... und versuchte, Mythen und Allegorien zu erfinden, die eine neue Art Mensch formen sollten. Diese blassen und zugleich auch kraftvollen Lektionen genügten Miss Barnes als literarischer Stoff für mehr als ein halbes Jahrhundert.«[20]

Es ist sicherlich unzutreffend, wenn Field in seiner Biographie behauptet, das gesamte Werk Djuna Barnes' sei das Produkt der hier skizzierten Familiensituation — ablesbar an den Texten Barnes' sind jedoch all jene literarischen Ein-

* »I speak«, said Masie Tuck-and-Frill, »in that Voice which has been accorded ever to those who go neither Hither nor Tither; the Voice of the Prophet. Those alone who sit in one Condition, their Life through, know what the plans were, and what the Hopes are, and where the Spot the two lie, in that Rot you call your Lives.« Barnes, 1928a, S. 23

flüsse, die Großmutter Zadel und Vater Wald in Barnes' Kindheit und Jugend ausgeübt haben. Diese Einflüsse lassen sich vor allem in jenen Texten von Djuna Barnes wiederfinden, in denen sie sich mit altenglischer Literaturtradition auseinandersetzte oder jene Vorliebe ihres Vaters für Mythen, Allegoriebildungen und phantastische Geschichten fortschrieb. Darüber hinaus entstanden vor allem in der Zeit zwischen 1910 und 1920 viele Erzählungen und Einakter, die sich mit dem ländlichen Amerika der Jahrhundertwende, in dem Djuna Barnes aufwuchs, auf die eine oder andere Art auseinandersetzen.

Wenn Field an anderer Stelle feststellt: »Miss Barnes haßte ihren Vater. *Alles andere folgte daraus*«[21], so wird aus dem Literaturkritiker und Biographen ein Psychologe, dessen monokausale Deutungen eines vielschichtigen Werks und einer vielschichtigen Persönlichkeit es zwar ermöglichen, für vieles, das ansonsten offen bleiben oder unerklärlich erscheinen muß, doch noch eine Erklärung zu finden. Wenn dabei dann jedoch das literarische Werk, das angeblich ›nur‹ Ergebnis individueller Psychogenese ist, als Beleg für Vermutungen über die ›dahinter‹ oder ›darin‹ verborgene Lebensgeschichte herangezogen und an einigen Stellen als ›Beweis‹ einigermaßen gewagter Behauptungen über das Erleben der jeweiligen Person verwendet wird, ist der interpretatorische Zirkel(schluß) perfekt. Field geht dabei mit seinen Interpretationen weit über die Ansätze psychoanalytischer Literaturwissenschaft hinaus, deren VertreterInnen immerhin noch zugestehen, daß es einen Rest kreativer Energie gibt, dem mit Hilfe einer psychoanalytischen Interpretation von Texten oder Biographien nicht beizukommen ist. Besonders deutlich wird der Umgang Fields mit den Leerstellen der Barnes'schen Biographie und dessen Folgen für die Bewertung der Texte Barnes' an seinen Äußerungen über Djuna Barnes' Verhältnis zu ihrem Vater, über das Stromberg schreibt: »Am schwersten deutbar ist das Verhältnis zum Vater. ... Es läßt — soweit die brieflichen Äußerungen es spiegeln — die schlimmen Verletzungen des Mädchens Djuna (wie die drastische Allegorie von ANTIPHON sie enthüllt), kaum vermuten«[22].

Field hingegen deutet in seiner Biographie mehrmals an,

daß Barnes in ihrer Jugend von ihrem Vater »nicht tatsächlich verführt oder vergewaltigt worden war, aber doch wie eine alttestamentarische Sklavin oder Tochter ›sexuell hingegeben‹ worden ist«[23]. Belegt wird dieses Kindheits- oder Jugenderlebnis mit Textstellen aus unveröffentlichten Manuskripten und den Texten RYDER und ANTIPHON, in denen Vergewaltigungsszenen als patriarchale Initiationsrituale angedeutet oder beschrieben werden. Da Barnes mehrmals geäußert hatte, die männlichen Hauptfiguren dieser Texte seien literarische Portraits ihres Vaters, scheint Field der Ansicht zu sein, Romane, Theaterstücke oder Kurzgeschichten lesen zu können, als handele es sich dabei um rein autobiographische Texte. Eine der von Field als Beleg für seine Vermutung herangezogenen Textstellen sei hier wiedergegeben. In der Fieldschen Interpretation *ist* Djuna Barnes Miranda, Titus ihr Vater, Augusta ihre Mutter Elizabeth Chappel[24]:

MIRANDA
Miranda verdammt, den Rist verrenkt,
Zieht Notzucht-Blut hinter sich her wie eine Schnecke —
JACK
Und unter ihr in einem tiefern Raum,
rieb der Vater seine Hände ab.
BURLEY
Dies schloß das Kind auf ihrem Gesicht ein.
JACK
Und danach, die ganze Schwermut des Verlassenseins.
...
JACK
Der Kristall hat wie ein schwangres Mädchen
Eine Stunde der Geburt für den Orakelspruch,
In der die Kammer er dem Gegenspieler überläßt.
Das Augenkind, mit welchem Sie nun schwanger gehen,
Werden Sie in Ihrer Iris tragen bis zum Grab.
Durch Unterwerfung machten Sie sich zur *Madame*,
Zweifelsohne mit der Schürze über dem Kopf,
Und streuten überallhin Salz, treppauf, treppab,
Versuchten eine letzte Fußspur zu erhaschen —
Ein Mädchen, das knapp sechzehn hinter sich hatte

— Einem handlungsreisenden Cockney — dreimal so alt wie sie —
Als Trinkgeld hingeschoben ...
Obwohl zuerst Miranda blökte wie ein Mutterschaf:
›Laßt ihn nicht — aber wenn es sühnt —‹
Wobei sie ihren dummen Hals zum Schlachten hinhielt
Und die verkrampfte Zunge ein stockendes
Krächzen hervorwürgte —
...
— Darum sage ich, Ihr beiden, Ihr gemeinsam,
Habt aus diesem Schlachthaus ein' Kinderpuff gemacht.[25]

Diese Szene aus dem II. Akt des in den fünfziger Jahren entstandenen Versdramas ANTIPHON liest Field wie eine unverstellte Schilderung des eingangs zitierten »sexuell hingegeben worden Seins durch den Vater«. Aus der Beteiligung der Mutter Augusta, die in ANTIPHON offensichtlich von der Tat des Vaters Titus gewußt hat, leitet Field ab, daß in Long Island etwas vergleichbar Entsetzliches geschehen sein muß: daß Djuna Barnes' Mutter Elizabeth Chappel von der vom Vater inszenierten oder sogar selbst begangenen Vergewaltigung und Entjungferung der Tochter nicht nur gewußt hat, sondern in dem Sinne daran beteiligt gewesen ist, wie es in ANTIPHON beschrieben wird: »[D]er Kern des Stückes bleibt vollkommen auf der amerikanischen Seite, bei dem, was auf der Farm in Cornwall-on-Hudson geschah ... Ich denke, es muß alles genau das sein, was tatsächlich geschehen ist...«[26]

Stromberg schreibt über Djuna Barnes' vor allem in den 30er Jahren sehr gespanntes Verhältnis zu ihrer Mutter: »Es ist schwierig, aus dem Briefwechsel mit der Mutter ein feindseliges Verhältnis zu destillieren — zwar wird deren Penetranz an mehreren Briefstellen deutlich ... Reichen diese Spannungen, um eine der zweifellos schwierigsten Beziehungen, die zwischen Mutter und Tochter, in den tödlichen Haß zu treiben, der den Ausgang von ANTIPHON bestimmt? Vielleicht nicht. Aber sie genügen einem exzessiven Temperament offenbar, um unter den freundlichen Zufälligkeiten des Familienumgangs die radikalere Wahrheit zu entdecken und ans Licht zu holen.«[27]

Fields Interpretation hat im Gegensatz zu dieser vorsichtigen Lesart Strombergs zur Folge, daß in den literarischen Schilderungen sexuellen Mißbrauchs in der Familie und anderen Ausprägungen alltäglicher patriarchaler Gewalt in den Texten Djuna Barnes' nichts anderes gesehen wird als die bloße Aufarbeitung eines ebenso entsetzlichen wie folgenschweren Kindheits- oder Jugenderlebnisses.

Aufgrund des vorliegenden Materials kann nicht entschieden werden, ob Djuna Barnes von ihrem Vater tatsächlich vergewaltigt worden oder einem anderen Mann zur Vergewaltigung übergeben worden ist. Es spricht jedoch einiges dafür, daß dies zumindest in der von Field vermuteten Form nicht der Fall gewesen ist. Dazu schrieb nach dem Erscheinen der Field-Biographie im November 1984 der Barnes-Bruder Saxon an den Leiter der *Special Collection* der Universität Maryland, in der der Nachlaß Djuna Barnes' lagert: »Djuna ist niemals von irgendjemandem vergewaltigt worden. Sie wurde in einer *common-law*-Zeremonie[28], die von ihrem Vater und ihrer Großmutter Zadel arrangiert worden war, Percy Faulkner, Fannys[29] Bruder (etwa 52 Jahre alt) übergeben. Dies geschah 1910, als Djuna 18 Jahre alt war. Sie gingen nach Bridgeport in Connecticut und trennten sich dort wenig später. ... Djuna wurde niemals gefangen gehalten oder körperlich von irgendeinem Mitglied ihrer Familie mißbraucht. Sie hatte niemals einen Nervenzusammenbruch, sondern erhielt aufgrund ihres exzessiven Alkoholkonsums von Zeit zu Zeit Hilfe — war dabei jedoch niemals eingesperrt.«[30]

Die schwerwiegenden psychischen Folgen, die eine Vergewaltigung für jedes Mädchen und jede Frau hat und haben muß, sind in der Diskussion um sexuellen Mißbrauch in der Familie erstmals in der Öffentlichkeit erörtert worden. Hier soll nicht bestritten werden, daß es trotz der zitierten Ausführungen Saxon C. Barnes' möglich ist, daß Barnes in ihrer Kindheit oder Jugend genau das zugestoßen ist, was Field vermutet. Es soll ebenfalls nicht bestritten werden, daß solch ein Erlebnis nicht möglicherweise genau die — auch in literarischen Texten ablesbaren — Folgen gehabt hat oder hätte haben können, die Field als Beleg für seine These heranzieht. Argumentiert werden muß jedoch gegen die Art des Umgangs, den Field mit der zum Objekt psychologisch-literaturwissenschaftlicher Spekulationen gewordenen Barnes und ihren Texten pflegt.

Losgelöst vom möglicherweise vorhandenen familiären und persönlichen Hintergrund erzählt zum Beispiel der Roman RYDER gerade aufgrund dieser Schilderungen nicht nur die Geschichte des Querdenkers und Rebellen Wendell Ryders, sondern auch die Geschichte des Preises, den die verschiedenen weiblichen Figuren des Romans für die Selbstverwirklichung seines Helden zu zahlen haben. Dazu gehört nicht nur das Leiden der Ehefrau und der Geliebten an dem Konkurrenzverhältnis, in das sie durch die Ehe zu dritt geraten sind, sondern auch, daß sich die Verfügungsgewalt des Vaters im Roman auch auf die Körper seiner Töchter erstreckt. Dadurch, daß der Roman ein Kapitel über »Notzucht und Verdruß!«[31] enthält, sieht Field seine These zum beherrschenden Thema der Texte Barnes' und der Rückführbarkeit dieses Themas auf die Biographie der Autorin bestätigt. Ausgerechnet in diesem Kapitel finden sich einige Schilderungen der heute noch gängigen Interpretationen von Vergewaltigungen und der Konsequenzen, die diese massivste Form des Übergriffes noch immer für Mädchen und Frauen hat: »Ach! Ach je! Mir wird weh! Notzucht schlich umher und fand eine, empfänglich für Veränderung ...[32] so war's schon immer. ... Mädchen, hast Unzucht getrieben und gebuhlt vor deiner Zeit? Wie war's dir vorbedeutet? ... Wer hat dich gelehrt, du Luder, ungezügelt herumzutollen und dich hinzulegen zum Umgemach? ... Also fort mit dir! Was wird deine Mutter dazu sagen? Und was willst du von jetzt an für das Überleben tun? Weniger bist du als einen Heller wert und leicht in einem einzigen Bierhaus vertan.«[33]

All diese Aspekte der Texte Barnes', die den LeserInnen unabhängig davon, zu welchem möglicherweise ›therapeutischen Zweck‹ sie verfaßt worden sein mögen, immer auch etwas über die Struktur der Gesellschaft und über die Diskurse mitteilen, die diese Gesellschaft und die in ihr lebenden Individuen formieren, werden in der Fieldschen Lesart zu einer Schilderung und Interpretation eines individuellen Leidens. Als scheinbarer Sonderfall wird dieses Leiden dann von Field auf die exzentrische Barnes-Familie und die Psyche Wald Barnes' zurückgeführt. In diesem Zusammenhang sei nochmals auf die jüngsten Diskussionen über sexuellen Mißbrauch in der Familie hingewiesen, die gezeigt haben, daß das, was Djuna Barnes möglicherweise zugestoßen ist, keineswegs ein Sonderfall weiblicher Entwicklung ist, der nur in »exzentrischen« Familien vorkommt[34].

Damit sind die Texte Djuna Barnes' in zweifacher Hinsicht entschärft worden: Die darin enthaltenen Mitteilungen über Gewalt gegen Frauen in herrschenden Diskursen und der sozialen Realität sind zu Mitteilungen über ein entsetzliches Erlebnis einer einzelnen Frau geworden, das — da es losgelöst von den Diskursen und der sozialen Realität betrachtet wird — tatsächlich als Sonderfall erscheint. Das hat zur Folge, daß es bei Fields Lektüre des Romans RYDER nicht mehr um die Familie als möglichen Ort solcher Gewalt, sondern nur noch um die Absonderlichkeiten der Barnes'schen Familie geht.

Implizit wird darüber hinaus bei Field behauptet, daß eine Kreativität wie die von Djuna Barnes immer auf mindestens eine zentrale männliche Figur im Leben der Autorin zurückgeführt werden kann. Folgt man dem Gedankengang Fields, so ist das eigentliche Thema auch in den Texten Barnes' immer nur jener »Name des [hier auch noch leiblichen!] Vaters«, den zu beschwören und zu bannen vorrangiges Ziel aller literarischen Bemühungen von Frauen war und ist. Es wäre aufgrund der herrschenden Verhältnisse wenig verwunderlich, wenn diese ›Beschwörung‹ tatsächlich ein vorrangiges Motiv des »Frauen-Schreibens« wäre — um dem Funktionieren solcher Mechanismen auf die Spur zu kommen, wäre allerdings eine etwas differenziertere Sicht eben jener Verhältnisse und der sie strukturierenden Diskurse nötig als Field sie in seiner Biographie an den Tag legt.

Das Gesamtwerk einer Autorin, die dort, wo sie überhaupt erwähnt wird, immer wieder zu den bedeutensten amerikanischen SchriftstellerInnen des 20. Jahrhunderts gerechnet wird, ist in solch einer Perspektive nichts anderes, als die mehr oder weniger gelungene literarische Verarbeitung einer fundamentalen psychischen Erschütterung, aus der sich zu allem Überfluß dann auch noch die vom Psychointerpreten diagnostizierten sogenannten Psychopathologien der Autorin scheinbar problemlos ableiten lassen. Die Geschichte Djuna Barnes' reduziert sich so auf die Geschichte einer Frau, die von ihrem Vater sexueller und von ihrer Großmutter homo-spiritueller Macht unterworfen war und von ihrer Mutter zu weiblichen Ohnmachtsdemonstrationen mißbraucht worden ist. Innerhalb dieser Argumentation scheint Djuna Barnes gar nichts anderes übriggeblieben zu sein, als lesbisch und in direkter Folge davon später alkoholabhängig und »hysterisch« zu werden und ihre Texte als Abarbeitung an ihrer ebenso krankmachenden wie krankhaften Familiensituation zu verstehen. Da Barnes — im Gegensatz zu vielen Autorinnen sogenannter autobiographischer Bekenntnistexte — anscheinend zufällig über einiges literarisches Talent verfügte, entstanden aus dieser Aufarbeitung wiederum mehr oder weniger zufällig einige der faszinierendsten literarischen Texte des 20. Jahrhunderts.

Damit ist bei Field die Lebensgeschichte Djuna Barnes' so angelegt, daß das schließlich von ihm konstatierte Scheitern als logische Konsequenz der Prämissen der Interpretation zwar einiges über das Funktionieren solcher zirkulären Betrachtungsweisen, aber fast nichts mehr über das obskure Objekt solcher Aufklärungsbegierden aussagt: Die Djuna Barnes, die in Paris Nôtre Dame, die Cafés und Natalie Barneys Freitags-Salon besuchte, kann man heute noch vor sich sehen. Die Djuna Barnes der Kindheits- und Jugendjahre in Cornwall-on-Hudson und Long Island ist hinter den Bildern, die andere sich von ihr und dieser Zeit gemacht haben und in den Texten, die sie selbst über diese Zeit verfaßt hat, fast vollständig verschwunden. Sie scheint eins geworden zu sein mit jener Julie aus RYDER, die heranwuchs zur Nora aus NACHTGEWÄCHS und schließlich als alternde MIRANDA noch einmal die Bühne betreten würde, um endlich Rache zu nehmen an ihrer Familie, die angeblich »die Geschichte hinter der Geschichte im Schreiben Djuna Barnes'«[35] geschrieben hatte. Zumindest dieser bei Field zur »Djuna-Julie-Miranda«[36] gewordenen zweidrittel-fiktiven Person ist erspart geblieben oder nicht vergönnt gewesen, was Barnes 1915 in einem ihrer Gedichte aus dem Band THE BOOK OF REPULSIVE WOMEN unter dem Titel FROM FIFTH AVENUE UP beschrieben hatte:

Someday beneath some hard
Capricious star -
Spreading its light a little
Over far,
We'll know you for the woman
That you are.

Auftritte

1911 oder 1912 verließ Barnes Long Island und ihre Familie und ging nach New York. Sie bezog ein Zimmer in der Bronx und nahm Zeichenunterricht am Pratt Institut, ohne jedoch ein Abschlußzeugnis zu erwerben. Sie begann, als freie Mitarbeiterin zunächst für den BROOKLYN DAILY EAGLE, später auch für andere Tageszeitungen zu schreiben[37]. Viele ihrer Artikel waren mit eigenen Zeichnungen und Illustrationen versehen und beschäftigten sich mit verschiedenen Aspekten des New Yorker Alltags- und Kulturlebens: Barnes portraitierte »Veteranen im Geschirr« (einen Briefträger, einen Zeitungshändler, einen Feuerwehrmann und andere »Leute von nebenan«), besuchte Boxveranstaltungen und Theatervorstellungen, beschrieb Chinatown, Brooklyn und die Bronx, interviewte Schauspieler und Schauspielerinnen an der Schwelle zum großen Erfolg, deren Namen bald darauf vergessen waren, aber auch damals wie heute bekannte New YorkerInnen wie die Schauspielerin Lilian Russel oder den Photographen und Lebensgefährten Georgia O'Keeffes, Alfred Stieglitz. Wie einige Artikel aus den 1910er Jahren zeigen, schreckte die Journalistin Barnes auch vor spektakulären Aktionen nicht zurück und verstand es dabei, sich den einen oder anderen gelungenen Auftritt zu verschaffen: »In dieser Zeit stand sie aktiv im öffentlichen Leben und suchte nach Themen, die mutige Handlungen verlangten: So umarmte sie einen Gorilla, sprang von einem Wolkenkratzer in ein Sprungtuch ... Diese Form von ›teilnehmendem Journalismus‹ war selbst bei Männern eine Seltenheit, für Frauen eigentlich unerhört.«[38]

Für einen Artikel über Zwangsernährungsmaßnahmen gegen hungerstreikende englische Frauen der Frauenwahlrechtsbewegung unterzog sich Barnes 1914 freiwillig dieser demütigenden und beängstigenden Prozedur und beschrieb ihre Erfahrungen in einem längeren Artikel für das NEW YORK WORLD MAGAZINE: »Ich werde es strikt professionell handhaben, versicherte ich mir selbst. Falls es eine Höllenstrafe sein soll, dann doch eine, die meinem Geschlecht heutzutage vertraut ist; andere Frauen haben sie in der Wirklichkeit durchlitten. Ich werde doch noch so viel Mumm haben wie meine englischen Schwestern?«[39] Nachdem Barnes von den Ärzten auf dem Behandlungstisch mit einem Laken gefesselt und bewegungsunfähig gemacht und ihr ein Schlauch durch die Nase in die Speiseröhre geschoben worden war, begann die eigentliche Zwangsernährung: »In meiner Hysterie hatte ich die Vision von hundert Frauen in garstigen Gefängniskrankenhäusern, gebunden und in Leichentücher gewickelt, auf Tischen gerade so wie diesem, niedergehalten vom unsanften Griff gefühlloser Wärter, während weißgewandete Ärzte ihnen Gummischläuche in die zarten Windungen ihrer Nasenlöcher stießen, um ihren hilflosen Leibern den kruden Nährstoff gewaltsam einzutrichtern, der das Leben erhalten sollte, das sie sich zu opfern sehnten. Die Wissenschaft hatte uns also endlich des Rechts zu sterben beraubt.«[40]

Barnes, die sich im Alter gern mit markigen Sprüchen über Feministinnen profilierte — »Diese Frauen!! Warum tun sie nicht irgendetwas? Oder stricken Socken für ihre Ehemänner!«[41] — beschäftigte sich in einigen ihrer New Yorker Artikeln mit Frauenrechtlerinnen, ihrer Bewegung, ihren Forderungen und Zielen. Obwohl nur an dem oben zitierten, für Barnes'sche Verhältnisse beinah pathetisch anmutenden Artikel über Zwangsernährung eine Identifikation mit den »Schwestern« unmittelbar ablesbar ist, scheint Barnes sich zumindest in den 1910er Jahren nicht nur mit dieser Thematik, sondern auch mit ihren politischen Konsequenzen auseinandergesetzt zu haben. Ihre zunehmende Distanzierung von allem, was auch nur im entferntesten an Feminismus oder Frauenbewegung hätte erinnern können, steht in engem Zusammenhang mit dem oben bereits erwähnten Bedürfnis, radikale Unabhängigkeit zu erlangen und zu demonstrieren. Schon deshalb kam für Barnes Integration in soziale, politische oder literarische Bewegungen, eine Unterordnung der eigenen literarischen Produktion unter deren ästhetische oder inhaltliche Kategorien oder gar die Rolle einer Für- und Vorsprecherin nicht in Betracht. In dem Maße, in dem sich ihre persönliche Situation verschlechterte, vergrößerten sich auch die Distanzierungsbedürfnisse. All jene literarischen und öffentlichen Absagen, die Barnes ihren LeserInnen und dem Publikum spätestens ab Mitte der 30er Jahre konsequent erteilte, waren infolgedessen immer auch Absagen an jene »Schwesterlichkeit«, die in den 1910er Jahren zumindest noch im Bereich der journalistischen Metaphorik gelegen hatte.

1914 hatte sich Barnes in New York etabliert: Ihre Bilder wurden im an der Fifth Avenue gelegenen Salon von Mabel Dodge gezeigt, ihre Artikel erschienen weiterhin in verschiedenen New Yorker Tageszeitungen, und HARPER'S BAZAR hatte einige ihrer Gedichte veröffentlicht. 1915 zog sie nach Greenwich Village, das als Künstlerviertel eine ähnliche Bedeutung hatte wie St. Germain-des-Prés im Paris der 20er Jahre: »Der größte Teil New Yorks ist so seelenlos wie ein Warenhaus; Greenwich Village hingegen hat Erinnerungen wie Ohren, die angefüllt sind mit verstummter Musik, und Hoffnungen wie blicklose Augen, die bestrebt sind, einen Blick auf die himmlische Vision zu erhaschen.«[42]

Die KünstlerInnenkolonie des Villages hatte mit der *expatriate culture* im Paris der 20er Jahre große Ähnlichkeit. Hier wie dort verbargen sich »[h]inter der lässigen bis frivolen Attitüde der Bohème — wie sie der lustvoll erschrockene Bürger erwartete — ... hochfliegende Pläne bei knappsten Mitteln, ... Armut und Verzweiflung.«[43] Es fragt sich allerdings, ob »[i]n der extravaganten Gestalt der begabten, wilden und selbstzerstörerischen Elsa von Freytag-Loringhoven«, mit der Djuna Barnes in Greenwich Village befreundet war, »Ort und Zeit« tatsächlich »ihren außerordentlichen Ausdruck gefunden«[44] haben. Mir erscheint die kurz »the Baroneß« genannte Elsa von Freytag-Loringhoven eher eine ähnlich perfekte Verkörperung eines nachträglich imaginierten Zeitgeistes zu sein wie sie Anita Berber für das vergleichbar ›verrückte‹ Berlin der 20er Jahre darstellt.

Als 1915 Djuna Barnes' Gedichtband BOOK OF REPULSIVE

Women als eines von Guido Brunos Chap-Books erschien, war Barnes bereits eine bekannte und anerkannte Journalistin, die jedoch weitere literarische Ambitionen hegte und begann, Einakter, Sketche und erste Erzählungen zu veröffentlichen. The Book Of Repulsive Women (»Das Buch der abweisenden/widerlichen Frauen«) enthält acht Gedichte und vier Zeichnungen, die die LeserInnen From Fifth Avenue Up durch das Twilight Of The Illicit hin To A Cabaret Dancer und schließlich ans Ende der im Text erzählten Geschichte(n) der »abweisenden Frauen« führen: zum Suicide. Diese frühen Gedichte sind die am deutlichsten *woman-identified* Texte Djuna Barnes'. Konventionelle lyrische Formen korrespondieren mit einer — im Vergleich zu anderen Texten — relativ eindeutigen »Botschaft«: »Die Dekadenz und Verderbtheit der Großstadtfrauen, wie sie in Repulsive Women geschildert wird, ist eine Konsequenz der weiblichen Situation in der patriarchalisch geprägten Kultur. ... Der Sturz von der Unschuld in ›eine Art Tod im Leben‹ resultiert aus der Erkenntnis, daß die Frau der westlichen Gesellschaft nur durch ihre Differenz zur männlichen Norm definiert ist. Sie ist einer Gesellschaft entfremdet, die ihren Körper auf dem patriarchalischen Altar zum Opfer bringt.«[45] Besonders deutlich wird das an den beiden letzten Gedichten, die unter dem Titel Suicide untereinander stehen:

Corpse A
They brought her in, a shattered small
Cocoon,
With a little bruised body like
A startled moon;
And all the subtle symphonies of her
A twilight rune.

Corpse B
They gave her hurried shoves this way
And that.
Her body shock-abbreviated
As a city cat.
She lay out listlessly like some small mug
Of beer gone flat.[46]

In den folgenden Jahren, die Barnes in Greenwich Village verbrachte, lernte sie dort viele der heute noch bekannten Frauen der New Yorker Szene kennen: Mabel Dodge, Jane Heap, Edna St. Vincent Millay, Margaret Anderson, die bereits erwähnte Elsa von Freytag-Loringhoven, Mary Pyne und Peggy Guggenheim. Während Barnes einige *brief affairs* und einige ernsthaftere Liebesgeschichten mit Männern und Frauen absolvierte und eine kurzfristige *common law*-Ehe[47] mit Courtenay Lemon einging, veröffentlichte sie erste Erzählungen in Zeitschriften, verfaßte mehrere Einakter, arbeitete bei den PROVINCETOWN PLAYERS mit, zeichnete und malte und finanzierte sich mit ihren journalistischen Arbeiten weiterhin ihren Lebensunterhalt. Ende der 1910er Jahre stagnierte diese journalistische Produktion, die von nun an zwar noch Bestandteil der Barnes'schen Arbeiten, jedoch nicht mehr das Hauptgebiet der Betätigung und des Interesses sein würde.

Als Djuna Barnes sich 1919 entschloß, im Auftrag des McCALL'S MAGAZINE nach Europa zu gehen, verließ sie New York als bekannte Journalistin, die einige literarische Achtungserfolge errungen und sich in den KünstlerInnen-Kreisen Greenwich Villages einen Namen gemacht hatte. Als sie 20 Jahre später nach New York zurückkehrte, waren die journalistischen Anfänge ihrer Karriere fast vergessen, denn in Europa waren zwischen 1920 und 1940 all jene literarischen Texte entstanden, die Barnes in die Galerie der »KlassikerInnen der Moderne« aufsteigen lassen sollten.

Die Lust am Auftritt, die Barnes in ihrer New Yorker Zeit noch auf die hier geschilderte, vergleichsweise weltoffene Art auslebte, blieb ein Leben lang bestehen — allerdings änderte sich im Laufe der Zeit der Tenor ihrer Inszenierungen: Während sie sich in Greenwich Village als ungewöhnliche Journalistin und vielversprechende Autorin in Szene setzte, in ihren ersten Pariser Jahren noch als Partygängerin, Salonbesucherin und erfolgreiche Schriftstellerin brillierte, bevorzugte sie in späteren Jahren die Pose der Eremitin. In der Rolle der bitter und böse gewordenen alten Frau verweigerte sie sich spätestens ab Mitte der 30er Jahre vollständig dem Publikum, dem sie schon immer erstaunlich wenig Respekt gezollt hatte. Schon 1929 antwortete Barnes auf zehn »Bekenntnis-Fragen«, die die HerausgeberInnen der LITTLE REVIEW ihren AutorInnen gestellt hatten: »Es tut mir leid, aber ich habe kein Interesse daran, auf die Liste der Fragen zu antworten. Auch habe ich nicht diesen Respekt vor der Öffentlichkeit.«[48]

Mit ihren Altersinszenierungen sicherte sich Djuna Barnes einen letzten großen, wenn auch vorwiegend negativ rezipierten Auftritt: »Von all den Frauen [der Left-Bank-Kultur] ... war sich gerade Djuna Barnes der Tatsache bewußt, daß sie ihren eigenen Mythos überlebt hatte.«[49] Die Bühne, auf der Barnes in den letzten 40 Jahren ihres Lebens agierte, hatte sich merklich verkleinert. Dem Stück, das gegeben wurde, hatte sie selbst und hatten die Erfahrungen, die sie zuvor in Europa gemacht hatte, eine entscheidende Wendung gegeben. An dem zugrundeliegenden Muster hatte sich jedoch in all den Jahren nichts geändert: »Du weißt nicht mehr, wer du bist, wer du gewesen bist, du weißt, daß du gespielt hast, du weißt nicht mehr, was du gespielt hast, was du spielst. ... du weißt nicht mehr die Orte, die Bühnen, die Hauptstädte, die Kontinente ... Du weißt nur, daß das Publikum bezahlt hat und daß man ihm das Schauspiel schuldet.«[50]

Fassaden

1971 sagte Djuna Barnes in einem der wenigen Interviews, die sie in ihrem Leben gegeben hat: »Vor Jahren pflegte ich andere Leute zu treffen. Allein schon deshalb, weil ich unter anderem Journalist war. Und gewöhnlich war ich die Seele jeder Party. Ich war ziemlich lustig und albern und geistreich und all diese Sachen und vergeudete eine Menge Zeit. Ich wurde gewöhnlich von Leuten eingeladen, die sagten: ›Bittet Djuna zum Dinner, sie ist so amüsant.‹ Also hörte ich damit auf.«[51]

Als Djuna Barnes nach Paris kam, war sie eine Frau, die nicht nur aufgrund ihrer äußeren Erscheinung — die Man Ray und Berenice Abbott in Photographien inszeniert haben, die bis heute die Titelseiten ihrer Bücher zieren — Aufmerksamkeit erregte. Sie war nicht nur schön, sondern brillant, begabt und intelligent. Sie kannte die richtigen Leute und hielt sich oft dort auf, wo man sich im Paris der

20er Jahre aufhalten mußte, wollte man dazugehören und jemand sein. So war sie mit Robert McAlmon befreundet, kannte James Joyce sehr gut, verreiste mit Peggy Guggenheim und besuchte seit 1924 regelmäßig Natalie Barneys Freitags-Salon. Mit ihrem schwarzen Cape und ihren roten Haaren war sie eine auffällige Erscheinung, die auf ihre ZeitgenossInnen zugleich faszinierend und rätselhaft wirkte: »Die so reizende, so irische und so begabte Djuna Barnes kam in der ersten Hälfte der zwanziger Jahre nach Paris. ... In ihrer Fremdartigkeit und ihrem melancholischen Klang erinnerten ihre Werke in nichts an die der anderen zeitgenössischen Autoren. Außerdem gehörte Djuna nicht zu den Leuten, die ihre Waren anpreisen. ... Sie war ganz entschieden eine der talentiertesten und meiner Meinung nach eine der faszinierendsten Gestalten der literarischen Welt im Paris der zwanziger Jahre.«[52]

Natalie Barney schrieb 1929 in ihren ADVENTURES DE L'ESPRIT, Djuna Barnes sei »[u]nberührt, unverdorben und ungelenk ... ich habe niemals zuvor eine so linkische Autorin vorgestellt, eine, die weniger fähig war, ihrer eigenen Sache zu dienen. ... Sie ist groß und schlank, und ihre Kleidersäume brechen sich hart an ihren kräftigen Beinen. ... Eine Nase wie ein scharf zugespitzter Bleistift, ein Mund, der unwiderstehlich ist, wenn er lacht; kastanienbraunes Haar, das sie in einen Hut à la Manet stopft, wie sie überhaupt eine seiner gelungensten Zeichnungen sein könnte. Man sieht ihren großen, knochigen Händen an, daß sie Pferde gelenkt haben ... Ihre Gedanken gelangen nie bis zum eigentlichen Denken. Es sind Brocken von Empfinden, zersprungene Spiegel der Lebensfreunde, an denen man sich schneidet. ... Nur wenige Frauen haben mit solcher Unabhängigkeit geschrieben.«[53] Die Kommentare, die Zeitgenossen wie McAlmon, der einige Texte Barnes in seiner CONTACT EDITION veröffentlichte, oder Pound, den Barnes bereits 1921 kennengelernt hatte, über sie abgaben, legen den Verdacht nahe, daß einige von Djuna Barnes' Schriftsteller-Kollegen gerade mit dieser von Natalie Barney betonten Unabhängigkeit große Schwierigkeiten hatten. Im Gegensatz zu den Beschreibungen Sylvia Beachs und Natalie Barneys spiegeln sie die Irritation, die ihre Verfasser angesichts einer Frau,

»deren Schönheit die Männer anzog, während ihr geistreicher Witz sie verunsicherte«[54], verspürt haben müssen. So bemerkte Walter Winchell 1929, Djuna Barnes, »the femme writer«, könne einen Spucknapf aus 24 Fuß Entfernung treffen und beschrieb Barnes anschließend als »eine vulgäre, den männlichen Part spielende Lesbierin, deren maskuliner Witz Brandmale hinterließ«[55], während Pound 1937 in einem Brief an Eliot als Erwiderung auf dessen Vorwort zu Barnes' Roman NACHTGEWÄCHS einen Limerick zum Besten gab:

There once wuzza lady named Djuna,
Who wrote rather like a baboon. Her
Blubbery prose had no fingers or toes,
And we wish Whale[56] had found out this sooner.[57]

McAlmon, der Barnes schon in Greenwich Village gekannt hatte, zeichnet das Bild einer »einerseits-andererseits«-Persönlichkeit: »... Djuna war eine sehr hochmütige Dame, von rascher Auffassungsgabe und scharfzüngig ... Djuna sieht viel zu gut aus und ist zu geistreich, um nicht von mir bewundert zu werden — auch dann, wenn sie die Rolle der großen Dame überzieht und hochtrabend daherredet. In Gesprächen ist sie mit ihrem Witz oft großartig, aber wenn sie schreibt, scheint sie zu glauben, sie müsse Metaphysik, Mystizismus und ihre eigene merkwürdige Version von ›literarischer Qualität‹ einbringen.«[58]

In den Erinnerungen anderer *expatriates* wird Barnes oft als »ferner anwesend«, zurückhaltend und hinsichtlich persönlicher Dinge wenig mitteilsam beschrieben. Sie selbst sagte über sich: »Ich will diese Intimität nicht — vielleicht, weil ich schüchtern bin. »[59]

Diese Zurückhaltung einer Frau, deren literarische und journalistische Texte viele ihrer KollegInnen bewunderten und deren Auftritte als *Lady of Fashion* in der Pariser Left-Bank-Kultur dazu angetan waren, die Aufmerksamkeit des Publikums auf sie zu lenken, ist oft als mangelnde Bereitschaft zur Auseinandersetzung mit sich selbst mißinterpretiert worden. So schrieb Margaret Anderson in ihren Erinnerungen: »Djuna wollte niemals offen reden, sie wollte nicht, daß man mit ihr offen redete. Der Grund sei, sagte sie, daß sie — was sie selbst angehe — sehr zurückhaltend sei. Sie war in Wahrheit nicht zurückhaltend, sondern ahnungslos. Das brachte sie dazu, Mythen über sich selbst zu erfinden, die zu revidieren sie nie für nötig hielt.«[60]

Die Neigung Djuna Barnes', sich hinter Bilder und Inszenierungen zurückzuziehen, mag dazu beigetragen haben, daß genau das geschah, was Sylvia Beach in ihren Erinnerungen beklagte: »Trotzdem aber kommt es mir vor, daß man sie in den Büchern über die Literatur der damaligen Zeit nicht entsprechend würdigt.«[61] Gleichzeitig bestand und besteht ein Großteil der Faszination, die Barnes ausübte und ausübt, darin, daß ihre Scheu und Verschwiegenheit, jener Touch von Fremdheit und selten genauer definierter Andersartigkeit ihrer Texte und ihrer Persönlichkeit es den ZeitgenossInnen und BiographInnen ermöglicht haben, all die Widersprüche des Charakters und der Lebensgeschichte Djuna Barnes' mit eigenen Projektionen und Phantasien zu glätten.

Für die dabei entstandenen Bilder — von der »furchterregenden Miss Barnes«[62] bis hin zur scheinbar restlos erforschten und ergo erkannten »Djuna« — gilt, was Benstock hinsichtlich der Kommentare vieler ZeitgenossInnen aus dem Paris der 20er Jahre festgestellt hat: daß sie mindestens ebensoviel über ihre VerfasserInnen wie über die beschriebene Djuna Barnes aussagen.

Wer sich im Paris der 20er Jahre auf die Suche nach Djuna Barnes macht, findet Spuren, Bilder und Texte einer Frau, deren glitzernde Fassaden eine ganze Generation von SchriftstellerInnen und KünstlerInnen fasziniert hat: »Sie war immer ein wenig für sich, eine Einzelgängerin ohne die Pose der großen Einsamen, die intensiv beobachtete und aufmerksam zuhörte. Der Ruf, sie sei unterhaltsam und witzig, lief ihr voraus oder hinterher und machte sie zu einem gesuchten Accessoire für jede Party. ... Sie konnte — bestätigen ihre Freunde — ungemein gewinnend sein, wo sie wirklich Sympathie empfand, und ungemein schroff, wo das nicht der Fall war, sie sich verletzt fühlte, gelangweilt oder nicht in der Stimmung war«[63].

Wer die Photographien Berenice Abbotts oder Man Rays studiert, Bilder der Straßen, Häuser und Cafés betrachtet, in denen Barnes sich aufgehalten hat, und die Texte liest, die Djuna Barnes selbst über Paris und die andere über sie in dieser Stadt verfaßt haben, kann sie vor sich sehen: »Sie verbrachte so manchen Nachmittag und viele Abende in den Cafés am Boulevard Montparnasse. Man kannte sie im Dôme, im Coupole und im Rotunde, doch sie bevorzugte das weniger amerikanisierte Café de Flore am Boulevard St. Germain des Prés. Gekleidet in ein langes Operncape, das einst Peggy Guggenheim gehört hatte, verbrachte sie endlose Stunden in Gedanken versunken und beobachtete das Treiben auf den Straßen.«[64] Durch VAGARIES MALICIEUSES, KLAGELIED AUF DAS LINKE UFER oder THE WOMAN WHO GOES ABROAD TO FORGET[65] hindurch kann man ihr in das Paris der 20er Jahre folgen. Man kann sie in all die Kirchen begleiten, die sie besuchte, in die Cafés, in denen sie Joyce begegnete oder Kiki de Montparnasse[66] beobachtete. Man trifft Gertrude Stein — »Einst, in der Zeit von John Hopkins, hatte sie das Skalpell über dem menschlichen Körper geführt. Nun schwang sie es über dem Wörterbuch der englischen Sprache.«[67] — Jean Cocteau, Kay Boyle und Natalie Barney, über deren Salon Barnes 1941 diskret bemerkte: »Miss Barney empfing französische Staatsmänner, alternde Philosophen, Dichter und hagere Damen aus dem Faubourg St. Germain und der Proust-Tradition.«[68] In keinem dieser Texte begegnet man jedoch Djuna Barnes. In ihren Artikeln präsentiert sie sich in der Rolle der kritischen Chronistin, die hinsichtlich Paris und der dort lebenden *fashionable people* gesprächig und bereit ist, einiges von der Faszination, die die Stadt und die Atmosphäre ausgeübt haben müssen, deutlich zu machen. Sie ist dabei aber keinesfalls bereit, den LeserInnen irgendetwas von dem mitzuteilen, das sich hinter den Fassaden der Hotelzimmer und der Selbstinszenierungen abgespielt haben muß und seine Spuren vor allem im Körper der Autorin hinterlassen hat.

Brüche

Ihre Überfahrt nach Europa und ihre Ankunft in Paris hatte Djuna Barnes 1922 in einem längeren Text unter dem Titel VAGARIES MALICIEUSES folgendermaßen beschrieben: »Jahrelang träumt unsereiner von Paris, wieso eigentlich weiß kein

Mensch, sieht man davon ab, daß noch jeder Diebstahl einer Birne aus einem Obstgarten mit der kopfrechnerischen Überlegung gesühnt worden ist: ›Ein Franzose hätte das verstanden; in Paris wäre das alles so einfach, so charmant.‹ Kein Mensch untersteht sich, eine feste Ansicht von Leben, Liebe oder Literatur zu hegen, ehe er in Paris gewesen ist. ... Und so geschah es, daß auch ich nach Europa kam. ... ›Das ist also Paris!‹ Dann setzt das Zittern ein. Man gefriert innerlich. Zum erstenmal wird einem klar, was man getan hat.«[69]

Zwei Jahre später wurde Barnes in THE CHICAGO LITERARY TIMES von einem oder einer unbekannten AutorIn folgendermaßen beschrieben: »Ein Gesicht, dessen hohe Wangenknochen wie verschleierte Fäuste unter dem chloroformierten Mitleid der großen Augen erschienen, ein Gesicht, das abgesehen von dem scharlachroten Martyrium voller Lippen, die sich niemals ans Leben gewöhnt hatten, so bleich wie ein Zeichen des Entsetzens ist. Es liegt ein Hauch von chinesischer Auszehrung auf Djuna Barnes' Gesicht, wodurch die letzte Regung ihrer Jugend unwirklich erscheint: ein Gesicht, das durch viele Kämpfe mit westlicher, weltlicher Weisheit entweiht worden war.«[70]

Schenkt man dieser Beschreibung der dreißigjährigen Djuna Barnes Glauben, so zeichneten sich schon wenige Jahre nach ihrem Aufbruch nach Paris all jene Entwicklungen auf ihrem Gesicht ab, die in den folgenden Jahren »[a]us der lebenshungrigen, schlagfertigen, brillanten Partygängerin ... eine mißtrauische Frau [machten], die nur noch für ihre schriftstellerische Arbeit lebte und den wenigsten alten Freunden vertraute«[71]. Djuna Barnes zog sich zurück, und die bis dahin gehaltene Balance zwischen einem auch in früheren Zeiten immer wieder auftauchenden radikalen Lebenspessimismus und einem bestimmten Aspekten des Lebens ganz und gar nicht abgeneigten Erlebnishunger wurde zerstört.

Schon 1923 hatte Barnes ihrer Mutter geschrieben: »Für mich, die ich allenfalls ein wenig zur Melancholie neige, ist das Leben der größte Horror, ich kann es mir nicht als etwas ›Heiteres, Erfreuliches, Fröhliches‹ vorstellen, ›einfach am Leben zu sein‹, es erscheint mir als etwas Monströses,

Obszönes, und die allerobszönste Aufgabe des Endes steht uns noch bevor ...«[72] Daß der hier angesprochene »Horror« vor der Monstrosität und Obszönität des Lebens Ende der 20er Jahre zum dominierenden Lebensgefühl Djuna Barnes' wurde, hing wesentlich mit ihrer Beziehung zu der Malerin Thelma Wood zusammen, mit der sie bis zum Ende der 20er Jahre zusammenlebte: »Sie gingen nebeneinander her, beide hochgewachsen und attraktiv, und ihre Farbe war schwarz. Es war unmöglich, sie in den Straßen und Cafés von Paris zu übersehen ...«[73]

Über den Verlauf dieser komplizierten und Barnes mehr und mehr ins persönliche Chaos stürzenden Beziehung ist wenig Verläßliches bekannt, obwohl die Problematik des Verhältnisses Eingang in den 1936 entstandenen Roman NACHTGEWÄCHS und in viele Briefe aus den späten 20er und frühen 30er Jahren gefunden hat.

1924 berichtet Barnes in ihren Briefen an Natalie Barney noch auf eine Art und Weise von Thelma Wood, die den Eindruck eines friedlichen und glücklichen Zusammenlebens der beiden Frauen hinterläßt: »Herzliche Grüße auch von der jungen und schönen Thelma Wood, die, frisiert und parfümiert, unten auf der Couch liegt und liest ...«[74] Fünf Tage später schreibt Barnes: »Es ist sehr ruhig hier bei uns — Thelma malt, und ich versuche mich gleichzeitig an einer Kurzgeschichte, einer Novelle und an einem Theaterstück.«[75]

Knapp ein Jahr später hat sich im Leben Barnes' anscheinend bereits vieles geändert: »Ich war in diesem Sommer nicht auf der Höhe — ich frage mich, ob das die Traurigkeit ist — nahm 20 Pfund ab! Doch mit meinem Buch geht es gut voran, und ich hoffe, es in diesem Winter beendet zu haben.«[76]

1931 schließlich resümiert Barnes: »Die Jahren sollten besser werden, aber leider ... Was mein Herz angeht, nun, ich weiß es selbst nicht recht — eigentlich dürfte ich keine Gefühle mehr haben. Es gibt auch kaum einen Grund, weiterhin verliebt zu sein, obwohl alle Illusionen geschwunden sind; was vielleicht ein schlimmerer Zustand ist als vorher ...«[77]

Thelma Wood, geboren 1902, die wie Djuna Barnes aus

den USA stammte, begann als Bildhauerin und arbeitete später vorwiegend als Malerin. »Ihre Arbeiten waren sehr professionell und fanden Käufer, obwohl ihre Ausstellungen nie besonders erfolgreich gewesen waren und auch von der Kritik nicht sonderlich gewürdigt wurden.«[78] Sie war 1920 nach Paris gekommen und hatte Barnes schon während ihrer ersten Reise nach Paris kennengelernt. 1923 hatten sie in der Rue St.-Romain eine gemeinsame Wohnung bezogen, die sie — mit Unterbrechungen, während derer sie gemeinsam oder allein auf Reisen waren, — bis 1931 bewohnten. Wood, von Stromberg kurz als »ganz haltlose junge Bildhauerin«[79] beschrieben, scheint bereits zu Beginn der 20er Jahre Alkoholikerin gewesen zu sein und verbrachte Mitte der 20er Jahre viele Nächte in Bars und Cafés. Ohne die Literatur für das Leben nehmen zu wollen, kann man wohl davon ausgehen, daß die Nora aus NACHTGEWÄCHS, die nächtelang der betrunkenen Robin von Bar zu Bar folgt, zumindest Ähnlichkeit mit der Djuna Barnes der späten 20er Jahre hat, die Thelma Wood auf ihren nächtlichen Streifzügen durch die Pariser Lokale folgte und dabei selbst mehr und mehr zur Alkoholikerin wurde: »Djuna bemühte sich sehr, Thelma vom Trinken abzubringen. Schließlich wurde der Alkohol auch für Djuna selbst ein ernstes Problem«[80], das seinen Höhepunkt Mitte der 30er Jahre fand, als Barnes »begann, unter Delirien zu leiden. Sie erwachte in der Dämmerung und sah seltsame Dinge an ihren Wänden herumkrabbeln.«[81]

In der gleichen Zeit, in der der Alkoholismus begann, begannen auch psychische Zustände, die Field als »hysteria« bezeichnet: Depressionen, Barnes' von vielen ZeitgenossInnen erwähnte Neigung, stundenlang schweigend und abwesend allein in Cafés zu sitzen. Freundinnen gegenüber erwähnte sie »ein schreckliches Gefühl in der Magengrube«[82] und sprach von einer zunehmenden Angst vor dem näher rückenden Alter.

Für diese ›Zustände‹ und Barnes' ständig steigenden Alkoholkonsum gibt es verschiedene Erklärungen, die alle spekulative Elemente enthalten — so auch die, die mir am wahrscheinlichsten erscheint: Zwischen vielen schönen Frauen der Pariser Left-Bank-Kultur war Djuna Barnes zu Beginn der 20er Jahre — damals bereits 30 Jahre alt — eine der schönsten gewesen. Obwohl sie über wenig Geld verfügte, war ihre oft auffallende Kleidung fester Bestandteil ihrer Selbstinszenierung. Ihr exzessiver Alkoholkonsum in den 20er und 30er Jahren richtete sich, mag er auch außerdem Bestandteil einer anderen Form von Inszenierung oder Folge ihrer unglücklichen Beziehung gewesen sein, direkt gegen den Körper, der dabei zum Schauplatz eines Kampfes mit unsichtbaren GegnerInnen wurde. Mittlerweile 40 Jahre alt geworden, mag Djuna Barnes sich zu Beginn der 30er Jahre tatsächlich an einem Abgrund gesehen haben. Ihre Passion für Thelma Wood, die länger gedauert hatte als alle anderen Beziehungen in ihrem Leben und in die sie vermutlich mehr Energien und größere Hoffnungen als in all die Affairen der New Yorker Zeit investiert hatte, war endgültig gescheitert. Die Zeit für enthusiastische Neuanfänge, die dem New Yorker Aufbruch hätten vergleichbar sein können, schien endgültig vorüber zu sein. Die Aussichten, ein zweites Mal *dem* Menschen zu begegnen, waren gering.

Hinzu kam, daß Barnes auch in literarischer Hinsicht mit den beiden eher experimentellen Texten des Jahres 1928, dem LADIES ALMANACH und RYDER, in eine Art Sackgasse geraten war. Obwohl diese Texte keinesfalls als bloße »Schreibtechnik-Übungen« zu lesen und als Vorarbeiten zum sogenannten Hauptwerk NACHTGEWÄCHS zu verstehen sind, boten sie für Barnes anscheinend trotzdem nur wenige Anknüpfungspunkte für eine Weiterarbeit. Die experimentellen Aspekte beider Texte — Sprachspielereien, die Vermischung verschiedener literarischer Gattungen, parodistische Rückbezüge auf die englische Literaturtradition — erscheinen im Vergleich mit den Arbeiten Steins oder Joyces FINNEGANS WAKE so wenig ausgearbeitet, als habe Barnes 1928 zwar ein Terrain sondiert, jedoch nicht vollständig erobert. Dafür spricht auch, daß sie nach 1928 in ihren Texten kaum noch experimentelle Elemente der in RYDER und im ALMANACH verwendeten Art benutzte.

Die Angst vor dem Altern, von der Barnes Anfang der 30er Jahre zu ihren Freundinnen sprach, war als Reaktion auf die Lebenssituation, in die sie zu der Zeit geraten war, weniger hysterisch oder neurotisch, als es auf den ersten Blick erscheinen mag. Daß diese Angst in Sucht und Selbstzerstörung ihren deutlichsten Ausdruck fand, ist wenig verwunderlich, wenn man sich daran erinnert, welche Rolle der weibliche Körper in den Texten Barnes' stets gespielt hatte: Abgesehen vom LADIES ALMANACH ist dieser Körper in keinem der Texte Djuna Barnes' ein positiv besetzter Ort weiblichen Seins. Schon in den Gedichten des BOOK OF REPULSIVE WOMEN hatte Barnes immer wieder Bilder von alternden, verfallenden und zerstörten Frauenkörpern entworfen, während die Frauen im Roman RYDER als ›Opfer‹ jener ›natürlichen weiblichen‹ Vorgänge wie Geburt und Menstruation erschienen, unfähig, ihren Körpern zu entfliehen oder sie zu kontrollieren[83].

Wenn sich, wie die französischen Poststrukturalistinnen Irigaray oder Cixous vermuten, der Körper von AutorInnen tatsächlich in Texte »einschreibt«[84], so hatte sich schon in Barnes' frühe Texte der weibliche Körper als ein immer schon entfremdeter Gegenstand unauflöslicher Widersprüche zwischen Natur und Vernunft, reiner Liebe und bedrohlicher Sexualität, Schönheit und Zerstörung »eingeschrieben«. Anfang der 1930er Jahre mag der eigene, allmählich jenem immer wieder beschriebenen ›Verfall‹ sich nähernde Körper, der so viele Jahre über Objekt der Begierde von Männern und Frauen gewesen war, zum deutlich sichtbaren Zeichen jener Bedrohung geworden sein, der viele der Barnes'schen Frauenfiguren ausgesetzt sind: letztlich ebenso »in der Gosse« zu enden wie die »großen Worte«, die Barnes ab 1930 nur noch dazu dienten, das Leben als »Erlaubnis, den Tod kennenzulernen«, zu beschreiben.

In einem 1928 erschienenen Zeitungsartikel über »Die Frau, die nach Europa geht, um zu vergessen« hatte Barnes geschrieben: »Sie geht nach Paris. Sie ist nicht mehr jung, und sie weiß das. Daher hat sie den aufrechten Gang und das vogelartige Gesicht, das man von den Gallionsfiguren norwegischer Schiffe kennt. ... Sie ist nicht verbittert, aber ausgelaugt, ausgelaugt! Sie wird fröhlich sein! Wild! Es ist ihr Schwanengesang. Sie wird ein Schwan sein, sie wird singen und ihre kleine Kerze in nicht allzunaher Zukunft auslöschen wie jemand von königlichem Geblüte.«[85]

In den 20er Jahren in Paris *war* Djuna Barnes noch einmal vergnügt, lebhaft, zügellos, glänzend und brillant gewesen.

Ende der 20er Jahre hatte sie eine gescheiterte Beziehung hinter sich und war zur Alkoholikerin geworden — in den sorgsam polierten Fassaden der schlagfertigen Partygängerin und vielversprechenden jungen Autorin hatten sich Brüche gezeigt. Zum Vorschein gekommen war nicht die ganz andere Hysterie einer eigentlich ›normalen‹ Frau, die durch eine problematische Beziehung an den Rand des Abgrunds geraten war. Sichtbar geworden war die Kehrseite all jener schönen und faszinierenden Bilder der Frau, die nach Europa geht, um zu vergessen, was sie in Amerika über sich und ihren Ort in der Welt gelernt zu haben glaubt. Dabei waren die »Morbidität«, die Guido Bruno bereits 1919 in einem Text über Djuna Barnes ›diagnostiziert‹ hatte[86], die Neigung zu Melancholie und einer eher düsteren Sicht der Welt zu dominierenden Charakteristika geworden, ohne daß dadurch die anderen, dem entgegenstehenden Seiten Djuna Barnes' vollkommen verschwunden wären. »Daß sich Melancholie und der Sinn für das Komische, das Groteske, ja Burleske — daß sich also Tragödie und Satyrspiel — in *einem* Charakter finden, ist vielleicht so selten und so überraschend nicht. Die eigentliche Frage ist, wie sehr — und wie lange — der Melancholiker dem Narren in sich Glauben schenkt, ihn gewähren läßt, ihn erträgt.«[87]

In einem Spiel, in dem der weibliche Körper nur allzu oft als alles entscheidender ›Einsatz‹ dient, war dieser Körper Anfang der 30er Jahre zu einem Gegenstand vorweggenommener Aggression und selbsterzeugten ›Verfalls‹ geworden. Dem unvermeidlichen Abstieg des Alters war Djuna Barnes mit Abstiegen anderer Art zuvorgekommen — die Balance, die sie lange Zeit hatte halten können, war zerbrochen, und die Zeit der »leichten Satiren«[88] war endgültig vorbei: »Nein, sie ist nicht alt, sie ist verrückt! Sie wird zurückgehen und wird es dort ausfechten, wo sie sich zuerst gewünscht hatte, es zu vergessen — in Amerika ...«[89]

Barnes verließ Paris 1932, körperlich und psychisch am ersten von vielen noch folgenden ›Endpunkten‹ angelangt, und ging mit Charles Henri Ford nach Tanger, das sie aber schon kurze Zeit später wegen einer unerwünschten Schwangerschaft wieder verlassen mußte. In England, im Haus ihrer Freundin Peggy Guggenheim, begann sie dann, an ihrem

Roman NACHTGEWÄCHS zu arbeiten. Dort sagt Dr. O'Connor in einem seiner langen Gespräche mit Nora Flood: »Lege etwas von dir beiseite, Nora, mein Kind, für deine alten Tage; genug Altersschwäche, um dich die Leidenschaften deiner Jugend vergessen zu machen; deine Jahre hast du damit verbracht, sie zu schüren.«[90]

Mit dem Roman NACHTGEWÄCHS wechselte Barnes auch auf literarischem Gebiet die Seiten: In ihren Texten wie in ihrem Verhalten erschien sie nun nicht länger ›nur‹ ausgelaugt, sondern in der Tat »bitter« — denn es gab keine Möglichkeit, das, was verlorengegangen war, durch etwas Neues oder gar Besseres zu ersetzen.

Der Bruch, den Barnes vollzog, als sie Paris und wenige Jahre später Europa verließ, war ein radikaler und endgültiger Bruch mit jenen *roaring Twenties*, in denen sie zu den zentralen Figuren der Left-Bank-Kultur gehört hatte: » ... ihre letzten vierzig Jahre waren von zölibatärer Enthaltsamkeit und Stille geprägt. Dieser Entschluß war so sorgfältig bedacht wie alles andere in ihrem Leben und sollte nicht — wie es oft geschieht — als Lebensuntüchtigkeit oder vollendete Exzentrik interpretiert werden. Es war eine Entscheidung: eine selbstauferlegte Zensur der Sexualität und der Sprache. Jetzt, da der Körper ... nicht länger zur Schau gestellt wurde und in sexuellen Beziehungen nicht mehr verletzt werden konnte, begann Barnes, für ihn zu sorgen. Sie hörte auf zu rauchen und zu trinken, verordnete sich selbst eine hochdosierte Protein-Diät und nahm Vitamine zu sich. Allerdings hatte sich Barnes in den Jahren des Mißbrauchs ein chronisches Emphysem zugezogen, so daß ihr das Sprechen in den letzten Jahren sehr schwer fiel. ... Von ihrem Körper in nahezu jeder Hinsicht betrogen, weigerte sich Djuna Barnes schließlich, seine Existenz anzuerkennen; sie lehnte es ab, photographiert zu werden, duldete keine Spiegel und ließ sich nicht mehr sehen.«[91]

Wie Alice in den Spiegeln, so verschwand Djuna Barnes schließlich in all den Bildern, Mythen, Legenden und Projektionen, und aus einer der faszinierendsten Gestalten der literarischen Welt im Paris der 20er Jahre wurde »die furchterregende Miss Barnes« — die für lange Zeit »berühmteste Unbekannte« des 20. Jahrhunderts.

»Eine reizende Dame immer ganz in Weiß« Natalie Barney und ihr Salon

»Peace!« said Evangeline Musset,
putting a hand upon her Wrist, »I am my Revenge.«
Djuna Barnes, LADIES ALMANACH

Als Djuna Barnes 1928 in ihrem LADIES ALMANACH satirische Portraits Natalie Barneys und ihrer Salon-Besucherinnen und Freundinnen entwarf, gehörte Natalie Barney längst zu den führenden Frauen der Left-Bank-Kultur. Denn schon seit 1909 trafen sich während der Winter- und Frühlingssaison in Barneys Haus in der Rue Jacob 20 all jene Intellektuellen, KünstlerInnen, Adeligen, Bohemiens, Bonvivants und Homosexuellen, die es in der Pariser Szene bereits zu Rang und Namen gebracht hatten oder erst noch bringen wollten.

Barneys Salon, der mit Unterbrechungen während der beiden Weltkriege von 1909 bis 1968 bestand, hatte seine Blütezeit während der 20er und 30er Jahre. In dieser Zeit war der Salon nicht nur ein Mittel- und Treffpunkt der amerikanischen *expatriate culture*, sondern auch eines der Zentren der weiblichen Subkultur des linken Seine-Ufers.

Erbschaften

Natalie Barneys Eltern, Albert Clifford und Alice Pike Barney, stammten aus zwei der reichsten Industriellenfamilien des mittleren Westens der USA. »Die Bilder Alberts, die seine Frau Alice malte, zeigen ihn als einen ernsten, jedoch lebendigen, eleganten und sinnlichen Charakter; seine Augen zeigen Humor und aufrichtige Herzlichkeit. ... Als er älter wurde, verlor er sein Interesse an intellektuellen Freuden und wandte sich den weltlicheren zu ...«[1] Im Gegensatz zu ihrem Ehemann interessierte sich Alice Pike Barney mindestens ebenso stark für Kunst, Kultur und Malerei wie für das gesellschaftliche Leben und die Erziehung Natalies und ihrer drei Jahre jüngeren Schwester Laura: »Aufgewachsen in einem Haus, in dem einige der bekanntesten Künstler der Zeit ein- und ausgingen, wurde [Alice] geradezu verschwenderisch in das Studium von Dramen, Stimmausbildung und graphischer Kunst eingeführt. Ihre Heirat im Alter von siebzehn Jahren behinderte ihre ausgedehnten Europareisen ... nicht.«[2] Kurz nach ihrer Heirat mit Clifford Barney begann sie zu malen, studierte u.a. in Paris bei Whistler und wurde eine der bekanntesten amerikanischen Portraitmalerinnen ihrer Zeit.[3]

Albert Clifford Barney, der »außer Geld nichts geerbt hatte«[4], verkaufte kurz vor der Geburt Natalies im Jahre 1876 seine ererbte Eisenbahnwaggonfabrik gewinnbringend und setzte sich, ausgestattet mit einem Millionenvermögen, als Privatier zur Ruhe. Mit dem immer wieder unter Beweis gestellten Eigenleben seiner Frau schien er ebensowenig zurechtzukommen wie mit den Unabhängigkeitsbestrebungen seiner ältesten Tochter, so daß er begann, zunehmend auf Distanz zu seiner Familie zu gehen. Nachdem die Barneys bereits in den letzten Jahren ihrer Ehe weitgehend getrennt gelebt hatten, befreite der Tod Clifford Barneys nicht nur seine Töchter vom diktatorischen Zugriff des Vaters, sondern ermöglichte auch Alice Pike Barney, die restlichen dreißig Jahre ihres Lebens nach ihren Wünschen zu gestalten: »Im Alter erinnerte sich Laura, daß sich das Familienleben nach dem Tod des Vaters radikal geändert hatte. Vorher war alles sehr korrekt, konventionell und wohlanständig, danach führten sie das Leben der Bohème.«[5]

Während ihr Vater Zeit seines Lebens Natalie Barneys mehr oder weniger offen gezeigte Zuneigung zu anderen Frauen und ihre Versuche, sich weit ab von der Familie ein eigenständiges Leben aufzubauen, aufs Schärfste mißbilligte und immer wieder versuchte, seine widerspenstige Tochter doch noch von den Vorzügen eines traditionellen Frauenlebens zu überzeugen, tolerierte Alice Pike Barney den unkonventionellen und oft skandalträchtigen Lebenswandel ihrer Tochter und unterstützte sie, soweit es ihr möglich war: »Nicht nur als Kind hatte Natalie eine große Liebe zu ihrer Mutter empfunden; sie blieb ihr ein Leben lang treu ergeben und kümmerte sich in vieler Hinsicht rührend um sie ... Ihr Lebensstil — ihr Salon, die Einrichtung, das Dekor — war eine zurückhaltendere, klassische Version des Stils ihrer Mutter im ›Studio House‹«[6], das Alice Pike Barney nach dem Tod ihres Mannes erwarb. Sie führte dort ein ähnliches

Leben wie Natalie Barney in Paris in der Rue Jacob — allerdings mit heterosexuellem Publikum. Als Natalie Barneys Vater 1906 starb, hinterließ er seiner Tochter insgesamt vier Millionen Dollar und garantierte ihr damit jene Unabhängigkeit und Selbständigkeit, die er während ihrer Kindheit und Jugend mit allen ihm zur Verfügung stehenden Mitteln zu verhindern versucht hatte. Das vom Vater geerbte Geld bildete die Grundlage jenes hier »klassisch« genannten Pariser Lebensstils Natalie Barneys, der den konventionellen Vorstellungen vom gesellschaftlichen Leben ihres Vaters jedoch keineswegs entsprach, sondern eher als Kombination verschiedener Elemente erscheint: Barney versuchte, inmitten des offenen, in vielerlei Hinsicht unbürgerlichen Bohèmelebens, das sie in Paris führte, immer wieder, an die griechische Kultur anzuknüpfen und behielt dabei all jene großbürgerlichen und rollenkonformen Verhaltensweisen bei, die sie, ihrer Herkunft und Erziehung entsprechend, gelernt hatte.

Einübungen

Natalie Barneys Erziehung und Ausbildung auf dem Landsitz der Familie in Cincinatti begann mit der Einstellung einer französischen Gouvernante, die Natalie und Laura ersten Unterricht in Französisch erteilte, der zur damaligen Zeit gängigen Höhere-Töchter-Sprache.

1886 reisten Alice Pike Barney und ihre Töchter zum ersten Mal für längere Zeit nach Europa und besuchten verschiedene Länder, unter anderem Deutschland und Rußland. Während die Mutter in Paris Malstunden bei Whistler nahm, kamen Natalie und Laura in das Pensionat LES RUCHES in Fontainebleau: »Die Schule wurde von Mädchen aus dem Ausland besucht, die dort Französisch lernen sollten und außerdem in den ›schönen Künsten‹ Zeichnen, Singen, Tanzen, Schönschreiben und Betragen unterrichtet wurden. Dort wurde Natalie auch so perfekt zweisprachig wie kaum jemand jemals wird, und später, als sie zu schreiben begann, zog sie die französische Sprache der englischen vor, weil sie sich in ihr am besten ausdrücken konnte.«[7]

Nachdem Barney ihre schulische Ausbildung in MISS ELY'S SCHOOL FOR GIRLS in New York abgeschlossen und dort ihre erste Liebesbeziehung zu einer Frau, Eva Palmer, begonnen und ihren euphorischen Gefühlen für Eva relativ unvorsichtig Ausdruck verliehen hatte, wurde sie in den Jahren vor der Jahrhundertwende von ihrem Vater streng kontrolliert und des öfteren nach Washington beordert. Dort wohnte die Familie Barney seit 1886 und gehörte zur besten Gesellschaft der Hauptstadt. Dem Wunsch des Vaters entsprechend mußte Barney 1897 debütieren und eine Saison lang das behütete Leben einer höheren Tochter der Gesellschaft führen. Sie spielte Tennis, ritt aus, besuchte Bälle, und ihr weiterer Lebensweg, der über Nachmittags- und Abendeinladungen und nach ein oder zwei Washingtoner Saisons eigentlich in die Ehe mit einem ebenfalls reichen, vielleicht sogar ebenfalls schönen Herrn der ersten Gesellschaft führen sollte, schien vorgezeichnet.

Es läßt sich heute kaum noch rekonstruieren, wie stark oder kontinuierlich der Druck war, den Clifford Barney ausübte, um seine Tochter auf den vermeintlich rechten Weg zu bringen oder zurückzuführen und weshalb, wie oder mit wessen Hilfe es Barney immer wieder gelang, sich Disziplinierungsmaßnahmen wie den Saisons in Washington zu entziehen. Wickes berichtet in seiner Biographie von einer »Schein-Verlobung« Barneys, mit deren Hilfe Natalie ihren mißtrauischen Vater für eine Weile beruhigen konnte. Stromberg formuliert eleganter: »Natalie Barney hatte allen ›patriarchalischen‹ Einfluß ihres Vaters ein für allemal abgewehrt, indem sie ihm bereitwillig einen Mann als Verlobten vorschlug, den er nicht akzeptieren konnte.«[8] Ob sich Barney mit Hilfe dieser, ihren Angaben nach rein platonischen, Beziehung tatsächlich ›nur‹ gesellschaftlich und gegen den Argwohn ihres Vaters absichern wollte, bleibt — wie viele andere Details ihrer Lebensgeschichte — der Phantasie ihrer BiographInnen überlassen. Wenn es diesen, wie Chalon, vor allem darum geht, das Bild einer »schon immer«-rebellischen Natalie zu zeichnen, verklärt sich die Jugend Barneys zu einer Phase früher, kontinuierlicher Widerständigkeit. Barney erscheint dann in der Biographie so, wie sie sich selbst darzustellen liebte: als Frau, die aus Neigung und Überzeugung tatsächlich »schon immer« Frauen geliebt hatte, frühzeitig erste erotische und sexuelle Erfahrungen machte, und es verstand, ebenso charmant wie hartnäckig ihre Interessen zu verfolgen. In diesen Kontext gehört auch die immer wieder kolportierte Legende vom Ursprung der feministischen Überzeugungen Natalie Barneys. »Natalies feministisches Bewußtsein erwachte bereits im zarten Alter von zehn Jahren auf einer Europareise ... Ihr mißfiel es, daß eine Frau und ein Hund einen schwerbeladenen Karren ziehen mußten, während der Mann nebenherstolzierte.«[9] Damit werden all jene Widersprüche und Unstimmigkeiten, die es höchstwahrscheinlich auch in der Entwicklung Barneys gegeben hat, geglättet. Im Nachhinein ist es kaum möglich herauszufinden, wie Natalie Barney ihre Jugendzeit ›wirklich‹ erlebt und wie sie sich ›tatsächlich‹ verhalten hat — die Lektüre der Biographien und der Selbstzeugnisse Barneys zeigt jedoch, daß Barney frühzeitig ihre eigene Legende in Umlauf zu bringen wußte und zugleich BiographInnen gefunden hat, die sich an der Reproduktion dieser Legende erfolgreich beteiligt haben.

Statt sich Ende der 1890er Jahre in Washington von potentiellen Ehemännern begutachten zu lassen, reiste Barney schon 1898/99 wieder nach Paris. Dort lernte sie im Bois de Boulogne Liane de Pougy kennen, eine der berühmtesten Kurtisanen der Belle Epoque, die Ende der 1890er Jahre auf dem Höhepunkt ihrer Karriere und in ganz Paris bekannt war. Der Skandal, den diese Beziehung Barneys auslöste, war perfekt, als 1901 Liane de Pougys IDYLLE SAPPHIQUE erschien — eine nur wenig verschlüsselte literarische Umsetzung der inzwischen auf Druck Albert Clifford Barneys beendeten Beziehung. Liane de Pougy beschrieb Barney in ihrem ›Roman‹ als »eine selbstsichere, erfahrene und promiskuitive Frauen-Verführerin«[10] und begründete damit Barneys Ruf als »große Verführerin«[11].

Barney, die aus ihren zahlreichen Affairen mit und Beziehungen zu Frauen nie ein Hehl machte und bisweilen heftig mit ihrer *Rolle* als passionierte Herzensbrecherin kokettierte, legte gleichzeitig größten Wert auf die Feststellung, daß sie ein sehr viel größeres Talent zur Freundschaft als zu Liebesbeziehungen besitze. So verwandelten sich die meisten dieser Beziehungen nach einigen Jahren in lebenslange Freundschaften, und einige der literarischen Äußerungen Barneys zum Thema Liebe hinterlassen keineswegs den Eindruck, von einer diesem Gefühl ›blind‹ ergebenen Autorin verfaßt worden zu sein: »Ich habe viele Frauen geliebt, zumindest gehe ich davon aus. Gelegentlich schreiben sie und teilen mir mit, daß sie meine Liebe vermissen. Ihre vermisse ich nicht, ich liebe nur die Liebe, die ich gebe. Ich schätze sie — sie ist mein; die Liebe, die andere geben, gehört uns nie oder nur für kurze Zeit. Und doch habe ich sie manchmal ersehnt, aber nicht gefunden, vor allem dann nicht, wenn sie vorhanden war. ... Meine Liebe ist eine egoistische, großartige und gottähnliche Sache. Sehr theatralisch. Sehr imposant. ... [Meine Geliebte] hat einmal gesagt: ›Das Leben ist so, wie andere es uns verderben‹. So ist Liebe.«[12]

Wenn Barney trotzdem vor allem als »female Don Juan«, »Frau mit den tausend Affairen« oder »Sappho von Paris« und nicht als große Freundin großer Frauen und Männer bekannt geworden ist, so ist das einerseits eine Folge ihrer gekonnten Selbstinszenierungen. Andererseits ist es aber auch eine Folge des Unterhaltungswertes, den skandalträchtige Beziehungen wie die Barneys zu de Pougy für die Pariser Gesellschaft hatten und zum Teil heute noch haben.

Wenn Chalon und Wickes, die beiden Barney-Biographen, die Lebensgeschichte Barneys — »Dichterin, Dramatikerin, Erzählerin, Essayistin, Epigramm- und Memoirenverfasserin«[13] — in Kapiteln erzählen, die mit den Vornamen ihrer jeweiligen Lebensgefährtin überschrieben sind, so wird schon an dieser Äußerlichkeit deutlich, daß eine Frau wie Natalie Barney wohl nur verkraftet werden kann, wenn man sie zu einem ›weiblichen Casanova‹ stilisieren und solcherart mystifizieren kann. Solche Stilisierungen führen dazu, daß fast alle bedrohlichen Elemente ihrer Biographie eliminiert werden können. Da hinter Barneys Beziehungen zu anderen Frauen kein politisches, feministisches oder künstlerisches Konzept, sondern die reine Lust »der Verführerin« gesehen wird, die dem Pariser Publikum mit ihren diversen Inszenierungen einiges zu bieten hatte, können die Affairen Barneys goutiert werden, ohne daß dabei traditionelle weibliche Rollenvorschriften in Frage gestellt werden müßten. Dazu trug auch bei, daß Barney im Gegensatz zu Margarete Radclyffe Hall, Lady Troubridge, Jane Heap und einigen anderen Frauen aus der Pariser Szene darauf verzichtete, ihr an einigen Stellen ganz und gar nicht rollenkonformes Verhalten auch in äußerlich sichtbare, den herrschenden Vorstellungen nach ›typisch lesbische‹ Attribute umzusetzen: »Miss Barney war keine kämpferische Amazone, sondern im Gegenteil *eine reizende Dame* immer ganz in Weiß, und mit ihrem blonden Teint wirkte sie höchst attraktiv.«[14]

Da es diese »reizende Dame« Zeit ihres Lebens verstanden hat, dem Ausschließlichkeitscharakter ihrer Beziehungen durch ihr weltoffenes, charmantes und keineswegs ›männerfeindliches‹ Verhalten den Stachel zu nehmen, hat sie sich den radikalfeministischen Frauen ihrer Zeit als positive Identifikationsfigur und einflußreiche Mitstreiterin ebenso verweigert wie jenen ZeitgenossInnen, die jede Gelegenheit nutzten, mit den ›Auftritten‹ der »Mann-Weiber« Radclyffe Hall und Troubridge gleich die gesamte Lebensform dieser Frauen der Lächerlichkeit preiszugeben. Anders als Gertrude Stein oder Jane Heap hat Barney offensichtlich keine Probleme damit gehabt, die traditionellen »Waffen einer Frau« dazu zu nutzen, ihre potentiellen GegnerInnen vom Hauptschauplatz der Gefühle, der emanzipatorischen Akte und Revolten gegen patriarchale Normen abzulenken.

Wie wenig sie jedoch von diesen Normen überzeugt war und wie groß schon zu Beginn des Jahrhunderts ihr Bedürfnis war, sich und Gleichgesinnten ein Leben so weit wie möglich unabhängig von den Restriktionen und Repressionen traditioneller Moral zu sichern, wird an ihrer Reaktion auf den Besuch eines sogenannten »Freundes der Familie« deutlich, der sie 1900 aufsuchte, um ihr von den Gerüchten zu berichten, die über sie und Liane de Pougy in Paris in Umlauf waren: »Als der Freund der Familie seine ›peinliche Pflicht‹ erfüllt hatte, fortgegangen war und ich wieder allein war, betrachtete ich mich ohne Scham. ... Warum sollte ich mir einen Vorwurf machen, weil ich lesbisch bin? Es ist doch eine Sache der Natur, ... kein Laster ..., und es schadet niemandem. Was kann es mir da schließlich ausmachen, wenn die Leute schlecht über mich reden oder mich nach ihren Vorurteilen abschätzen? ... Ich kann dem Freund der Familie also versichern, daß ich letzten Endes die Welt der Halbwelt vorzuziehen scheine, daß mir aber weder die eine noch die andere behagt. Ich muß mir also ein Milieu schaffen, das meinen Bestrebungen entspricht, eine Welt, in der sich all jene zusammenfinden, die ihrem Leben einen höheren Sinn geben wollen, sei es durch die Ausübung einer Kunst oder durch eine Liebe, die sie zu reinen Wesenheiten zu läutern vermag. Bei ihnen allein werde ich Verständnis und Zugehörigkeitsgefühl empfinden, und dann werde ich mich endlich unter freien Geistern in Freiheit ausdrücken können.«[15]

Natalie Barney schließt sich an dieser Stelle einem in den ersten Jahrzehnten dieses Jahrhunderts populären Erklärungsmodell an, das Homosexualität als gottgewolltes oder biologisches Schicksal erscheinen ließ[16]. Anders als Radclyffe Hall zog sie aus diesem Modell der ›auferlegten Abweichung‹ jedoch nicht den Schluß, diese leidend ertragen zu müssen, sondern sah in ihrer Liebe zu anderen Frauen eine positive Alternative zu traditionellen Mann-Frau-Beziehungen, ohne sie jedoch zur Anti-Norm erheben zu wollen.

Deutlich wird an dieser Textstelle darüber hinaus die Verbindung dieses Erklärungsmodells mit Elementen griechischer Kultur und Philosophie. Wenn Barney von einer Liebe, die Menschen »zu reinen Wesenheiten zu läutern vermag« spricht, knüpft sie an platonische Vorstellungen von der Beziehung zwischen Eros und Erkenntnis an: »Für Platon ist Wahrheit nur im Reich des reinen und absoluten Seins erreichbar; dieses Reich ist nicht dadurch zu erlangen, daß man das Auge des Geistes von der Materie abwendet, sondern indem man lernt, durch das Reich des rein Körperlichen hindurch und über es hinaus zu sehen. ... Es bleibt jedoch die Frage: Wie kann der Geist, der in einem sterblichen Körper wohnt, seinen Weg zur Wahrheit finden? Platons Antwort, die im SYMPOSION formuliert wird, ist bemerkenswert: Der Geist stößt auf Erkenntnis, wenn er vom Eros geleitet wird. ... Aber nicht jedes Begehren erzeugt Liebe, und nicht jede Liebe zeugt Erkenntnis.«[17] Bei Platon erscheint die Beziehung zwischen einem männlichen Erwachsenen und einem jungen Mann von vergleichbarer sozialer Stellung als einzige Beziehung, in der »der Eros ... als Stufe zum Reich des Seins bedeutsam«[18] ist. Heterosexuelles Begehren kann schon deshalb keinen Bezug zur

Transzendenz haben, weil es an körperliche Fortpflanzung gebunden ist, »[s]exuelle Beziehungen zwischen Frauen wurden, zumindest in Athen, weitgehend ignoriert«[19]. Fox Keller fährt fort: »Platons Definition einer neuen Form der päderastischen Liebe war durch die für ihn verbindlichen Modelle seiner Kultur eingeengt und durch die Beschränkungen, die diese dem menschlichen Begehren und seinen Ausprägungen auferlegten. Setzt man diese Beschränkungen voraus, dann hätte das einzig vorstellbare Modell, das als Beispiel für reziprok vollzogene Sexualität, die nicht automatisch Aggression evoziert und zur Herrschaft auffordert, hätte dienen können, aus der weiblichen homosexuellen Erfahrung heraus entstehen müssen ...«[20] Vor diesem Hintergrund setzt Barneys Modell einer erotischen Beziehung zwischen Frauen an, die zu »reinen Wesenheiten« führen kann. Bei genauerer Betrachtung wird so hinter den immer wieder in den Vordergrund gerückten »Casanova-Allüren« Natalie Barneys ein Konzept erotischer Beziehungen zwischen Frauen sichtbar, das Liebe und Sexualität zwischen Frauen als Teil eines künstlerisch-philosophischen Lebensentwurfs versteht. Dieses Konzept wird von Barney immer wieder mit griechischer Kultur und Philosophie in Verbindung gebracht und so aus der abendländischen Kulturtradition abgeleitet.

Wie bei Platon, so wird auch bei Natalie Barney das heterosexuelle Begehren durch seinen Bezug zur Fortpflanzung diskreditiert: »Daß Liebe zwischen Frauen diese von der Angst vor Schwangerschaft befreite, war eine verführerische Kraft — vor allem für Frauen, die ein unabhängiges Leben führen wollten. Frauen konnten sich ihren eigenen sinnlichen Erfahrungen hingeben, ohne mögliche Konsequenzen zu fürchten ... Schwangerschaft machte die Frauen zu Opfern ihrer eigenen körperlichen Prozesse, ... die Angst vor Schwangerschaft unterdrückte weibliche Sinnlichkeit und zwang Frauen dazu, ihr eigenes sexuelles Begehren zu unterdrücken. ... Wenn eine Frau ihr sinnliches und künstlerisches Leben bewahren will, muß sie auch ihren Körper gegen die Risiken der Heterosexualität schützen. Deshalb bezeichnete Lesbianismus für Barney und andere Frauen ihres Zirkels nicht nur eine sexuelle Orientierung, sondern auch eine feministische Position, eine radikale Absage an heterosexuelle Dominanz. Lesbianismus wurde von Barney als zentrale Komponente dessen, was sie ›Ethik des Schönen‹ nannte, definiert. Die Formen lesbischer Erotik ... waren selbst Kunstformen, die Synthese einer sowohl sinnlichen als auch ästhetischen Erfahrung, während derer der weibliche Körper eher ›gefeiert‹ als mißbraucht wurde.«[21]

Vor diesem Hintergrund erscheinen Barneys Beziehungen zu anderen Frauen und ihr Versuch, in Paris ein Milieu zwischen Welt und Halbwelt zu etablieren, gerade nicht als von einem nymphomanen Begehren geleitete Versuche, die weibliche Nachfolge Casanovas oder Don Juans anzutreten. Anders als in den Biographien Barneys erscheinen Sexualität und Erotik so als Elemente eines umfassenden, ästhetischen Lebenskonzeptes, das, wenn es ernst genommen worden wäre, als Bedrohung einiger Grundvoraussetzungen der herrschenden Diskurse und sozialen Realitäten hätte verstanden werden müssen. Die Stilisierung Barneys zur kleinen Schwester des großen Casanova hat es statt dessen ermöglicht, die faszinierenden Aspekte ihres Lebens in den Vordergrund zu stellen und ihre literarischen Texte ebenso wie ihre theoretischen Überlegungen zu übersehen oder zu ignorieren.

Traditionslinien

Nach dem Tod ihres Vaters siedelte Barney, die seit 1900 eine Beziehung mit der Dichterin Renée Vivien hatte, endgültig nach Paris über. »Als Natalie Barney 1902 in Paris ankam, um dort Aufnahme in den Kreisen der gebildeten Aristokratie zu finden, war nicht nur ihre amerikanische Herkunft ein Hindernis. Als Frau, deren lesbische Beziehungen Thema ihrer literarischen Versuche war, und die durch ihr Benehmen in der Öffentlichkeit auffiel, wurde sie bei gewissen Pariser Matronen zur *persona non grata*. Doch schnell rächte sie sich für die ihr verschlossenen Türen des Faubourg ... »[22] Denn in den folgenden Jahren benutzte Barney ihr ererbtes Vermögen ebenso wie ihre Intelligenz und ihren Charme, um in Paris jenes Milieu zwischen Welt und Halbwelt zu etablieren, in dem sich dann in den 20er Jahren eine der produktivsten weiblichen Subkulturen des 20. Jahrhunderts entwickeln konnte. Sie begann mit Gartenparties in Neuilly, ihrem ersten Pariser Wohnsitz, zu dem sie ihre literarischen und adligen Freunde und Freundinnen einlud. Durch Lucie Delarus-Mardrus lernte sie neben anderen die Duchesse de Clermont-Tonnerre und die Prinzessin de Polignac kennen: »Schon bald konnte sie die bedeutendsten Künstler Frankreichs zu ihren Gästen zählen, zu denen Paul Claudel, Auguste Rodin, Anatol France, André Gide, Marcel Proust und Paul Valéry gehörten ... »[23]

Jene Welt der Faubourg-Aristokratie, in der Proust ein- und ausgegangen war, blieb Barney jedoch auch dann noch verschlossen, als sie sich längst in der Rue Jacob im Zentrum des Pariser Intellektuellen- und KünstlerInnen-Viertels niedergelassen hatte und den größten und berühmtesten literarischen Salon Europas führte. Benstock weist in ihrer Untersuchung jedoch explizit darauf hin, daß »dieser Platz außerhalb der Grenzen der französischen Gesellschaft für [Barney und andere] *expatriate women* von größter Bedeutung war: ihre Position ermöglichte es ihnen, die Angst vor Ablehnung, das Gewicht der Unterdrückung, dem Zwang traditioneller Verhaltensweisen und Rollen zu entgehen.«[24] Am Beispiel der amerikanischen Schriftstellerin Edith Whartons, die in jenem Faubourg-Milieu zuhause war, das Barney die Aufnahme verweigerte, verdeutlicht Benstock die Aufnahmebedingungen dieses Teils der Pariser Gesellschaft und zeigt zugleich, daß jenes von Barney angestrebte Milieu zwischen Welt und Halbwelt dort niemals zustande gekommen wäre.[25]

Obwohl Barney mit den depressiven, mythischen und religiösen Neigungen Renée Viviens große Schwierigkeiten hatte, hatte sie mit ihr nach Eva Palmer doch zum zweitenmal eine Frau gefunden, die ihr Interesse an der griechischen, vor allem an der sapphischen Kultur und Lebensweise teilte.

1899 hatte Barney begonnen, in Paris Griechischstunden zu nehmen und sich intensiver mit den Texten und der Tradition Sapphos zu beschäftigen, 1904 reiste sie mit Vivien nach Lesbos und verwirklichte sich damit einen langgehegten Traum: »[D]ann begab sie sich, begleitet von Renée Vivien, auf eine spektakuläre Expedition nach Mytilene ..., darauf hoffend, dort zu Ehren Sapphos eine Dichterinnen-Kolonie etablieren zu können ... Bedauerlicherweise konnten diese romantischen Ideen nicht erfüllt werden ...«[26]

Während Wickes und Chalon Barney ein ernsthaftes Interesse an Sapphos Lyrik und Lebensform absprechen, weist Benstock auf ein entscheidendes Problem bei Barneys Aneignungsversuchen hin. Eine Folge der angeblich so guten Erziehung Barneys in Fontainebleau war, daß sie zwar hervorragend Französisch sprechen, Klavierspielen und Konversation betreiben konnte, jedoch weder in Griechisch noch in Latein unterrichtet worden war. Damit war ihr wie den meisten anderen Frauen ihrer Generation der unmittelbare Zugang zur antiken Kultur und Literatur verstellt: »Virginia Woolf und Natalie Barney hatten ähnliche Gründe für den Wunsch, Griechisch zu lernen: Sie wollten Sappho von den männlichen Professoren zurückerobern, die sie entweder als Verführerin junger Mädchen geschildert hatten oder die sapphische Sexualität in toto leugneten.«[27]

An Barneys in den folgenden Jahren immer wiederkehrenden Bemühungen, literarisch an die Arbeiten Sapphos anzuknüpfen und eine Lebensform zu finden, die als moderne Umsetzung der Lebensweise Sapphos gelten konnte, läßt sich einmal mehr das Problem weiblicher Traditionsbildung und Traditionslosigkeit aufzeigen[28].

Zu Beginn dieses Jahrhunderts gab es für Frauen wie Natalie Barney kaum Anknüpfungspunkte für eine eigene Traditionsbildung. Während die heterosexuellen Frauen zumindest noch auf die wenigen bekannten großen Frauen der Literatur- und Kulturgeschichte als »Schwestern von gestern« zurückgreifen konnten, war für Barney und ihre Freundinnen außer der im oben von Benstock beschriebenen Sinne bereits funktionalisierten Sappho keine einzige andere »Schwester von gestern« in Sicht.

Barneys von ihren Biographen gern belächelter Rückgriff auf die Tradition Sapphos erweist sich so als der ernsthafte Versuch, Linien einer vergessenen und verdrängten Kulturgeschichte aufzudecken. Damit eröffneten sich zugleich Möglichkeiten, die eigene Existenz nicht als Sonder- oder Krankheitsfall zu betrachten, sondern darin die Fortsetzung *eines* möglichen weiblichen Lebensmodells zu sehen, das ebenso auf antike Ursprünge zurückzuführen war wie wichtige Bestandteile der patriarchalen Literatur, Kultur und Wissenschaft.

Vergleicht man die literarischen Produktionen Barneys[29], die auch mit ihrer *Rolle* als ›Freizeitdichterin‹ zu kokettieren wußte, mit den hochartifiziellen Texten Gertrude Steins oder Djuna Barnes', so werden literarische Klassenunterschiede rasch deutlich. Trotzdem sind die Arbeiten Barneys vor allem im Kontext der Traditionsbildung von nicht zu unterschätzender Bedeutung. Zum einen hat Barney immer wieder versucht, an die Texte Sapphos anzuknüpfen. Dabei erhob sie, auf ganz andere Art als die »männlichen Professoren«, Anspruch auf diese von der Wissenschaft weitgehend absorbierte Tradition. Indem sie sich in ihren Texten immer wieder unverschlüsselt und selbstverständlich mit Liebesbeziehungen zwischen Frauen beschäftigte, hat sie zum anderen diese Thematik gegen alle damals möglichen Repressionen wie Zensur, Skandal und soziale Ächtung als eine mögliche literarische Thematik behauptet und bestärkt. Um die Bedeutung dieser Bestärkung zu verstehen, muß man sich daran erinnern, daß zu Beginn dieses Jahrhunderts Texte mit explizit lesbischer Thematik von Zensur bedroht waren und auch massiv zensiert wurden. Die Veröffentlichung solcher Texte und das damit verbundene Öffentlichmachen der Thematik war keineswegs so einfach oder selbstverständlich wie es von heute aus erscheinen mag.

Diese Eroberung und Sicherung von »Diskursraum«[30] ist *eine* Möglichkeit, dem traditionellen Ausschluß von Frauen aus der Geschichte und Literatur aktiv entgegenzuwirken: »Wenn Frauen-Geschichte unterschlagen wird, ... müssen Frauen ... überlegen, wie sie dieses Vergessenwerden nach Möglichkeit verhindern können. Sie müssen sich so sichtbar machen, daß sie nicht übersehen werden können. Frauen müssen Spuren hinterlassen, deutliche und unmißverständliche Spuren.«[31] In ihren Texten und mit ihrer Academie Des Femmes hat Natalie Barney immer wieder auf solch unmißverständliche und deutliche Art Spuren gesichert und gelegt. Obwohl diese Spuren zunächst übersehen oder verwischt worden sind, haben sie den nachfolgenden Generationen, die erst Anfang der 80er Jahre begannen, sich mit der Left-

Bank-Kultur auseinanderzusetzen, ihre Anknüpfungs- und Ausgrabungsversuche erheblich erleichtert[32].

Das an den literarischen Texten Barneys deutlich werdende »sapphische Ideal« führt zurück zu jener eingangs bereits beschriebenen Beschäftigung Barneys mit griechischer Kultur, Literatur und Philosophie und zu ihrem Bemühen, erotische Beziehungen zwischen Frauen in einem umfassenderen Konzept der Verbindung von Kunst und Leben zu verankern. »Ein zentraler Punkt dieses Ideals war die Freiheit zu lieben wie man gewählt hatte ... Barney trennte den sexuellen Akt selbst von der geistigen Vorstellung von ›Liebe‹; der Körper (durch den der sexuelle Akt vollzogen wurde) und die Seele (durch die Treue definiert wurde) blieben getrennte Größen in Barneys ethischem Kodex.«[33] Diese Trennung ermöglichte es Barney, einerseits Vorstellungen von einer Verbindung von Liebe, Eros, Erkenntnis und Kunst aufrechtzuerhalten und sich andererseits all jenen repressiven Moralvorschriften zu entziehen, die Frauen polygame sexuelle Beziehungen oder frei ausgelebte sexuelle Bedürfnisse untersagen: »Natalie führte für sich selbst Regeln für Verhalten und Moral ein, denen nur wenige folgen konnten ... Ihr Leben zeichnete sich durch eine bemerkenswerte emotionale Reife und das Fehlen selbstzerstörerischer Impulse aus, jedoch war sie von Frauen umgeben, die sich, indem sie patriarchale Werte internalisierten, gegen sich selbst wandten. Barneys Versuch, ein Pariser Lesbos zu erschaffen, beinhaltete den Versuch, die Folgen des Selbsthasses ins Gegenteil zu verwandeln; ein Versuch, ihren eigenen Definitionen einer sapphischen Kultur nachzuleben. Dieser Versuch beinhaltete jedoch den Keim seines Scheiterns: Als eine, die von der spezifischen Form von Homophobie, an der viele ihrer Freundinnen litten, unberührt geblieben war, galt sie als eine gleichsam von der Welt entfernte, eine Art Amazone — eine Repräsentantin einer früheren, matriarchalischen Zivilisation, deren Erwartungen von anderen nicht erfüllt werden konnten.«[34]

BündnispartnerInnen

Wie wichtig auch für Natalie Barney während ihres ersten Jahrzehnts in Paris männliche Bündnispartner[35] gewesen sind, wird daran deutlich, daß ihr erst die Freundschaft mit dem MERCURE DE FRANCE-Herausgeber, Schriftsteller und Literaturkritiker Rémy de Gourmont zum endgültigen Durchbruch in der Pariser Kulturszene verhalf. Diese Szene hatte bis dahin Barneys skandalträchtiges Verhalten — ›wilde‹ Parties und Kostümfeste und die kaum verborgenen polygamen Beziehungen — mit distanzierter Neugier und entzücktem Entsetzen zur Kenntnis genommen, Barney aber keineswegs als eine der ihren akzeptiert.

Als Barney 1910 de Gourmont, der an Hauttuberkulose litt und infolgedessen jeden Kontakt zur Außenwelt scheute, durch einen gemeinsamen Bekannten kennenlernte, begann eine fünfjährige intensive Freundschaft, die in zahlreichen Briefen dokumentiert ist: »Obwohl er ihr körperlich gleichgültig war, ... wollte ... [Barney] doch vom größten Geist der Epoche verehrt werden.«[36] Genau das geschah, als de Gourmont in den Jahren 1912 und 1913 essayistische Texte unter dem Titel LETTRES A L'AMAZONE über und an Natalie Barney im MERCURE DE FRANCE veröffentlichte, die Barney als *Amazon of Letters* innerhalb kurzer Zeit in ganz Paris bekannt und vor allem salonfähig machten. Daß diese Verehrung de Gourmonts einen anderen emotionalen Hintergrund hatte als die Zuneigung Barneys zu ihrem »lieben Freund« Rémy, verdeutlichen die LETTRES INTIMES A L'AMAZONE de Gourmonts, die erst zehn Jahre nach seinem Tod veröffentlicht wurden. Chalon schreibt dazu: »Man liebt, man hofft, man leidet mit Gourmont. ... Es sind die Liebeserklärungen eines vor Scheu gelähmten Fünfzigers an eine unerreichbare Julia ...«[37] Die Rolle, die Natalie Barney in dieser ungleichen Beziehung gespielt hat, bleibt in den Biographien wie auch in den Kommentaren von ZeitgenossInnen im unklaren — ob Natalie Barney tatsächlich mit Gourmonts Gefühlen gespielt hat, oder ob de Gourmont Barney möglicherweise gerade deshalb geliebt hat, »weil er weiß, daß dieser Liebe niemals Erfüllung beschert sein kann«[38], läßt sich kaum rekonstruieren.

»Selbst, wenn sie wollte, kann Natalie Gourmont nie vergessen. Sie hat sich in den Netzen der Berühmtheit verstrickt. Sie ist und bleibt für alle ›Rémy de Gourmonts Amazone‹. Anatole France verneigt sich vor diesem Ruhm und sagt: ›Amazone, ich küsse Ihre Hände in religiöser Ehrfurcht.‹ All dieser Ruhm beunruhigt Alice Pike Barney. Sie fragt Natalie: ›Sag mir, mein liebes Kind, wie hast du es nur fertiggebracht, daß man in ganz Europa von dir spricht, seit du mit diesem alten Herrn befreundet bist.‹«[39]

Als de Gourmont 1915 »in völliger Einsamkeit«[40] starb, hatte Barney mit seiner Hilfe ganz Paris für sich erobert. Aus der *femme fatale* der ersten Jahre war eine *grande dame* geworden, deren Salon in der Rue Jacob 20 zu den ersten Adressen des kulturellen Lebens gehörte.

Dieser Aspekt der Biographie Barneys verdeutlicht noch einmal, was Lütke Föller 1986 über das Verhältnis von Privilegierten und Stigmatisierten ausgeführt hat: »Eine Frau muß, um in die Gruppe der Normalen aufgenommen zu werden, privilegiert werden. Ihr muß erst zugestanden werden, was für einen Menschen, der der Norm [männlich zu sein] entspricht, völlig selbstverständlich ist. Diese Privilegierung ist für eine Frau aber nie die Regel, sie ist immer etwas Besonderes.«[41]

Keine Frau kann solch eine Privilegierung erzwingen. Allerdings kann sie sie dadurch forcieren, daß sie sich — wie Barney das getan hat — die richtigen Bündnispartner auf Seiten der »Normalen« sucht. Der Begriff »Bündnispartner« impliziert bei Lütke Föller unterschiedliche Interessen der beiden Parteien. Während Natalie Barney in erster Linie an einer Freundschaft mit dem klugen und berühmten de Gourmont interessiert war, scheint es für de Gourmont eher um die Darstellung seiner Liebe zu Barney gegangen zu sein. Aber nicht obwohl, sondern gerade weil de Gourmont offensichtlich Gefühle für Natalie Barney hegte, die diese nicht erwiderte, entstanden die vielzitierten LETTRES A L'AMAZONE, die zwar nicht Barneys Herz eroberten, ihr aber Zugang zu den ihr bis dahin verschlossenen Kreisen der Pariser Kulturszene eröffneten[42].

Mit Hilfe de Gourmonts und anderer, ihr aus unterschiedlichen Gründen sehr ergebenen BündnispartnerInnen und unter gleichzeitiger geschickter Nutzung ihrer »Erbschaften« gelang es Barney in den 1910er Jahren, sich in der Pariser Kulturszene eine Schlüsselposition zu erobern. Von dieser Position aus konnte sie dann in den folgenden Jahren selbst immer wieder Bündnispartnerin für Frauen aus den *women communities* sein, die sie finanziell unterstützte, denen sie aufgrund ihrer guten Beziehungen zu Interviews, Lesungen, Ausstellungen und Aufträgen verhalf oder denen sie den Druck ihrer Texte finanzierte. Dabei versteht es sich beinah von selbst, daß Bündnispartnerinnen Frauen nicht auf die gleiche Art privilegieren können wie Männer. Wären die LETTRES A L'AMAZONE nicht von de Gourmont, sondern von Lucie Delarus-Mardrus oder der Herzogin de Clermont-Tonerre verfaßt worden, hätten sie Barney wohl kaum zur *Amazon of Letters* und zu einer der führenden Frauen der Pariser Kulturszene gemacht. Wäre Natalie Barney ein Mann gewesen, wäre die Unterstützung und Förderung anderer Frauen aus den *women communities* wahrscheinlich ähnlich positiv gewertet worden wie die Unterstützung, die beispielsweise Ezra Pound anderen Schriftstellern gewährte, und die in fast jedem Text über Pound ausführlich gewürdigt wird.

Die Bedeutung der Unterstützung, die Barney ihren Freundinnen gewährte, zeigt jedoch, daß auch Bündnispartnerschaften zwischen Frauen für eine Veränderung und Verbesserung der Situation von Frauen extrem wichtig und hilfreich sein können.[43]

BesucherInnen

Schon seit 1909 empfing Natalie Barney während der Winter- und Frühlingssaison jeden Freitagnachmittag zwischen 20 und 150 geladene BesucherInnen in ihrem Haus in der Rue Jacob 20. Während die Gäste vor dem Ersten Weltkrieg überwiegend Bohemiens, lesbische Frauen und homosexuelle Männer gewesen waren, veränderte sich mit Natalie Barneys Stellung in Paris auch das Publikum und die Bedeutung ihres Salons. Nach dem Ersten Weltkrieg versammelte Barney vor allem französische und amerikanische KünstlerInnen und SchriftstellerInnen um sich, hinzu kamen Wissenschaftler, Musiker und Angehörige des Pariser Adels, die die »hazardous Fridays« (Paul Valéry) rasch zu einer kulturellen und literarischen Attraktion und Institution machten. Während es vor dem Krieg für die eigene Reputation förderlich gewesen war, zu Barney und ihren ›merkwürdigen Gästen‹ auf Distanz zu gehen, wurde in den 20er Jahren der Besuch bei der Amazone Rémy de Gourmonts für all jene, die in Paris dazugehörten oder dazugehören wollten, eine Selbstverständlichkeit: Von Appollinaire, Djuna Barnes, Paul Claudel, Isadora Duncan über Ford Madox Ford, James Joyce, Sinclair Lewis, Adrienne Monier, Ezra Pound, Margarete Radclyffe Hall, Gertrude Stein, Virgil Thompson bis hin zu William Carlos Williams sind in Natalie Barneys Gästelisten neben vielen vergessenen auch all jene großen Namen zu finden, die heute für die moderne französische und amerikanische Literatur und Kultur repräsentativ sind. Einige der hier genannten BesucherInnen kamen nur einige Male in Barneys Salon, andere zählten zu den »Stammgästen, die eine Dauereinladung hatten«[44] und zum *inner circle* Natalie Barneys gehörten, der nicht auf Frauen beschränkt war, sondern zu dem neben Ezra Pound auch Bernhard Berenson und André Rouveyre, ein enger Freund de Gourmonts, gerechnet wurden.

In den Memoiren der SalonbesucherInnen finden sich unterschiedliche Darstellungen der Atmosphäre, die während der freitäglichen Treffen in der Rue Jacob herrschte: »Der Raum, in dem man sich bei Miss Barney traf, besaß eine riesige, mit buntem Glas besetzte Kuppeldecke. Die Einrichtung war ganz im Stil der Jahrhundertwende gehalten, allerdings mit einem leicht türkischen Flair — eine Mischung aus Kapelle und Bordell ... Die Gäste standen oder saßen auf unterschiedlichsten Sofas und Polstern, unterhielten sich über dieses oder jenes Konzert, über die Bilder von diesem oder jenem Künstler ... Natürlich war Miss Barney vornehmlich an Berühmtheiten interessiert — das war eine ihrer Vorlieben — doch auf der anderen Seite nutzte sie nie jemanden aus. Sie gehörte zu den Menschen, denen besonders daran gelegen ist, andere zusammenzubringen.«[45]

Barney, die »wundervoll altmodische Manieren«[46] hatte, profilierte sich während ihrer Salonnachmittage als aufmerksame und zuvorkommende Gastgeberin, die ihre Hauptaufgabe darin sah, die verschiedenen BesucherInnen einander vorzustellen, miteinander in Kontakt und ins Gespräch zu bringen: »Mittlerweile wurde der einzige Salon von ganz Paris, ja vielleicht sogar der ganzen Welt — im Sinne eines

Salons des 18. Jahrhunderts — von Natalie Barney geführt. ... Dort fand ich die Umgebung vor, die mich sofort an all das denken ließ, was ich in meiner Jugend von Madame de Staël und Miss Barneys anderen Vorgängerinnen gelesen hatte ... Da fand sich die Anmut, der Witz, die würdevolle Hingabe, die für die Salons früherer Tage charakteristisch gewesen sein muß ... »[47]

So gelang es Natalie Barney, im Paris der 20er Jahre die Tradition des literarischen Salons wiederzubeleben, die in Deutschland eher dem 18. Jahrhundert zugerechnet wird, in Frankreich in Adelskreisen aber noch um die Jahrhundertwende gepflegt wurde. Barney veränderte jedoch diese kulturelle Institution zugleich radikal, indem sie die vorher festgeschriebenen Geschlechtsrollen ignorierte. »Die Salonwelt der Belle Epoque war traditionell in den Händen von vielleicht einem Dutzend Frauen, die damit den französischen Intellektuellen regelmäßig Gelegenheit gaben, ihr gesellschaftliches Ansehen unter Beweis zu stellen. Die Geschlechterrollen waren streng vorgeschrieben: Aufgabe der Frauen war es, die Reden der Männer zu bewundern. Trotz der Macht der Frauen, die solche Treffen organisierten, war die Salonkultur eindeutig männlich beherrscht.«[48]

Wenn Natalie Barney bei der Führung ihres Salons als »perfekte Gastgeberin« auftrat, »nie die Konversation dominierte und sich nie einmischte, sondern unaufdringlich darauf achtete, daß ihre Gäste sich wohlfühlten und andere trafen, die sie vielleicht interessieren konnten«[49], legte sie Eigenschaften und Verhaltensweisen an den Tag, die gemeinhin als ›typisch weiblich‹ gelten. Trotzdem unterschied sich ihr Salon zumindest in einem zentralen Punkt von den oben beschriebenen traditionellen Salons der Belle Epoque: Diese Foubourg-St.-Germain-Salons wurden von einem aristokratischen und intellektuellen Publikum beherrscht, das Benstock als »royalistisch, nationalistisch und katholisch« und darüber hinaus als »von anti-semitischen Elementen dominiert«[50] beschreibt. Obwohl auch die *salon society* der Belle Epoque in ihrer offeneren Variante »die politische Rechte und intellektuelle Linke, Royalisten und Anarchisten, Katholiken und Protestanten, die *haute-monde* und die *demi-monde*, Minister und Musical-Hall-Sänger, Angehörige der Comédie Française und der Académie Française«[51] miteinander in Kontakt brachte, blieben die traditionellen Salons doch Orte, an denen konservative Großbürger und Adelige ihre Werte und Normen reproduzieren konnten. Dazu gehörten quasi selbstverständlich antisemitische, frauen- und homosexuellenfeindliche Vorstellungen. Diese Salons dienten keineswegs dazu, den Status ausgegrenzter Gruppierungen zu verbessern, Stigmatisierte zu integrieren oder subkulturelle Bestrebungen zu fördern. »Hinsichtlich der Frage der sexuellen Gepflogenheiten unterschied der Salon genau zwischen dem, was Männern gestattet war und dem, was Frauen untersagt war. Homosexualität und Drogenabhängigkeit unter Männern wurde akzeptiert ... Aber die Spielregeln für Frauen waren etwas differenzierter: Sie durften außereheliche Beziehungen haben, sich scheiden lassen und in gewagter Garderobe die Oper besuchen. Ihre sexuelle Attraktivität durfte sich jedoch nur auf Männer beziehen; ... *Alle* Frauen waren patriarchalischen, heterosexuellen Forderungen unterworfen.«[52]

Natalie Barneys Salon war zwar wie die Salons der Belle Epoque ein Treffpunkt für Angehörige der verschiedenen Pariser Gruppen und Kreise, wo Kontakte geknüpft und gepflegt wurden, und wo sich Personen begegnen konnten, die sich normalerweise selten oder gar nicht getroffen hätten. Darüber hinaus war Barneys Salon aber auch ein Ort, an dem traditionelle Weiblichkeitsvorstellungen trotz der weißen Kleider Natalie Barneys und ihrer »altmodischen Manieren« gerade nicht reproduziert, sondern radikal in Frage gestellt wurden. Obwohl zu Natalie Barneys engstem Kreis auch Männer gehörten, und obwohl männliche Gäste bei den Salonnachmittagen stets willkommen waren und keineswegs ausgeschlossen wurden, war Natalie Barneys Salon gerade nicht »männlich dominiert«. Denn Barney verwandte ihre Talente als Gastgeberin immer wieder auch dazu, ihren Salon zu einem Forum zu machen, in dem gerade Frauen all das möglich wurde, was in den traditionellen Salons nur für Männer selbstverständlich gewesen war. So war die Kunst, die Natalie Barney vor allem zu fördern wünschte, die ihrer Freundinnen: In den 20er Jahren fanden während der Salonnachmittage Lesungen *in honour of* Renée Vivien und anderer, bereits verstorbener Schriftstellerinnen statt. Im Januar und Februar 1927 veranstaltete Natalie Barney eine Reihe von Lesungen, Vorträgen und Veranstaltungen, die einige der in Paris lebenden und arbeitenden Schriftstellerinnen wie Lucie Delarus-Mardrus, Colette, Djuna Barnes und Mina Loy dem Salonpublikum vorstellte. In der gleichen Veranstaltungsreihe präsentierte auch die schon damals sehr bekannte Gertrude Stein, die normalerweise zu den Zirkeln Barneys Distanz hielt, einige ihrer Texte, und Ford Madox Ford hielt einen Vortrag über amerikanische Schriftstellerinnen.

Damit war es Barney gelungen, in ihrem Salon nicht nur die VertreterInnen der verschiedenen Pariser Subkulturen, Zirkel und Gesellschaftsschichten an einen Tisch zu bringen. Sie hatte auch für Schriftstellerinnen, die wie Djuna Barnes nur selten Gelegenheit zu Lesungen hatten, eine Möglichkeit gefunden, mit Hilfe des Salons populärer zu werden. Da Barney bei den oben genannten Veranstaltungen explizit die Pariser *women communities* und ihre Texte förderte, nutzte sie die gesellschaftliche Macht, die ihr als Gastgeberin des interessantesten Salons der 20er Jahre zukam, im Sinne der bereits erwähnten Bündnispartnerschaften zwischen Frauen aus.

Sie überschritt die traditionellen Rollengrenzen der Salongastgeberin, weil sie sich nicht damit begnügte, Kontakte zwischen bedeutenden Männern herzustellen; vielmehr nutzte sie die Möglichkeiten ihres Salons, um gezielt andere Frauen zu fördern. Wenn sie darüber hinaus bewußt lesbischen Künstlerinnen Auftritts-, Vortrags- und Kontaktmöglichkeiten bot, näherte sie sich einem Modell von Unterstützung und Protektion, das höchst ungewöhnlich war und als eine moderne Version jener sapphischen Kultur gelten konnte, die ihr vorbildlich erschien. Aus dem Lehrerin-Schülerin-Verhältnis zwischen Sappho und den bei ihr lebenden jungen Frauen wurde dabei bei Barney eine Art ›große Schwester- kleine Schwester‹- Verhältnis, das einen Wechsel der Position innerhalb des Verhältnisses zumindest nicht von vornherein ausschloß. So war Natalie Barney Djuna Barnes hinsichtlich ihrer Herkunft, ihrer finanziellen Möglichkeit und ihrer gesellschaftlichen Stellung weit überlegen und nutzte diese Überlegenheit in den 20er Jahren, um Barnes zu protegieren. Gleichzeitig betrachtete Natalie Barney sich als »Freizeitdichterin«, die der literarisch ambitionierten Djuna Barnes in ihrem Salon Gelegenheit gab, aus ihren Werken zu lesen. 1928 finanzierte Barney den Druck des LADIES ALMANACH vor und zeigte sich auch in ihren Kommentaren zu den Texten Barnes' durchaus bereit, die künstlerische Überlegenheit der ›ernsthaften‹ Schriftstellerin Barnes anzuerkennen. Aus dem vorliegenden Material geht nicht hervor, wie Natalie Barney und die anderen Frauen der *women communities* generell mit den Problemen sozialer, kultureller und finanzieller Hierarchie innerhalb der *communities* umgingen; es ist jedoch zu vermuten, daß ihnen der Umgang mit diesen Hierarchien nicht wesentlich leichter gefallen ist als den Frauen und Frauenforscherinnen der neuen Frauenbewegung.[53]

Da Natalie Barney ihre Protektions-Verhältnisse innerhalb eines traditionellen Rahmens wie des Salons installierte und keinerlei Wert darauf legte, sich in oder mit ihrem Salon als radikale Feministin zu inszenieren, wurde das Haus in der Rue Jacob zu einem Ort, wo sich Frauen, die auf die eine oder andere Art gegen die herrschenden Normen und Regeln verstießen, tatsächlich weitgehend ›frei‹ äußern und bewegen konnten.[54] Da das gesamte Publikum des Salons — aus welchen Gründen auch immer — bereit war, sich auf die von Barney präsentierte weibliche Subkultur einzulassen, war in der Rue Jacob das Prinzip vieler Salons, von Frauen initiierte Treffpunkte im Dienste einer männerdominierten Kultur zu sein, zumindest partiell außer Kraft gesetzt.

Barney gelang so in ihrem Salon die Integration von Kultur und Subkultur und damit die Verwirklichung ihrer eingangs erwähnten Utopie vom Milieu zwischen Welt und Halbwelt. Davon profitierten sowohl die Frauen aus den *women communities* als auch die RepräsentantInnen der offiziellen Kultur. Auf individueller Ebene vollbrachte Barney dabei das Kunststück, zugleich Insiderin und Outsiderin, »Sappho von Paris« und »Amazon of Letters«, eine »Freizeitdichterin« und eine Haupt- und Integrationsfigur der literarischen Left-Bank-Szene zu sein.

Gegen Ende des Ersten Weltkrieges gründete Barney als

Antwort auf die erzkonservative ACADEMIE FRANÇAISE ihre ACADEMIE DES FEMMES. Mitglieder dieser ACADEMIE waren französische und amerikanische Journalistinnen und Schriftstellerinnen wie Colette, Aurel, Rachilde, Lucie Delarus-Mardrus, Djuna Barnes und Anna Wickham. In ihren 1929 veröffentlichten ADVENTURES DE L'ESPRIT stellte Barney die ACADEMIE und deren Mitglieder vor und sorgte auch auf diese Art noch einmal für eine Tradierung der ACADEMIE, ihrer Aktivitäten und der dort produzierten oder vorgetragenen Texte. Solange die umfangreichen Quellen und Materialien aus dem Barney-Archiv in Paris nur unvollständig aufgearbeitet sind, ist es schwer, sich von der ACADEMIE ein genaues Bild zu machen. Bemerkenswert erscheint vor allem das Ineinanderübergehen von Salon- und ACADEMIE-Aktivitäten, das an der oben erwähnten Veranstaltungsreihe des Jahres 1927, aber auch daran deutlich wird, daß die Mitglieder der ACADEMIE zugleich Besucherinnen des Salons, zum Teil enge Freundinnen Barneys und auch noch untereinander gut befreundet waren. Man darf sich die ACADEMIE infolgedessen sicherlich nicht als eine Institution mit festen Tagungsterminen und -programmen und Natalie Barney als Präsidentin vorstellen. Viel wichtiger als solche formalen Organisationsprinzipien waren die vielen informellen Beziehungen, die die Frauen aus den *women communities* untereinander und mit Natalie Barney verbanden: die umfangreiche Korrespondenz zwischen Barney und ACADEMIE-Mitgliedern wie Djuna Barnes, gemeinsam verbrachte Ferien, die privaten Treffen in Cafés, Restaurants, bei kulturellen Ereignissen und in der Rue Jacob. »Es fanden auch kleine, intime Teestunden mit Freundinnen statt, mit der Herzogin de Clermont-Tonnere, Gertrude Stein, Alice Toklas, Dolly Wilde, Noel Murphy ... Romaine Brooks kam vielleicht oder vielleicht nicht ... Miss Barney war sehr ausgelassen und intelligent. Es gab immer wieder Diskussionsstoff für diese Frauen, ausgesprochen literarische Fragen, jedoch nicht die geringsten Frivolitäten. Das habe ich bei keinem ihrer intimen Treffen kennengelernt — Frivolität.«[55]

Ebenso wichtig wie dieser informelle Charakter der ACADEMIE war ihre Einbindung in die Aktivitäten des Salons. Sie verdeutlicht den Anspruch Barneys auf eine Integration jener durch die ACADEMIE repräsentierten subkulturellen Bestrebungen in die durch den Salon auch vertretene offizielle Kultur. Die ACADEMIE und der Salon Barneys blieben jedoch Einzelphänomene, die nicht losgelöst von der Person Barneys betrachtet und erklärt werden können und über den in vieler Hinsicht privilegierten und elitären Zirkel der *women communities* hinaus nicht wirksam geworden sind. Dazu schreibt Shari Benstock: »Die mythische Welt des Pariser Lesbos, über die Natalie Barney herrschte, und die in gewissem Maß auch ihr Werk war, war gleichwohl nicht der Ort, an dem Frauen ihre sexuellen Neigungen zelebrierten ... Die Vision eines modernen sapphischen Zirkels blieb ausschließlich Miss Barneys Vision, geschaffen zu ihrem eigenen Vergnügen in der Abgeschlossenheit ihres Gartens in der Rue Jacob 20. In ihrer Gegenwart kamen Eifersucht und persönliche Konflikte zwischen den Frauen zeitweilig nicht zum Tragen; innerhalb der Mauern ihres Gartens, geschützt vor den Störungen der Welt draußen, heilte der gespaltene weibliche Geist, wenn er sich kurzlebiger Freiheit von patriarchalischen Zwängen erfreuen durfte.«[56]

Balance

In den Biographien Barneys wird immer wieder darauf hingewiesen, daß sie »mit allen Vorteilen auf die Welt kam: Reichtum, Schönheit, Begabung, Anziehungskraft, Intelligenz«[57] — so als liefere diese Grundausstattung bereits die Erklärung dafür, daß Barney etwas gelang, was zu Beginn des 20. Jahrhunderts nur sehr wenigen Frauen möglich war: ein weitgehend selbstbestimmtes Leben jenseits einiger zentraler Normen und Regeln zu führen, ohne dafür von der Gesellschaft mit Mißachtung, offener Feindschaft oder Diskriminierung bestraft zu werden.

Anhand des vorliegenden Materials ließen sich nur Vermutungen darüber anstellen, wie sich die Erfahrungen, die Barney während ihrer Jugend mit den ablehnenden Reaktionen ihres Vaters gemacht hatte, auf ihre Selbsteinschätzung und ihr Verhältnis zu Männern ausgewirkt haben. All jene Verletzungen, Kränkungen und Diffamierungen, die zweifelsohne auch Barney zumindest im familiären Bereich zu erleiden hatte, haben sich in dem Bild der selbstbewußten

Rebellin, als die Barney sich zu inszenieren pflegte, aufgelöst.

Der hier skizzierte Erfolg Barneys kann ebenso wie ihre Persönlichkeit und ihre ganze Lebensführung als Ergebnis einiger auf den ersten Blick nicht zusammenpassender Denk- und Verhaltensweisen interpretiert werden. Gerade deren Kombination hat es letztlich ermöglicht, daß Barney die oben genannten »Vorteile« im Sinne ihrer Utopie der »*Andersartigkeit* von Weiblichkeit [und] ihrer *Differenz* zur männlichen Norm«[58] optimal nutzen konnte.

In einer Gesellschaft, die Frauen über Heterosexualität und Mutterschaft definiert, werden von Frauen bei Normverstößen Schuldgefühle und entsprechende Sühnebezeugungen als Strafe für ihre »Nicht-Normalität« erwartet. Eine Frau, die sich bewußt gegen diese Normen entscheidet und sich — zumindest in ihren Selbstdarstellungen — konsequent allen Schuld- und Sühnekreisläufen entzieht, erweist sich infolgedessen auf individueller Ebene als relativ erfolgreiche Rebellin.

Barney, die sowohl von der Norm »Mensch = Mann« als auch von der Norm »Frau = heterosexuell« abwich, entschied sich für eine äußerst erfolgreiche *double-bind*-Strategie[59] der Rebellion und Anpassung, um beide Taktiken zu ihren Gunsten auszunutzen. Dabei muß berücksichtigt werden, daß diese Strategie nur deshalb so großen Erfolg haben konnte, weil Barney — im Gegensatz zu den meisten anderen Frauen ihrer Generation — finanziell und infolgedessen auch gesellschaftlich so unabhängig war, daß sie auf eine große Zahl von Konventionen im Arbeits- und Privatbereich von vornherein verzichten konnte[60]. Barney konnte es sich beispielsweise leisten, Texte, die in keinem großen Verlag hätten veröffentlicht werden können, privat drucken zu lassen — eine Möglichkeit, die andere Schriftstellerinnen aus den *women communities* nicht hatten.

Mit ihren Vorstellungen von Liebesbeziehungen zwischen Frauen als positive Alternative zu heterosexuellen Beziehungen, hatte Barney sich so weit wie möglich von ihrer großbürgerlichen Herkunft, den Konventionen, Vorstellungen und Regeln der »Normalen« entfernt. Indem sie darüber hinaus Sexualität und Erotik als selbstverständliche Bestandteile des weiblichen Lebens beanspruchte und immer wieder auf dem (eigentlich Männern vorbehaltenen) Recht auf polygame (und dann auch noch gleichgeschlechtliche) Beziehungen bestand, stellte sie sich weiteren Moralvorschriften entgegen, die nicht nur die meisten Frauen ihrer Generation geprägt hatten, sondern auch heute noch wirksam sind.

Gleichzeitig verfügte Barney jedoch über viele Ansichten und Verhaltensweisen, die dem hier skizzierten Bild einer Rebellin ganz und gar nicht entsprachen: Auf ihre Verwurzelung im großbürgerlichen Lebensstil und auf ihre Ablehnung vermeintlich radikal-feministischer Frauen ist bereits hingewiesen worden. Als Gastgeberin im Salon, Teilnehmerin am offiziellen Pariser Kulturleben, als Weltreisende und gute Freundin berühmter Männer inszenierte sich Barney spätestens seit 1915 immer wieder und mit Vorliebe als Dame von Welt, in deren Hinterzimmer uninformierte SalonbesucherInnen wahrscheinlich eher einen Ehemann und Kinder samt Gouvernante als eine Lebensgefährtin und mehrere rivalisierende Favoritinnen vermutet hätten.

Barney, die sich als Schriftstellerin in der Tradition ihres großen Vorbilds Oscar Wilde sah, schwärmte für die »großen alten Dichter« und die Texte ihrer Freundinnen, zeigte sich jedoch von engagierten »Bekenntnistexten« wie Radclyffe Halls WELL OF LONELINESS (1928) redlich abgestoßen. Sie lehnte feministische Theorie ebenso konsequent ab wie eine Beteiligung der Frauen an der Politik. Daß sie mit ihrer ACADEMIE DES FEMMES und ihrem Leben sowohl feministische als auch politische Praxis der radikaleren Art betrieb, war Folge eines künstlerisch-ästhetischen und nicht etwa eines explizit feministisch-politischen Lebensentwurfs und bedurfte ihrer Ansicht nach keiner theoretischen Reflexion. Dem feministischen und politischen Kampf anderer Frauen hielt Barney ihr »Leben als Kunstwerk« und ihre »Kunst des schönen Lebens« entgegen, das sie in vollen Zügen genoß. Dabei integrierte sie sich scheinbar mühelos in die Pariser Bohèmeszene der Reichen und Adeligen und in die Kulturszene der LiteratInnen und KünstlerInnen.

Anders als die von ihr stets mißtrauisch beäugten Suffragetten wäre es Barney nie in den Sinn gekommen, die von ihr angestrebte Freiheit für alle Frauen oder gar für das ganze Volk zu fordern. Wie viele ihrer Freundinnen verfügte auch sie über eine gehörige Portion großbürgerlichen Elitebewußtseins und zählte sich mit ihrem Salon und ihrer ACADEMIE zur künstlerischen und lesbischen Avantgarde.[61]

In den Kreisen Barneys »war die Welt ... strikt in zwei Klassen unterteilt ... lesbisch zu sein war am makellosesten, wenn man zugleich zur Oberschicht gehörte«[62]. Nur für jene »kleine Gruppe außergewöhnlicher Frauen« war Barneys Utopie von *Paris Lesbos* gedacht, und für Barney und ihre Freundinnen scheint es im Ernstfall attraktiver gewesen zu sein, zur Oberschicht zu gehören und heterosexuell zu sein, als lesbisch zu sein und aus unteren sozialen Schichten zu stammen. Barney machte durch ihren Lebensstil immer wieder deutlich, daß es ihr nur um Freiheit auf individueller Ebene und im Freundes- und Freundinnenkreis der »Gleichgesinnten«, nicht aber um eine radikale oder gar revolutionäre Veränderung des herrschenden Systems ging. Damit ermöglichte sie es den »Normalen«, sie und ihre Freundinnen als ebenso charmante wie interessante Ausnahmen von der auch von Barney selbst nie wirklich in Frage gestellten Regel als Bereicherung zu akzeptieren und zu integrieren. Barneys Rebellion bezog sich nur auf einen einzigen — wenn auch zentralen — Aspekt ihres Lebens, und deshalb entging sie all jenen Anfeindungen, denen sich andere feministische oder lesbische Frauen zur gleichen Zeit ausgesetzt sahen: »Während eine lesbische Frau, zumindest für libertin Denkende, keine Gefahr bedeutete, solange sie sich ansonsten ihrer Frauenrolle entsprechend verhielt, erweckte hingegen eine Frau, die abgesehen von ihrem Lesbischsein auch noch die vorgegebene Frauenrolle ablehnte, immer gesellschaftliche Ängste.«[63] Dies wird besonders deutlich, wenn man Natalie Barney mit einer anderen Frau vergleicht, die im Paris der 20er Jahre ebenfalls Furore machte, mit der die »libertin Denkenden« jedoch erheblich größere Schwierigkeiten hatten als mit Natalie Barney: Gertrude Stein.

Differenzen

Gertrude Stein war wie Natalie Barney bereits Anfang des Jahrhunderts nach Paris gekommen. Sie war Jüdin und hatte wie Natalie Barney Amerika, das ihrer Ansicht nach »provinziell« und »einschränkend«[64] war, verlassen, um in Paris all das zu tun, was ihr in den USA kaum möglich gewesen wäre — nämlich all jene Texte zu schreiben, die den Beginn einer neuen Etappe der englischsprachigen Literatur markieren sollten: »Paris war die passende Stadt für diejenigen unter uns, welche die Kunst und Literatur des 20. Jahrhunderts schaffen sollten ...«[65]

Im Gegensatz zu Barney war sie in finanzieller Hinsicht bestenfalls der wohlhabenderen Mittelschicht zuzuordnen. Schon aufgrund ihrer äußeren Erscheinung wich sie stark von jenem Bild der reizend-attraktiven Dame ab, das Natalie Barney verkörperte. Gertrude Stein lebte in einer Jahrzehnte überdauernden Beziehung mit der Amerikanerin Alice B. Toklas und orientierte sich dabei zumindest nach außen hin stark am Modell traditioneller Mann-Frau-Beziehungen.

In ihren ersten Pariser Jahren galt ihr vorrangiges Interesse neben der Produktion eigener Texte der modernen Malerei, deren heute berühmteste Vertreter sie in einem eigenen Salon in der Rue de Fleurus um sich versammelte. »Stein begann, sich zum lokalen Genius des Left Bank zu machen ... Sie wollte einen Platz unter den Männern der Gruppe und akzeptierte den impliziten patriarchalen Glauben, daß Frauen isoliert und domestiziert waren, weil sie schwach und weniger intellektuell seien. Stein gelang es nicht, dem Schicksal, das sie fürchtete, zu entgehen. In Wirklichkeit war es gerade ihre militante und entschiedene Strategie, die sie in die Isolation führte, der zu entgehen sie nach Paris gekommen war. Steins Pariser Jahre bezeugen den Kampf, den sie führte, um zu beweisen, daß sie stärker, begabter und den Männern geistig überlegen war.«[66]

Obwohl fast alle Texte Steins, die sich — implizit oder explizit — mit lesbischen Beziehungen beschäftigen, erst nach ihrem Tod veröffentlicht wurden, herrschte über die Art der Beziehung, die Stein zu Toklas hatte (die in einigen älteren Stein-Biographien als »Haushälterin« oder »Sekretärin« erscheint), zumindest in den Pariser Left-Bank-Zirkeln kein Zweifel. Da Stein Barneys offenen Umgang mit ihrer Homosexualität nicht teilte, war sie jedoch weit entfernt von deren Utopie eines Milieus zwischen Welt und Halbwelt.

Trotzdem provozierte Stein mit ihrem Versuch, eine ganz

andere Utopie zu verwirklichen als Natalie Barney, die Left-Bank-Szene heftiger und nachhaltiger als Barney es je zu tun vermocht hätte. Schon das eheähnliche Verhältnis Toklas' und Steins, das in einer strikten Rollenteilung seinen in den Augen der ZeitgenossInnen kuriosesten Ausdruck fand, aber auch Steins oft als Egozentrik oder Egomanie bezeichneter, wohlinszenierter Glaube an ihr Genie und ihre Neigung, »das Zentrum von allem«[67] sein zu wollen, hätten jeweils für sich bereits genügt, um Stein zu einer *persona non grata* zu machen.

Die diversen ›Anmaßungen‹ Steins bezogen sich jedoch nicht nur auf den sogenannten Privatbereich, wo sie möglicherweise noch als ›Absonderlichkeiten‹ hätten hingenommen werden können, sondern auch auf ihre literarischen Arbeiten. Stein beanspruchte mit ihrer Produktion experimenteller Texte jenen Avantgarde-Status, der im Paris der 20er Jahre nur den von männlichen Autoren wie Joyce verfaßten Texten zugesprochen wurde.

Natalie Barney betrachtete die Schriftsteller und Künstler, mit denen sie befreundet war oder die ihren Salon besuchten, nicht als Konkurrenten. Sie präsentierte sich als ebenso elegante wie charmante Amazone des Bois de Boulogne und »Dame von Welt«, die den Männern gar nicht erst als ihresgleichen zu begegnen versuchte und damit vermied, was Stein provozierte: Deren »Lächerlichkeit« in den Augen des männlichen und weiblichen Publikums[68] kam gerade dadurch zustande, daß sie nicht ihre weibliche Andersartigkeit betonte, sondern versuchte, es in ihrer *husband-* und Genie-Rolle Männern gleichzutun. Ihr Verhalten konnte von den BetrachterInnen nur allzu leicht als eine unvollkommene Kopie eines offensichtlich unerreichbaren, mit eindeutig männlichen Konnotationen versehenen Originals interpretiert werden.

Barney legte hingegen Wert auf traditionelle weibliche Verhaltensweisen und stellte anders als Gertrude Stein die geschlechtliche Identität nicht in Frage. Damit ermöglichte sie es ihren männlichen Gästen, sich ihr gegenüber so zu verhalten, wie sie sich »reizenden Damen« gegenüber, die nicht ›nur‹ als Freundin oder Gastgeberin zur Verfügung standen, gewöhnlich verhielten. Zwar dienten all jene gesellschaftlichen Rituale zwischen Mann und Frau — vom Handkuß bis zu den im Mercure De France veröffentlichten Liebesbriefen de Gourmonts — bei Barney nicht dem ›eigentlichen‹ Ziel solcher Handlungen. Da sie jedoch nicht nur möglich, sondern auch von Barneys Seite her offensichtlich erwünscht waren, wurden all jene Irritationen vermieden, die sich immer dann einstellen, wenn solche Kommunikations- oder Kontaktrituale verboten oder verweigert werden.

Anders als Gertrude Stein war Natalie Barney den Frauen der *women communities* Freundin, Geliebte oder Liebhaberin und Mäzenatin und Förderin zugleich. Da sie nicht versuchte, heterosexuelle Frauen zu missionieren und ansonsten keineswegs radikal erschien, war die Bedrohung, die von ihrer Lebensweise für Männer und Frauen ausging, im Vergleich zu der Bedrohung, die Gertrude Stein darstellte, relativ gering.

Während es Barney gelang, sich die Männer als Freunde, Verehrer oder Salonbesucher und die Frauen als Geliebte, Liebhaberinnen, Freundinnen, Verehrerinnen oder Gäste zu sichern, isolierte sich Gertrude Stein letztlich von den einen und von den anderen. In die weibliche Subkultur des linken Seine-Ufers konnte sie sich schon deshalb nicht integrieren, weil die dort lebenden und arbeitenden Frauen nicht Zielgruppe ihrer literarischen Inszenierungen waren. Die Aufnahme in den Zirkel jener großen, männlichen Geister, die sie von ihrer Überlegenheit zu überzeugen versuchte, mußte ihr schon aufgrund ihres Geschlechts verwehrt bleiben. Das vermeintlich geschlechtsneutrale »Genie«, das Gertrude Stein unter Beweis zu stellen versuchte, konnte sie, der Logik des Diskurses zufolge, schon deshalb nicht besitzen, weil dieses Genie immer männlichen Geschlechts ist — und bleiben muß, wenn die Diskurse über Männlichkeit und Weiblichkeit nicht nachhaltig in Frage gestellt werden sollen. ›Beweisen‹ konnte Stein bestenfalls, daß sie von all den *women writers* der Left-Bank-Kultur »die genialste« war. Die grundlegende ›Minderwertigkeit‹ der klügsten Frau, die — nur, weil sie eine Frau ist — niemals eine ernsthafte Konkurrentin für den klügsten Mann wird sein können, ließ sich dabei jedoch nicht überwinden. Sie trat wahrscheinlich umso deutlicher und schmerzhafter in Erscheinung, je mehr sich

Stein mit eigenständigen Arbeiten den Arbeiten berühmter Kollegen näherte. Während diese zu »Vätern der Moderne« wurden, blieb für Stein nur die Rolle der »Mutter von uns allen«. Ebenso wie alle anderen konnte sich auch Stein dem »Hase-und-Igel«-Spiel patriarchaler Diskurse[69] nicht entziehen.

Im Gegensatz dazu trat Barney mit den Texten, die sie verfaßte, gar nicht erst in Konkurrenz zu den sogenannten großen Schriftstellern ihrer Zeit und wurde infolgedessen auch nicht als Bedrohung wahrgenommen. Ihre Veröffentlichungen bezeichnete sie bisweilen scherzhaft als »Schubladenaufräumungsaktionen«, und die meisten ihrer Texte waren ›nur‹ aufgrund ihrer Inhalte brisant, nicht aber, weil darin literarische Formen benutzt worden wären, mit denen Barney Anspruch auf eine eigene — noch dazu geniale — Art literarischen Experiments erhoben hätte.

Ein Vergleich der Verhaltensweisen und der literarischen Texte Gertrude Steins und Natalie Barneys und der sehr unterschiedlichen Reaktionen, die diese Verhaltensweisen und Texte beim Publikum hervorriefen, verdeutlicht noch einmal all jene Probleme, mit denen sich die *women writers* der Left-Bank-Kultur konfrontiert sahen. Ein solcher Vergleich zeigt auch noch einmal sehr deutlich, wie groß die Differenzen zwischen ihren jeweiligen Utopien und den Versuchen, diese Utopien zu verwirklichen, gewesen sind.

In der Perspektive des Pariser Publikums erschien Natalie Barney als die erfolgreichere, akzeptablere, leichter zu integrierende und gerade deshalb faszinierendere Persönlichkeit. In der Perspektive Natalie Barneys erschien Gertrude Stein als eine Frau, die weder mit ihrem Leben noch mit ihren literarischen Texten — die Barney nichtsdestotrotz zu würdigen wußte — Barneys Konzept der »Ästetik des Schönen« entsprach. Gertrude Stein ihrerseits hat möglicherweise Barney als skandalöse Person und weniger erfolgreiche oder beachtenswerte Schriftstellerin angesehen.

Da beide Schriftstellerinnen in ganz verschiedenen Bereichen arbeiteten, läßt sich ihre literarische Bedeutung schwer vergleichen. Im Gegensatz zu Gertrude Stein ist Natalie Barney lange Zeit vergessen worden, und ihre literarischen Texte erschienen ZeitgenossInnen und LiteraturwissenschaftlerIn nen als ebenso unbedeutend wie »dumm«[70]. Andererseits hat Gertrude Stein trotz der positiven Würdigung ihrer Texte ihr Ziel, von ihren schreibenden Kollegen als gleichberechtigtes weibliches Genie erkannt und anerkannt zu werden, weder zu Lebzeiten noch im nachhinein erreicht.

Weil es keine objektiven Maßstäbe für »Erfolg« oder »Können« gibt, hätte sich wohl selbst zu Lebzeiten Barneys und Steins kaum ermitteln lassen, welche dieser beiden Frauen erfolgreicher, glücklicher oder zufriedener gewesen ist. Es erscheint auch deshalb sinnvoll, sich im folgenden vom sogenannten realen Leben der Ebene der literarischen Inszenierung all dieser Fragen in Djuna Barnes' LADIES ALMANACH zuzuwenden — sagt doch Literatur über die »Wirklichkeit« manchmal sehr viel mehr aus als nachträgliche Interpretationen und Analysen von Epochen und Lebensgeschichten.

»Sisters in Crime«
Djuna Barnes' und Natalie Barneys Inszenierungen

»Manche Frauen«, sagte Dame Musset, »sind Walrösser und manche sind Landsäue und wieder andere sind Würmer, die um unsere Almanache herumkriechen, doch manche«, sagte sie, »sind Schwestern des Himmels, und denen müssen wir folgen und uns nicht auf Abwege locken lassen.«
Djuna Barnes, LADIES ALMANACH

Djuna Barnes und Natalie Barney lernten sich Anfang der 20er Jahre in Paris kennen. Von dieser Zeit an besuchte Barnes, wenn sie sich in der Stadt aufhielt, regelmäßig den Freitags-Salon — zunächst in Begleitung Thelma Woods — später, nachdem diese angeblich betrunken bei Barney erschienen war und Hausverbot erhalten hatte, in Begleitung ihrer Freundin Mina Loy. Waren Barnes oder Barney auf Reisen, so wurde der Kontakt durch Briefe aufrechterhalten.

Djuna Barnes war Mitglied der ACADEMIE DES FEMMES, und am 3. Juni 1927 wurde sie mit ihren Texten durch einen Vortrag, den Ford Madox Ford über »American women of letters« hielt, auch dem Freitags-Salon-Publikum vorgestellt. Wickes berichtet, daß Barney eigenhändig einige Texte Barnes' ins Französische übersetzte, so daß davon auszugehen ist, daß Barnes wie Lucie Delarus-Mardrus und Gertrude Stein 1927 an einem der Salonnachmittage auch selbst aus ihren Texten gelesen hat oder jemand anderen aus den französischen Barney-Übersetzungen lesen ließ[1].

In ihren Briefen aus den Jahren 1924 bis 1931 berichtete Barnes der fünfzehn Jahre älteren Barney über ihre Reiseerlebnisse, ihre Arbeit, die Veröffentlichung ihrer Bücher, über ihre Beziehung zu Thelma Wood, über ihre Familie und gemeinsame Freunde, Freundinnen und Bekannte. Ihren Antworten auf die verlorengegangenen Briefe Barneys ist zu entnehmen, daß sie stets über den jeweiligen Aufenthaltsort Barneys, deren ReisebegleiterInnen und Zukunftspläne informiert war. Obwohl in den Briefen Barnes' jenes »persönliche Element« oder jene Neigung zu intimsten

Bekenntnissen fehlt, die Briefe zwischen FreundInnen bisweilen auszeichnen, machen die Texte doch deutlich, daß Djuna Barnes und Natalie Barney in den 20er Jahren sehr viel mehr waren als nur gute Bekannte.

Die Freundschaft dieser beiden sehr unterschiedlichen Frauen ermöglicht es, noch einmal all jene Aspekte von Differenz und Gemeinsamkeit zu verdeutlichen, die für die *women communities* der Left-Bank-Kultur von entscheidender Bedeutung waren, und darüber hinaus zu zeigen, weshalb Djuna Barnes und Natalie Barney trotz aller Unterschiede und obwohl sie keineswegs lebenslange beste Freundinnen waren, als *Sisters in Crime*[2] charakterisiert werden können.

New York

Als Djuna Barnes 1939 Europa verließ, endete zunächst auch ihre Beziehung zu Natalie Barney. Obwohl diese während der Kriegsjahre zu vielen anderen alten Freundinnen aus der Pariser Zeit Kontakt hielt und einige von ihnen auch finanziell unterstützte, brach sie die Beziehung zu Barnes, die sich schon während der 30er Jahre merklich gelockert hatte, ab. 1949 schrieb Barnes an Berthe Cleyrergue, Natalie Barneys langjährige Haushälterin: »Miss Barney beantwortet meinen Brief nicht, den ich ihr vor langer Zeit schrieb. Deshalb keine Mitteilung an sie, da sie offensichtlich keinen Wert darauf legt ...«[3]

Darüber, weshalb Natalie Barney Ende der 30er Jahre an einer Fortsetzung der Freundschaft mit Barnes kein Interesse mehr zu haben schien, lassen sich nur Vermutungen anstellen. Siebrasse schreibt dazu: »Natalie Barney, an deren Optimismus sich nichts geändert hatte, mag die strahlende Djuna Barnes der Zwanziger Jahre vorgezogen haben und der ›Katastrophenverliebtheit‹ der mutlos gewordenen Freundin reserviert begegnet sein.«[4]

Es ist anzunehmen, daß unter Barnes stetig steigendem Alkoholkonsum und den psychischen Begleiterscheinungen dieser Sucht seit Anfang der 30er Jahre auch ihre Kontakt- und Beziehungsfähigkeit gelitten hat, so daß es wahrscheinlich nicht nur der Absturz der ehemals »brillanten« Barnes in Depression und Elend gewesen ist, der Barney dazu bewogen hat, zu Barnes auf Distanz zu gehen. Wenn Djuna Barnes

Mitte der 30er Jahre tatsächlich im Morgengrauen »Dinge« an den Wänden ihres Zimmers herumkriechen sah, dürfte sie kaum noch in der Lage gewesen sein, sich auf ihr jeweiliges Gegenüber angemessen einzulassen. Stromberg berichtet jedoch in ihrer Biographie von einigen intensiven Beziehungen Barnes' in dieser Zeit — so zu ihrer Freundin Emily Coleman und zu Silas Glossop[5]. Dafür, daß Barnes zumindest zwischen 1935 und 1941 weitgehend außer Gefecht gesetzt war, spricht allerdings auch, daß sie nach der Beendigung ihres Romans NACHTGEWÄCHS für einige Jahre vollkommen verstummte.

Bis zum Beginn ihrer Arbeit an NACHTGEWÄCHS waren zwischen 1929 und 1931 noch fast monatlich journalistische Texte im THEATRE GUILD MAGAZINE erschienen — der letzte dieser Artikel aus einer zunächst THE PLAYGOERS ALMANAC, dann THE WANTON PLAYGOER überschriebenen Reihe mit Theaterkritiken und -nachrichten erschien im September 1931. Während Barnes an NACHTGEWÄCHS schrieb, veröffentlichte sie nur einen einzigen journalistischen Text — einen Artikel über arabische Frauen in COSMOPOLITAN im Juli 1934.

Erst 1941, als Barnes ihre New Yorker Wohnung am Patchin Place bezogen und nach mehreren Rückfällen endgültig aufgehört hatte, Alkohol zu trinken, erschien in TOWN AND COUNTRY das hier bereits mehrmals zitierte KLAGELIED AUF DAS LINKE UFER, in dem Barnes sich — bereits kritisch-distanziert — mit ›ihrem Paris‹ auseinandersetzte. 1943 zeigt ein Artikel in TIME, in dem unter dem Titel THE BARNES AMONG WOMEN eine Ausstellung von sechs Ölbildern und sechs Büchern in Peggy Guggenheims Manhattan-Galerie beschrieben wird, daß Djuna Barnes sich zurückmeldete und vom New Yorker Kunst-Publikum zumindest bemerkt wurde. Das Kurzportrait, das der oder die KritikerIn von ihr entwirft, macht aber zugleich deutlich, daß sich an der depressiven Grundstimmung während des Krieges wenig geändert hatte: »In einem dunklen Ein-Zimmer-Apartment sagte Djuna Barnes in der letzten Woche, sie wolle noch ›ein Buch schreiben und noch ein Bild malen‹; sie habe das Gefühl, ›langsam verrückt zu werden‹.«[6] In dem oben bereits zitierten Brief von 1948 an Berthe Cleyrergue berichtet Barnes, mittlerweile 56 Jahre alt geworden, von dem Versuch, noch einmal nach Europa zurückzukehren: »Ich habe gehofft, diesen Sommer nach Paris zu kommen, aber damit ist's jetzt aus. Ich bewarb mich um ein Stipendium, wurde aber abgelehnt.«[7]

Der Brief weist damit auf ein zentrales Problem der New Yorker Jahre hin, das Barnes — abgesehen von ihrer angegriffenen Gesundheit — daran hinderte, aktiv etwas an ihrer stark eingeschränkten Lebenssituation im Ein-Zimmer-Apartment zu unternehmen: Im Gegensatz zu vielen anderen *women writers* der Pariser Zeit hatte Barnes nie über ein größeres Vermögen oder regelmäßige Einkünfte verfügt. Vor allem ihre journalistischen Arbeiten hatten seit den 1910er Jahren dazu gedient, ihren Lebensunterhalt zu sichern. In den Zeiten, in denen sie viele Artikel schrieb und veröffentlichte, war sie zwar nicht reich gewesen, hatte sich jedoch diverse Reisen, eine Eigentumswohnung in Paris und natürlich auch ihre kostspielige Alkoholsucht leisten können. Als sie, wie oben beschrieben, Mitte der 30er Jahre die Produktion journalistischer Texte ganz einstellte bzw. einstellen mußte, verarmte sie völlig und war auf finanzielle Unterstützung von großzügigen Freundinnen wie Peggy Guggenheim angewiesen. Peggy Guggenheim zahlte Djuna Barnes eine monatliche Unterstützung in Höhe von 300 Dollar, nach dem Tod Guggenheims setzte ihr Sohn die Zahlungen fort. Barnes' finanzielle Situation verbesserte sich erst in den 70er Jahren, nachdem sie ihren gesamten Nachlaß an die Universität Maryland verkauft hatte und über ein größeres Vermögen verfügte. Stromberg berichtet von 100 000 Dollar, die Barnes in den letzten Lebensjahren auf vier Bankkonten gehortet haben soll, ohne von dem Geld Gebrauch zu machen[8].

Selbst wenn Barnes Ende der 40er Jahre Lust verspürt haben mag, einen erneuten Aufbruch nach Europa zu versuchen, so konnte sie diese oder irgendeine andere Reise nur unternehmen, wenn sie dafür GeldgeberInnen fand. Das wird ab Anfang der 40er Jahre immer schwieriger geworden sein, je unproduktiver und damit unbekannter Barnes wurde, die zwischen 1941 und 1958 keinen einzigen Text veröffentlichte. Der Lebensraum und der Bewegungsradius verengten sich dadurch mehr und mehr, und es muß für Djuna Barnes immer mühsamer geworden sein, Anläufe wie den in dem Brief an Cleyrergue erwähnten zu nehmen, um an ihrer Situation etwas zu verändern: »Später, als es finanziell möglich gewesen wäre, erscheinen ihr weite Reisen mit zunehmenden physischen Leiden unzumutbar — vielleicht auch als eine zu große Herausforderung durch die eigene Vergangenheit. Immer wieder einmal äußert sie sich abfällig und mit unüberhörbarer Bitterkeit über ihre in der Welt herumreisenden Altersgenossinnen Margaret Anderson und Janet Flanner.«[9]

Der gern und vielerwähnte Alterspessimismus Djuna Barnes' ist so zumindest teilweise durch den hohen Preis zu erklären, den sie für ihren Versuch bezahlen mußte, radikale Unabhängigkeit auch von den Gesetzen des literarischen Marktes zu erlangen: »Von den meisten *expatriate*-Schriftstellerinnen unterschied sich Barnes vor allem dadurch, daß sie finanzielle Sicherheit nie kennengelernt hatte. Sie kam nach Paris ohne das geringste Vermögen, das ihr als Polster gegen die Armut hätte dienen können. ... Für ihre Kunst ging sie regelmäßig finanzielle Risiken ein. In den Anfangsjahren lehnte sie jede Konzession gegenüber Verlegern oder dem Publikum ab, sowohl was die Auswahl ihrer Themen als auch den Stil ihrer literarischen Texte betraf.«[10]

In den 50er Jahren war Barnes fast vollständig in Vergessenheit geraten, und viele der New YorkerInnen, zu denen sie zumindest sporadisch Kontakt gehalten hatte, waren gestorben. Zwar gab es Briefkontakte zu alten Freunden, Freundinnen und Bekannten, aber es kamen nur selten BesucherInnen zum Patchin Place, es gab keine Reisen in andere Städte oder gar andere Länder und kaum Kontakte zur — literarischen — Welt. Djuna Barnes arbeitete an ihrem Versdrama ANTIPHON und verschanzte sich hinter einem stetig anwachsenden Berg von Manuskriptseiten. Von InteressentInnen, die sie mit Briefen oder Telefonanrufen verfolgten, weil sie sich mit den Charakteren oder der Atmosphäre des Romans NACHTGEWÄCHS identifizierten, fühlte sie sich gestört und paßte sich der Situation, alt, krank, einsam und weitgehend vergessen zu sein, auf ihre Art und Weise an: Stolz und unbeugsam verweigerte sie sich ein letztes Mal allen, möglicherweise durch Mitleid oder durch sensationslüsternes Interesse an der *legendary lady* motivierten Annäherungsversuchen.

Nachdem so lange Zeit niemand erschienen war, um sie in ihrer Abgeschiedenheit zu stören, verbat sich Barnes spätestens seit Anfang der 60er Jahre jede weitere Störung und konzentrierte sich vollständig auf ihr literarisches Werk: »Was ich mit meiner Zeit anfange? ... Natürlich gibt es keinen ›kleinen Freund‹[11], und wenn ich einen sähe, würde ich in den Fluß springen. Ich habe keine Türglocke und hatte eine Zeitlang kein Telefon. Leben? Nein. Aushalten, ja. Körperlich war ich zu krank ... und hatte einfach genug von all den Gräßlichkeiten, zu denen Menschen in der Lage sind, so daß ich es vermied, irgendjemanden zu sehen oder zu sprechen. Also ließ ich niemanden mehr über meine Schwelle. Manchmal ist es lächerlich, denn man würde sich doch ab und an gern mit jemandem unterhalten ... Und ich schreibe, oder versuche es wenigstens ...«[12]

Field berichtet, daß die Auseinandersetzung mit Verlegern »im Alter ihr wichtigster sozialer Umgang geworden war«[13]. Die von Field genüßlich dargebotenen Leidensgeschichten, die die verschiedenen Verleger und VerlagsassistentInnen mit der störrischen Barnes erlebt hatten, passen, wie viele andere Geschichten auch, ins Zerrbild der »bösen Alten«, als die Barnes sich in der Tat häufig in Szene gesetzt hat. Field, der Barnes für die Rechte, in seiner Biographie aus ihren Werken zitieren zu dürfen, 1 000 Dollar zahlte, übersieht dabei, daß Barnes mit Verlegern tatsächlich mehr als einmal schlechte Erfahrungen gemacht hatte. Dazu schrieb Jürgen Becker 1984 in der ZEIT: »Nach dem Tod von Djuna Barnes ... sind freilich neue Hindernisse entstanden ... Da läuft jetzt ein kaum durchschaubares Spiel zwischen amerikanischen und englischen Interessen und Institutionen, Rechtsvertretern und Rechteinhabern, ... der Suhrkamp-Verlag, der Djuna Barnes zu den Autorinnen des Hauses zählt, sieht sich offenbar blockiert ... Oder warum wird so gezögert und fast schon resigniert in Frankfurt ...; warum fliegt er nicht nach New York, Siegfried Unseld, und kämpft wie wir ihn kennen, vital und ideenreich, die Rechte seiner Autorin frei?«[14].

In den Briefen Barnes' ist in den 60er Jahren des öfteren davon die Rede, daß das Versdrama ANTIPHON kurz vor der Aufführung stehe (so 1963 am Hessischen Landestheater)[15] — diesbezügliche Versprechungen, die Barnes offensichtlich von Theatern gemacht worden waren, erfüllten sich jedoch nicht. Trotz mehrfacher Ankündigung — zuletzt am Berliner Schiller-Theater für die Spielzeit 1988/89 — ist ANTIPHON bis heute in der BRD nicht aufgeführt worden. Djuna Barnes' Briefwechsel mit Wolfgang Hildesheimer, der NACHTGEWÄCHS für die Erstveröffentlichung im NESKE-Verlag hervorragend übersetzt hatte, zeigt außerdem, wie sehr Barnes darauf gehofft und gewartet hat, daß Hildesheimer auch ihr Versdrama ANTIPHON übersetzen würde — eine Hoffnung im Zusammenhang ihrer Buchveröffentlichungen, die sich ebenfalls nicht erfüllte. Zwar wurde der Text dann von Christine Koschel und Inge von Weidenbaum ausgezeichnet übersetzt, die sich seit Abschluß dieser Arbeit sehr um das Werk Barnes' bemühen. Es ist jedoch verständlich, daß das hier beschriebene Hin und Her Barnes dem Literaturbetrieb gegenüber angemessen mißtrauisch machte. Das ändert nichts daran, daß es für die vom Barnes'schen Sarkasmus, ihrer Ablehnung oder ihrer mangelnden Kooperationsbereitschaft unmittelbar Betroffenen sehr schwer gewesen sein muß, sich mit dieser im Diskurs nicht vorgesehenen »zornigen alten Frau« zu befreunden. Die Verleger, all die abgewiesenen BesucherInnen, »idiot children«[16], enthusiastische KollegInnen wie Anaïs Nin oder Carson McCullors und engagierte Forscher wie Field hätten es sicherlich begrüßt, wenn Barnes es vorgezogen hätte, dem Klischee der liebevoll-freundlichen »Oma« zu entsprechen, der sich all die InteressentInnen sanft, aber bestimmt hätten ›annehmen‹ können. Indem Barnes die entsprechenden Verhaltensweisen verweigerte, verschenkte sie einerseits verbliebene Kontaktmöglichkeiten mit ungewissem Ausgang, sicherte sich aber zugleich einen *inner circle* von einigen wenigen, beständigen FreundInnen, die bereit waren, sich auf die im Alter deutlicher hervortretenden Ecken und Kanten ihres Charakters einzulassen.

Folgt man den Ausführungen des Barnes-Vertrauten Chester Page, so ist Barnes zumindest zwischen 1970 und 1982 nicht ganz so einsam und verlassen gewesen wie sie sich selbst anderen gegenüber darzustellen liebte. Page selbst hat Barnes in den von ihm beschriebenen zwölf Jahren regelmäßig besucht und in vielerlei Hinsicht umsorgt. Er berichtet von einigen anderen Personen — so von dem von ihm nicht sonderlich geschätzten Hank O'Neal — die bei Barnes ein- und ausgegangen zu sein scheinen.

Diese vermehrten direkten Kontakte zur Außenwelt waren jedoch auch eine Folge der sich ständig verschlechternden gesundheitlichen Situation Barnes', die spätestens seit Anfang der 70er Jahre nicht mehr in der Lage war, ihren Haushalt allein zu führen. Page und Pinckney, der Ende der 70er Jahre eine Zeitlang als Haushaltsgehilfe für Barnes arbeitete, berichten beide von immer wieder auftretenden Depressionen, Ausfällen und verbitterten Stimmungen, denen Barnes relativ freien Lauf gelassen zu haben scheint: »Man war in Gegenwart dieser schrecklichen, aber auch liebenswerten Person keineswegs entspannt. Es hieß immer, auf der Hut zu sein, selbst dann noch, als Freundschaft die Barrieren der Reserviertheit überwunden hatte. Ihr Blick und ihr häufig auch beißender Witz konnten durchaus ausgelassen sein. Häufig war sie verbittert. Sie war von der Welt verletzt worden und hatte sich als Folge davon mit einer unüberwindbaren Mauer umgeben, die nur wenige Mutige zu durchbrechen suchten. Es war bekannt, daß sie andere nicht zu Vertrautheiten ermutigte.«[17]

Diese Verhaltensweisen und der Pessimismus, der an vielen Äußerungen der bis über die Grenzen des Erträglichen hinaus frustrierten Barnes deutlich wird, können jedoch auch als konsequentester Ausdruck all jener Unabhängigkeitsbestrebungen interpretiert werden, die Barnes auch in früheren Zeiten verfolgt hatte. Allerdings war es in den 20er Jahren aufgrund erheblich günstigerer Lebensumstände noch nicht nötig gewesen, konsequent die Ansicht zu vertreten und zu äußern, es wäre am besten gewesen, gar nicht erst geboren worden zu sein.

Im Alter waren jedoch fast alle Beziehungen zu anderen, die mit ihrem Engagement für Liebe und Freundschaft einen Ausgleich zu diesem auch früher schon immer wieder aufkeimenden Lebenspessimismus geboten hatten, gescheitert oder durch den Tod der anderen beendet worden. Angesichts des angegriffenen Gesundheitszustandes bestand keinerlei Aussicht oder Hoffnung auf eine Veränderung der Lebensumstände.

Die Arbeit an neuen literarischen Texten erwies sich als ungleich schwieriger und anstrengender als in den 20er und 30er Jahren: »Manchmal arbeitete sie drei oder vier Tage jeweils acht Stunden, um zwei oder drei Zeilen eines Gedichts zu schreiben. Das Läuten der Telefonglocke oder das Telefon konnten ihr die Konzentration für Stunden rauben, selbst dann, wenn sie die Störungen ignorierte...«[18]

Nach der Veröffentlichung von ANTIPHON, das nur von wenigen FreundInnen und KritikerInnen euphorisch aufgenommen wurde, arbeitete Barnes an Gedichten und einem längeren Text in Versen. ANTIPHON wurde bisher nur ein einziges Mal aufgeführt — 1961 in Stockholm. Barnes selbst glaubte laut Page in den 70er Jahren nicht ernsthaft an eine erneute Aufführung: »Dies wird niemals auf irgendeiner Bühne aufgeführt werden — niemals! Jemand sagte, man müsse es auswendig können, bevor man es das erste Mal hört. Das ist wundervoll. Ich wäre nicht in der Lage, dem Stück zu folgen, wenn ich es von der Bühne hören müßte.«[19]

1969 erschien das Gedicht QUARRY im NEW YORKER, 1971 das Gedicht WALKING-MORT in derselben Zeitschrift, 1982 RITE OF SPRING in GRAND STREET:

Rite of Spring

Man cannot purge his body of its them
As can the silkworm on a running thread
Spin a shroud to re-consider in.

In den siebziger Jahren arbeitete Barnes an einem Gedichtband mit dem Titel CREATURES IN AN ALPHABET, der jedoch erst nach ihrem Tod 1982 in New York erschien und Gedichte von sehr unterschiedlicher Qualität enthält. So findet sich unter dem Buchstaben W ein Vierzeiler, der u.a. von Field als »Selbstcharakteristik« der alten Barnes interpretiert wird:

Somewhat sullen, many days,
The Walrus is a cow that neighs.
Tusked, ungainly, and windblown,
It sits on ice, and alone.

Daß solch eine Interpretation dieser Texte nicht weit trägt, zeigt das Widmungsgedicht des Gedichtbandes für Emily Coleman, eine alte Freundin Djuna Barnes':

The adder in the grass can hiss
The lynxes in the dark can kiss
The otter holds his otter's hand
For this is how the Lord has planned.

Barnes' oft erwähnter Witz und ihre in vielen Texten unter Beweis gestellte Vorliebe für Ironie und Satire waren in den 60er und 70er Jahren beißend geworden. Damit hatte sie zwar eine Möglichkeit gefunden, sich selbst in Schutz zu nehmen, wehrte aber außer den Menschen, die sich ihr möglicherweise wirklich mit unlauteren Absichten zu nähern versuchten, auch all jene ab, die bereit gewesen wären, ihre Situation in ihrem Sinne zu verbessern. Als Beispiel dafür, daß das Mißtrauen Barnes' gegenüber ihren vermeintlichen Bewunderern und deren Annäherungsversuchen zumindest teilweise gerechtfertigt war, sei hier der Besuch des Schriftstellers Christoph Derschau genannt, der Barnes kurz vor ihrem Tod im Sommer 1982 aufsuchte und im Heft 19 der Zeitschrift SCHREIBHEFT ein Photo veröffentlichte, das die sterbende Barnes in ihrem Bett in ihrer Wohnung am Patchin Place zeigt. Durch die unter das Photo kopierte handschriftliche Signatur »Djuna Barnes. 1982 — N.Y.« entsteht bei den BetrachterInnen der Eindruck, Djuna Barnes sei mit der Veröffentlichung dieser Photographie einverstanden gewesen. Page schreibt dazu: »Wir gingen und verpaßten so ein Zusammentreffen mit dem deutschen Dichter [Derschau], dem es gelang, ein Photo von Djuna Barnes in dieser ergreifenden Lage zu machen; ein Photo, das sofort nach seiner Rückkehr nach Deutschland in einer Zeitschrift veröffentlicht wurde. Dieser Vorgang war typisch für die Geschmacklosigkeit, mit der vorgebliche Bewunderer sie Zeit ihres Lebens behandelten. Ihr berühmtes Mißtrauen Menschen gegenüber resultierte aus der traurigen Erfahrung des Betrugs, die sie während ihres ganzen Lebens zu machen hatte.«[20] In einem Text »Die berühmteste Unbekannte ihrer Zeit — Zum Tode von Djuna Barnes« heißt es im SCHREIBHEFT 19, in dem das Derschau-Photo auf dem Vorsatzblatt erschien, über Barnes: »Viele Schriftsteller haben sie bewundert, bewundern sie noch, und es kommt eine gewisse Sehnsucht auf, wenn ihr Name oder NACHTGEWÄCHS erwähnt wird.«[21] Vielleicht hat Derschau mit der Veröffentlichung der Photographie für sich eine Möglichkeit gefunden, sich diese Sehnsucht zu erfüllen, indem er den ›Mythos Barnes‹ auf so radikale Weise zerstörte.

Field faßt die zweite Hälfte des Lebens Djuna Barnes' in seiner Biographie folgendermaßen zusammen: »Es waren mehr als 15 000 Patchin-Place-Tage für Miss Barnes, und tausende dieser Tage gingen wortlos vorüber, denn meistens herrschte Stille und das Geräusch ihrer Schreibmaschine — man versuche sich das vorzustellen: vierzig Jahre ... Stille. Jahre vorher hatte ihre Freundin Dolly Wilde in Paris gesagt, daß sich Menschen, die zu viel Zeit allein verbringen, am Ende in riesige Ohren verwandeln.«[22]

Sich mit den hier beschriebenen Mitteln des Rollenspiels und der Selbstinszenierung in dieser Stille behauptet zu haben, ist, abgesehen von den wenigen literarischen Texten, die nach 1940 am Patchin Place entstanden sind, sicherlich die größte, wenn auch oft falsch verstandene Leistung der alten Djuna Barnes, die es vorzog zu verstummen, statt sich wie einige andere ehemalige *expatriates*, im Alter »von mittelmäßigen Magazinen« als Ex-Avantgarde »feiern zu lassen«[23].

Wie gut Djuna Barnes Ende der siebziger Jahren ihren Mythos in Szene setzte, machen die Schilderungen Darryl Pinckneys, ihres bereits erwähnten Haushaltsgehilfen, deutlich: »Djuna Barnes war schon seit so langer Zeit alt, daß sie sich selbst als warnendes Beispiel betrachtete. Am ersten Tag meines Dienstverhältnisses bekam ich zu hören, ich solle zusehen, daß ich niemals heiratete, niemals blind würde, niemals eine Operation durchmachen müsse, niemals erleben müsse, daß man mir Salz, Zucker, Tee oder Sherry verbot, und vor allem, daß ich niemals die Torheit beginge, ein Buch zu schreiben. Doch war sie dabei von geradezu hypnotischer Lebendigkeit, gab es Augenblicke, wo die Glut der Koketterie unter der Asche aufflammte. ... Die hochgewachsene, elegante Exzentrikerin der Fotos von Berenice Abbott und Man Ray lebte irgendwo im Inneren dieser stolzen Einsiedlerin, die ihr Vergrößerungsglas, ihre geschwollenen Knöchel, strapazierten Lungen, verhärteten Arterien und ihr fehlerhaftes Kurzzeitgedächtnis verfluchte. ... Djuna Barnes hatte durchaus einen gewissen Sinn fürs Dramatische, und ich nahm an, sie übertreibe in Hinblick auf das Ausmaß ihrer Isolation. ... Ihren Pessimismus trug [sie] so hoheitsvoll wie ein Tweedkostüm ... Wenn [sie] richtig in Fahrt kam, sich in eine ihrer grimmigen Tiraden hineinsteigerte, dann schien ihre winzige Gestalt sich auszudehnen und das ganze Zimmer in sich aufzunehmen. ... Als bekannte Persönlichkeit, als Überlebende, war sie ein Mensch geworden, der einen großen Teil seines Lebens geräumt hatte ... Ihre Erinnerungen, jedenfalls diejenigen, die sie mitteilte, wirkten wie Versatzstücke eines Bühnenbildes.«[24] Einen vergleichbaren Eindruck von den Rollenspielen der alten Djuna Barnes vermittelt auch Chester Page in seinen Erinnerungen an sie: »Sie kann so liebenswürdig sein, so herrlich komisch, so schrecklich ernst in ihrer Verachtung der Menschheit, so beharrlich in ihren Prinzipien ... Wenn sie gut gelaunt ist, ist sie ein wunderbarer Spaßvogel, eine hervorragende Erzählerin. Wenn sie verdrießlich ist, ist sie sehr anstrengend ... Sie ist eine schwierige Lady, manchmal sehr amüsant, oftmals verwirrt, manchmal sehr nett, dann wieder völlig verbittert.«[25]

Page zeigt mit seiner Charakterisierung noch deutlicher als Pinckney, daß Barnes keineswegs nur die deprimierte und frustrierte legendäre alte Dame war, die wußte, daß sie ihre Zeit längst überlebt hatte. Zu diesem — wie zu jedem anderen Bild, das Barnes von sich entwarf — gehört eine Kehrseite, die kein ›wahreres‹ oder ›wirklicheres‹, sondern ein anderes Gesicht derselben Person zeigt.

Einige Wochen bevor Djuna Barnes am 18. Juni 1982 in ihrer Wohnung am Patchin Place starb, lockerten sich noch einmal all jene Fesseln, die sie sich angelegt hatte, um sich vor den Menschen und dem, was sie einander anzutun fähig und manchmal auch anzutun bereit sind, zu schützen: »In ihren letzten Wochen wollte sie, die Umarmungen immer abgelehnt hatte, daß man sie umarmte und ihr zur Beruhigung die Hand hielt. Wir wenigen, die wir das Glück hatten, sie während ihrer letzten Lebensjahre zu kennen, wußten, daß hinter den Mauern der Zurückhaltung das Bedürfnis nach Liebe verborgen lag.«[26]

In ihrem Roman NACHTGEWÄCHS hatte Barnes 1936 geschrieben: »Wir sind nur Hülle im Wind, Muskeln, die sich gegen die Sterblichkeit wehren. Wir sind Schläfer im Staub der Vorwürfe gegen uns selbst. Bis zur Gurgel stecken wir voll von Namen, die wir unserem Elend gegeben haben. Das Leben, der Weidegrund, wo die Nacht sich nährt, Wiederkäuer eines Futters, das uns würgt. Das Leben, die Erlaubnis, den Tod kennenzulernen. Wir sind geschaffen, auf daß die Erde den Geschmack ihrer eigenen Unmenschlichkeit zu schmecken bekomme; wir lieben, damit die Erde unter der Kostbarkeit des Körpers brülle. Ja, wir, die wir bis an die Gurgel im Elend stecken, sollten uns gut umsehen und alles Wahrgenommene, alles Getane und Gesprochene wägen. Und warum? Weil wir ein Wort dafür haben, nicht aber die Alchimie.«[27]

Djuna Barnes' Texte sind Dokumentationen jenes »Wägens« des Wahrgenommenen, Getanen und Gesprochenen. Sie zeigen eine Frau, die bis zu ihrem Tod nicht aufgehört hat, das Zauberwort für all das, was sie erlebt und oft erlitten hatte, zu suchen.

Paris

Kurz nachdem Djuna Barnes 1939 nach New York zurückgekehrt war, verließ auch Natalie Barney, die aus ihrer jüdischen Herkunft nie ein Hehl gemacht hatte, Paris. Sie war von der amerikanischen Botschaft gewarnt worden, daß für ihre Sicherheit keine Garantie übernommen werden könne, falls sie in Paris bliebe. So ging Barney mit ihrer langjährigen Lebensgefährtin, der Malerin Romaine Brooks, ins italienische ›Exil‹. Brooks, die eine große Verehrerin und Freundin des mit den italienischen Faschisten sympathisierenden Dichters D'Annunzio war, besaß bereits seit dem

Ersten Weltkrieg eine Villa in Florenz, in der sie sich zwischen den Kriegen häufig aufgehalten hatte, und in der auch Natalie Barney einige Sommer verbracht hatte: »Florenz war eine Art neutraler Boden, auf dem sich seit Generationen eine amerikanische Kolonie etabliert hatte und einen Sonderstatus genoß, immun gegen Politik und Pogrome.«[28] Barneys zeitweilige mit Ezra Pound geteilte Sympathie für den »Herrenmenschen Mussolini«[29] und ihre pro-faschistischen Äußerungen in Briefen an Pound sind wohl weniger eine Folge »ihrer elitären Gesinnung«[30], sondern eher der Ausdruck einer lebenslang unter Beweis gestellten, erschreckenden politischen Naivität.

Diese Naivität ist meiner Ansicht nach wiederum Folge des bereits erwähnten ästhetisch-künstlerischen Lebensentwurfs Barneys, der sich in einer von den realpolitischen Entwicklungen abgehobenen Sphäre verwirklichen sollte und nur dort verwirklichen lassen konnte. Barneys Sympathie für den Faschismus in italienischer Ausprägung erscheint von heute aus betrachtet umso unglaublicher, wenn man sich vor Augen führt, daß Barney aufgrund ihrer jüdischen Herkunft und aufgrund ihrer Lebensführung in Paris von den deutschfaschistischen Besatzern Frankreichs aller Wahrscheinlichkeit nach in ein Konzentrationslager verbracht worden wäre[31].

Nach dem Zweiten Weltkrieg kehrte Barney nach Paris zurück. Noch bevor sie ihr Haus in der Rue Jacob wieder beziehen konnte, starb 1946 Gertrude Stein. Dolly Wilde und Lucie Delarus-Mardrus, zwei andere gute Freundinnen Barneys, zu denen sie in engem Kontakt gestanden hatte, waren bereits während des Krieges gestorben. Barney verfaßte Nachrufe auf Wilde und Delarus-Mardrus, plante die Herausgabe einer Gedenkschrift für Wilde und einer Sammlung der Gedichte Lucie Delarus-Mardrus' und kümmerte sich um Alice B. Toklas, die nach dem Tod Steins zu den ›Ehrengästen‹ des Salons zählte.

Als Barney nach einer Übergangsphase, die sie im Apartment ihrer Schwester Laura verbracht hatte, wieder in der Rue Jacob eingezogen war, war sie über 70 und hinsichtlich ihres Salons, den sie kurz darauf wieder eröffnete, voller Elan. »Diese ehrwürdige Einrichtung wirkte wie ein Anachronismus in den schrecklichen Nachkriegsjahren, während sich Sartres Existentialisten um die Ecke im alten Café Rémy de Gourmonts trafen. Der Salon mußte einer jungen Schriftstellerin wie Célia Bertin altmodisch vorkommen, muffig, moderig und langweilig, eine Kuriosität aus einer anderen Zeit. Die Einrichtung, die Menschen und ihr Benehmen gehörten ins Museum, dachte sie.«[32]

Auch in den 50er Jahren setzte Barney ihre Unterstützung alter Freunde und Freundinnen fort und benutzte dazu weiterhin die Treffen ihres Salons. So veranstaltete sie Rezitationen der Arbeiten Renée Viviens und Lucie Delarus-Mardrus', stiftete den »Prix Renée Vivien« für Nachwuchsdichterinnen, gab die oben bereits erwähnten Bände über Dolly Wilde und von Lucie Delarus-Mardrus heraus und schrieb für die Yale-Ausgabe von Gertrude Steins AS FINE AS MELANCTHA das Vorwort.

Schon 1953 teilte sie Carl Van Vechten mit, daß sie mit der Schweizerin Renée Lang eine Biographin gefunden habe, die an allen Details ihres Lebens großes Interesse zeige. Obwohl Lang zwei Jahre in Paris blieb, regelmäßig den Salon besuchte und Barneys Papiere studierte, kam die Biographie nicht zustande: »Aber auch hier erwies sich Natalie wieder als sehr willensstark, sie hatte ihre eigenen Ideen, wie das Buch geschrieben werden sollte ...«[33] Barney, die Lang schon aufgrund einer brieflichen Anfrage in ihr Haus eingeladen und sie mit all ihren alten Freunden und Freundinnen bekannt gemacht hatte, war dem aufkeimenden Interesse an ihrem Leben und ihren Erlebnissen gegenüber erheblich positiver eingestellt als Barnes, die mit den »idiot children« bekanntlich rein gar nichts zu tun haben wollte, sich eine geheime Telefonnummer geben und ein *Do not disturb*-Schild an die Wohnungstür hängen ließ, um mögliche BesucherInnen und InteressentInnen von vornherein zu verschrecken.

Mit ihrem Biographen Chalon, der sie in einer Tratsch- und Klatsch-Biographie umfassend als »große Verführerin« in Szene setzte, verband Barney eine langjährige, intensive Freundschaft, und auch den Anfragen, die ab Mitte der 50er Jahre ab und an von JournalistInnen kamen, die das wieder erwachende Interesse an den 20er Jahren mit Artikeln über die längst legendäre Barney zu schüren wußten, stand sie keineswegs ablehnend gegenüber.

Anders als Barnes, die Page gegenüber äußerte, sie habe seit ihrer Zeit in England Mitte der 30er Jahre weder Alkohol noch Tabak und auch keine »boys or girls« angerührt, gestattete sich Natalie Barney 1953, im Alter von 77 Jahren, mit Janine Lahovary eine letzte, bis zu ihrem Tod dauernde große Affaire. Diese Beziehung brachte nicht nur das Weltbild ihrer Lebensgefährtin Romaine Brooks, die Barney zu der Zeit bereits 40 Jahre kannte, sondern auch das ihrer BiographInnen nachhaltig ins Wanken. So erscheint Barney des öfteren als armes und altersblindes Opfer der gerissenen Lahovary, obwohl die in ihrem Mitgefühl fast satirisch anmutende, *man-identified* Version Wickes' einen ganz anderen Eindruck hinterläßt: Wie Romaine Brooks wurde auch Nicholas Lahovary, der Ehemann Janines, von Eifersucht geplagt. »Er war ein Gentleman der alten Schule ... doch befand er sich in der *peinlichen Situation*, Gastgeber der Geliebten seiner Ehefrau zu sein. Als er sich jedoch gegen Natalies Besuche verwahrte, sprach sie mit ihm wie von *Mann zu Mann* und machte deutlich, daß es besser sei, einen Skandal zu vermeiden und Janine zu teilen. Ihr Durchsetzungsvermögen war stark wie immer, und der Ehemann wurde gezwungen, vor der Geliebten zu kapitulieren. Als er 1963 starb, hatte Natalie Janine ganz für sich.«[34]

Die von Wickes als »exzentrisch« und »zunehmend paranoid werdend« beschriebene Romaine Brooks[35] erwies sich als weniger geduldig oder einsichtig als der letztlich vor der Macht der Gefühle kapitulierende Ehemann Lahovarys. 1969 beendete die zu der Zeit 95jährige Brooks ihre Beziehung zu Natalie Barney, die 65 Jahre gedauert und alle vorangegangenen Affairen und Liebesgeschichten Barneys halbwegs unbeschadet überstanden hatte: »Der angebliche Grund für den Bruch mit Natalie war derselbe, der schon seit Jahren Streit zwischen ihnen verursacht hatte. Es bewies der zunehmend verbitterten Frau, daß es niemanden gibt, dem man wirklich vertrauen kann ... Eifersucht führte zum endgültigen Bruch; heftig, irrational, unausweichlich.«[36]

Wie Djuna Barnes hatte sich Romaine Brooks, die in den 1910er und 1920er Jahren als Malerin brilliert hatte, im

Alter mehr und mehr zurückgezogen. Ihre nach wie vor bestehende Beziehung zu Barney war die einzige noch verbliebene Beziehung zur Außenwelt gewesen. Ähnlich wie Barnes hatte auch Brooks die letzten Jahre im Zwielicht einer stets etwas verdunkelten Wohnung verbracht, war dabei jedoch von mehreren Dienstboten versorgt worden, die sie sich — fast ebenso reich wie Natalie Barney — mühelos leisten konnte. Von einem solchen Rückzug war Barney in den 50er und 60er Jahren weit entfernt. »Während sich Romaines Bindungen lockerten, hing Natalie wie eine Klette an ihren lebenslangen Freunden, wie diese umgekehrt auch an ihr.«[37] Als die meisten dieser alten Freunde und Freundinnen in den 50er und frühen 60er Jahren starben, hatte Barney mit Janine Lahovary und einigen anderen neuen, jüngeren FreundInnen dafür gesorgt, daß sie nicht allein zurückbleiben würde: »Natalie war schon immer psychisch von anderen abhängig gewesen; sie brauchte immer jemanden und nun war sie auch physisch abhängig. Sie benötigte jemanden, der ihre Diät überwachte, ihr beim Anziehen behilflich war und sie bei Spaziergängen begleitete, jemanden, der sie zu Bett brachte und ihr mitten in der Nacht ihre Spritzen verabreichte ...«[38]

Daß Natalie Barney — vielleicht gerade, weil sie nicht allein und einsam war — diesen ›Abstiegen‹ des Alters, unter denen sowohl Romaine Brooks als auch Djuna Barnes litten, gelassener gegenüberstand, macht ein Brief deutlich, den sie 1967, 91 Jahre alt, an Jean Chalon schrieb: » ... meine Romaine beklagt sich über das Altwerden. Was soll man denn anderes tun mit 93 Jahren? Gewiß ist es eine Verminderung mit all ihren Demütigungserscheinungen. Aber solange der Geist noch lebendig ist, will ich alles übrige gerne hinnehmen.«[39]

Barney setzte ihre freitäglichen Treffen in der Rue Jacob bis Ende der 60er Jahre fort. Das letzte große Fest fand im Mai 1968 statt. Während im Quartier Latin die Barrikaden brannten, traf man sich bei Natalie Barney noch einmal im alten Stil. Chalon schreibt: »Freitag, 17. Mai 1968. Ich gehe an der Place de la Concorde über die Brücke, die von unzähligen C.R.S. (Polizeistreitkräfte) besetzt ist.«[40] Natalie Barneys Gäste, darunter Marguerite Yourcenar und Mary

McCarthy, mußten an diesem letzten Freitag fast alle zu Fuß statt wie sonst im Taxi erscheinen, aber sie erschienen wie gewohnt. Für die »Damen mit den Schleierhüten und [die] mit Ordensbändern geschmückten Herren« wurden wie üblich Champagnerflaschen geöffnet: »Die Korken knallten im Rhythmus der Explosionen draußen, die bald näher, bald ferner klingen.« Chalon berichtete Barney von den Bränden im Quartier Latin: »›Das erinnert mich an den Brand des Bazar de la Charité.‹ Wir vergessen den Mai 1968 und reden über den Mai 1897.«[41] Die Auseinandersetzung mit der aktuellen Politik blieb — wie so oft in Barneys Leben — den anderen überlassen.

Aber nicht nur deshalb war Barneys Salon, der in den 1910er und 1920er Jahren Bestandteil der kulturellen Avantgarde gewesen war, nach dem Zweiten Weltkrieg zu einem anachronistischen Ort geworden, an dem sich die Übriggebliebenen der Pariser Kulturszene der 20er und 30er Jahre noch ein letztes Mal im Glanz ihrer längst vergangenen Epoche sonnen konnten.

Während Djuna Barnes darauf, daß sie ihre eigene Legende überlebt hatte, mit Rückzug und Verstummen reagierte, trat Natalie Barney nach dem Zweiten Weltkrieg die Flucht nach vorne an, indem sie an Inszenierungen und Riten festhielt, die von den politischen und kulturellen Entwicklungen längst überholt worden waren. Statt den Rückzug anzutreten, blieb Barney, was sie schon in den 20er Jahren gewesen war: die *Amazon of Letters*, Mäzenatin, »Schubladenschriftstellerin«, Salongastgeberin — die »reizende Dame immer ganz in Weiß«, die auch dann noch an ihrem »Milieu zwischen Welt und Halbwelt« festhielt, als es die Welt der 20er Jahre längst nicht mehr gab.

Barney wurde, indem sie nach dem Zweiten Weltkrieg als sich selbst inszenierender Mythos auftrat, zur personifizierten Erinnerung an eine legendäre Zeit — und genau das sicherte ihr die Aufmerksamkeit und Zuneigung des Pariser Publikums, das diese vollkommen aus der Welt und aus der Zeit geratene alte Frau aus der Rue Jacob zumindest als museale Institution achtete und schätzte. Als Barney 1968 ihr Quartier in der Rue Jacob räumen sollte, gab es in Paris eine Pressekampagne zugunsten des Salons. Barney selbst erklärte im FRANCE SOIR: »Mein Salon ist ein *Denkmal* der zeitgenössischen Literatur, niemand hat das Recht, ihn zu verändern.«[42]

Trotzdem mußte Natalie Barney 1970, inzwischen 94 Jahre alt, das Haus, das sie über 60 Jahre lang bewohnt hatte, verlassen. Sie zog ins HOTEL MEURICE, in dem sie am 2. Februar 1972 starb. Zu ihrer Beerdigung am darauffolgenden Freitag auf dem Friedhof von Passy erschienen etwa 50 Trauergäste, die »der ersten freien Frau ihrer Zeit«[43] das letzte Geleit gaben.

Zehneinhalb Jahre später, im November 1982, »traf sich eine kleine Gruppe bei Storm King Mountain nahe Cornwall-on-Hudson, wo Djuna geboren war, um Djunas ausdrücklichen Wunsch zu erfüllen und ihre Asche dort auszustreuen.«[44]

Annäherungen

Nach mehr als zwanzig Jahren, während derer sie sich nicht gesehen und nichts voneinander gehört hatten, begann im Frühjahr 1963 auf Initiative Natalie Barneys ein Briefwechsel mit Djuna Barnes, der erst 1969, als Barney nicht mehr in der Lage war, selbst zu schreiben, endete.

Siebrasse schreibt in ihrem Nachwort zur deutschen Ausgabe des LADIES ALMANACH, daß es Barney nicht gelungen sei, das Vertrauen zurückzugewinnen, das Barnes ihr während der 20er Jahre in Paris entgegengebracht hatte. Barnes' »zunehmende Reserviertheit gegenüber Natalie Barney ging auch mit einer wachsenden Verachtung für die Produkte der Freizeitdichterin einher«, und Barnes habe sich darüber schockiert gezeigt, »daß ihre alte Freundin, mit der sie in den zwanziger Jahren eine elitäre Öffentlichkeitsfeindlichkeit verbunden hatte, jetzt so schnell bereit war, sich von mittelmäßigen Magazinen feiern zu lassen.«[45]

Trotz solcher Unstimmigkeiten und Probleme machen meiner Ansicht nach gerade die zwischen 1963 und 1969 von Barnes an Barney geschriebenen Briefe deutlich, daß zwischen den beiden Frauen eine Verbundenheit bestand, die auch eine fünfundzwanzigjährige Trennung und sehr unterschiedlich gewordene Ansichten über literarische und gesellschaftliche Öffentlichkeit nicht zerstören konnten. Denn trotz aller Unterschiede hatten Barnes und Barney in den 60er Jahren eine beiden gemeinsame, mittlerweile längst untergegangene Vergangenheit, zu deren wenigen letzten Überlebenden sie zählten.

Als Antwort auf einen der ersten Briefe Barneys aus dem Jahre 1963, der mit einer finanziellen Unterstützung (»völlig großartige Aufmerksamkeit«[46]) für Barnes verbunden war, schrieb Barnes am 31. Mai, die vergangenen 20 Jahre ihres Lebens zusammenfassend: »Liebe Natalie, Deine Großzügigkeit und Besorgnis überwältigen mich; Deine Fragen machen mir Angst. Wie kann man — in der ersten Person — antworten? In glücklicheren Zeiten wäre es vielleicht verzeihlich gewesen, von der persönlichen Hölle zu sprechen. Kurz gesagt, ich habe unter Verletzungen, Betrug, Desillusionierungen, Beleidigungen, der ewigen Sorge um das wenige und unsichere Geld und unter schlechter Gesundheit gelitten. Meine Bemerkung über meine Schriftstellerei mag Dich irregeführt haben. Ich kann mir nicht vorstellen, ein ›Bestseller‹ zu sein (Du wirst es kaum glauben, RYDER war einer!) ... Ich bin die berühmteste Unbekannte der Welt. Ich kann es mir nur so erklären, daß meine Begabung mein Charakter ist und mein Charakter meine Begabung — und beides eine Entfremdung. Schriftsteller, vor allem in England (wo das Verhältnis von Individuum und Öffentlichkeit eindeutiger ist) glaubten, daß die Jagd nach Publicity ziemlich vulgär sei. Und heutzutage? Jeder hat seinen Public-Relations-Manager, der sein oder ihr Horn bläst.«[47]

Die oben bereits erwähnte elitäre Öffentlichkeitsfeindlichkeit, die Barnes und Barney in den 20er Jahren Siebrasses Ansicht nach verbunden hatte, kommt an dieser Textstelle besonders deutlich zum Ausdruck. Es fragt sich allerdings, ob Barney in den 20er Jahren ebenso wie Barnes jeden Respekt vor dem Publikum hatte vermissen lassen — vieles hier auch Dargestellte deutet vielmehr darauf hin, daß sich sowohl ihr Salon und ihre ACADEMIE DES FEMMES als auch einige ihrer Veröffentlichungen direkt an ein mehr oder weniger voyeuristisches Publikum auch außerhalb des zweifelsohne elitären *inner circle* richteten. Gerade Barneys immer wieder deutlich werdenden Bemühungen um Tradierung der sapphischen Kultur und der Arbeiten ihrer Freundinnen zeigen, daß Barney sich der Macht des Marktes und der Bedeutung des Publikums für das Gelingen und vor allem für den Erfolg von Inszenierungen sehr viel bewußter war als Djuna Barnes. Möglicherweise hat Barney im Stillen dieselbe Verachtung für all die ›Normalsterblichen‹ gehegt, die Barnes des öfteren laut und deutlich zum Ausdruck gebracht hat. Möglicherweise mangelte es auch ihr am ansonsten von KünstlerInnen oft gezeigten Respekt vor dem Publikum, auf den sie schon aufgrund ihres Reichtums erheblich besser verzichten konnte als Barnes, die für ihre Kompromißlosigkeit einen hohen Preis zahlen mußte. Allerdings war Natalie Barney dem öffentlichen Aufsehen keineswegs abgeneigt gewesen, das sie durch de Gourmonts BRIEFE AN EINE AMAZONE, durch literarische Portraits in den Texten ihrer Freundinnen, durch die Veröffentlichung von autobiographischen Texten und durch ihren Salon schon in den 20er Jahren auch außerhalb des *inner circle* erregte, und war nicht erst im Alter den Versuchungen diverser »Public-Relations-Manager« erlegen.

Barnes beendete ihren Brief mit einer etwas wehmütigen literarischen Anspielung: »Laßt uns für uns beten, dem Mysterium gefällig. Wenn uns dies nicht mit der Glückseligkeit der ›leidenschaftlichen Reise‹ des Basken Miguel de Unamuno gelingt, dann in der munteren Manier des Geistes von Lord Middleton (von Bocconi), der sich in ein merkwürdiges Perfumo und ein höchst klangvolles Ping auflöste.«[48]

Einige Monate später, im Oktober 1963, schreibt Barnes anläßlich des Todes von Edith Piaf und Jean Cocteau: »... es schlägt uns trotzdem nieder, und unsere legendäre Zeit wird allmählich kalendarisiert.« Daran schließt sich die Frage an Barney an: »Wie denkst Du über unsere gemeinsame Zeit, die die Leute als die schrecklichen Zwanziger (Dreißiger, Vierziger, Fünfziger, Sechziger) bezeichnet haben? Es scheint mir eine Epoche der (wenn auch korrupten) Unschuld gewesen zu sein im Vergleich zu der angstvollen Zeit, die dann folgte. Ich halte mich nicht für ausgesprochen prüde, aber ich bin ganz einfach schockiert über das, was heutzutage veröffentlicht wird — seien es Theaterstücke, Titelblätter von Zeitschriften oder Reden und Aktionen auf der Straße ...«[49]

In fast allen Briefen Barnes' an Barney finden sich Passagen wie diese, die deutlich machen, daß das »wir«, das Barnes, damit Barney wie selbstverständlich einschließend, immer wieder benutzt, das »wir« einer Gruppe von Personen ist, die nur noch in den eigenen und den mit anderen Überlebenden geteilten Erinnerungen und in den Bildern und Mythen der anderen existiert.

Der Unterschied zwischen den Erinnerungen der einen und den Mythen der anderen wird hier an Barnes' schockierter Reaktion auf die Offenheit der 60er Jahre deutlich, die ihrer Ansicht nach in krassem Gegensatz zu der den »wilden 20ern« nachträglich immer wieder unterstellten Zügellosigkeit steht. Der gleiche Unterschied wird sichtbar, wenn man beispielsweise die bereits zitierten Erinnerungen von Berthe Cleyrerque, der Haushälterin Barneys, an die Treffen der *Ladies of Fashion* mit heutigen Interpretationen vergleicht. Während Cleyrerque betont, Barney und ihre Freundinnen hätten sich stets mit ernsthaften Themen auseinandergesetzt, und im Hause Barneys habe es niemals »Frivolitäten« der einen oder anderen Art gegeben, erscheinen dieselben Treffen im Nachhinein bisweilen als Zusammenkünfte ständig unter erotischer Hochspannung stehender Halbweltgeschöpfe, die in Champagnerlaune auch schon einmal — im Glücksfalle »nur notdürftig verschleiert«[50] — auf dem Tisch tanzten oder auf dem Sofa in volltrunkenem Zustand die Kontrolle über ihre Blase verloren[51].

Wenn man sich noch einmal vor Augen führt, daß die »wundervoll altmodischen Manieren« Natalie Barneys tatsächlich aus dem 19. Jahrhundert stammten, und daß Djuna Barnes, abgesehen vom LADIES ALMANACH, in keinem einzigen ihrer Texte freizügige erotische Schilderungen abgab, so ist zu vermuten, daß ein Großteil der den 20er Jahren immer wieder nachgesagten Zügellosigkeit der Phantasie einer Generation entsprungen ist, denen diese angeblich so »wilden« Jahre eine hervorragende Projektionsfläche für die eigenen kleinbürgerlichen Phantasien vom unverklemmten *joie de vivre* abgeben. Dazu schreibt Barnes 1967 an Barney: »Die Öffentlichkeit, vor allem in Amerika, ist, glaube ich, völlig überzeugt vom ›totalen Gedächtnis‹, das sich über die Bibliotheken oder vor allem in ihre Ohren ergießt (denn sie liebt Skandale, vor allem die aus den 20er Jahren).«[52] Wenn Barney in den Erinnerungen Claire Golls als unermüdliche Verführerin erscheint — »Als ich zu ihr kam, zog sie mich in eine Ecke, und ehe ich wußte, was mir geschah, hatte sie schon die Hand unter meinem Rock ...«[53] —, und diese ›Geständnisse‹ Golls noch heute genüßlichst reproduziert werden, eröffnen sich zwar keine neuen Perspektiven auf »Leben und Werk« Natalie Barneys. Allerdings werden all jene Mechanismen deutlich, die dazu beigetragen haben, daß und wie aus Barnes und Barney »die furchterregende Miss Barnes« und »die Frau mit den tausend Affairen« geworden sind, die sich Mitte der 60er Jahre zornig und belustigt zugleich darüber austauschten, was mittlerweile aus ihnen allen geworden war. Dazu schreibt Barnes im September 1967: »Ich denke an uns mit Verwunderung und antiquiert amüsierter Zuneigung — was für eine weit entfernte und von der Gegenwart verschiedene Welt das war ... oder wie ähnlich, wenn ich weit genug zurückdenke.«[54]

Über die zunehmende Entfernung von dieser Welt des Paris der 20er Jahre hatte auch Barney sich in ihren Briefen an Barnes geäußert. So schrieb sie 1966: »Ist unsere Erinnerung ein zweites Leben — wenn die Vergangenheit zur Zukunft wird?«[55] In diesem »zweiten Leben« der Erinnerung haben sich Djuna Barnes und Natalie Barney in den 60er Jahren noch einmal einander genähert — zwei Frauen, die jede auf ihre Art eine große Vergangenheit gehabt und jetzt keine Zukunft mehr hatten.

Sisters in Crime

Auf den ersten Blick scheinen Djuna Barnes, die Natalie Barney in den 20er Jahren unter anderem schrieb, sie habe »ungefähr drei Freunde in den Staaten, niemanden in England und ein paar Bekannte in Paris«[56], und Natalie Barney, die Zeit ihres Lebens von Freunden, Freundinnen, Bekannten und Geliebten oder Liebhaberinnen umgeben war, kaum etwas gemeinsam zu haben.

Djuna Barnes hielt nicht viel von öffentlichem Aufsehen — und erregte dadurch Aufsehen. Sie verweigerte sich konsequent dem literarischen Markt und dem Pariser Publikum, für das Natalie Barney Jahr für Jahr eine neue Inszenierung ihrer selbst bereit hielt — ob sie nun als Amazone oder charmante Salongastgeberin, als Schriftstellerin, als inspirierende Muse oder als Kunst-, Literatur- und Frauenliebhaberin auftrat.

Djuna Barnes war, was persönliche Dinge anging, konsequent verschwiegen, während Natalie Barney verkündete, es gäbe auch eine Indiskretion des Schweigens, und sich häufig entsprechend verhielt.

Djuna Barnes war weit davon entfernt, sich während ihrer Beziehung zu Thelma Wood auch öffentlich als eine der Pariser Ladies zu inszenieren und betonte auch später immer wieder, sie sei keine Lesbierin, sondern habe eben ›nur‹ die Frau und den Menschen Thelma Wood geliebt. Natalie Barney hingegen war mit ihrer Freundin Renée Vivien nach Lesbos gereist, hatte sich als Nachfolgerin Sapphos verstanden und dargestellt und hatte, anders als Barnes, keine Liebesbeziehungen zu Männern gehabt.

Djuna Barnes stammte aus einer ebenso unorthodoxen wie ›verrückten‹ Familie, verfügte schon in den 20er Jahren nie über viel Geld und verarmte im Alter völlig. Natalie Barney hatte in einer großbürgerlichen Familie eine im Verhältnis zu Barnes relativ idyllische Kindheit gehabt und vier Millionen Dollar geerbt, die ihr ein Leben in völliger Freiheit von den finanziellen Einschränkungen erlaubten, die Barnes oft behinderten.

Als Natalie Barney und Djuna Barnes sich Anfang der 20er Jahre in Paris kennenlernten, war Djuna Barnes eine talentierte junge Autorin, während Natalie Barney mit ihrem Salon bereits zu den Pariser Berühmtheiten gehörte. Obwohl Natalie Barney mit vielen jungen AutorInnen zusammentraf und in vielerlei Hinsicht moderne Ansichten vertrat, und obwohl Djuna Barnes mit ihren Texten eindeutig der eingangs beschriebenen literarischen Bewegung des *Modernism* zuzuordnen ist, hatten Barney und Barnes gemeinsam, daß beide — jede auf ihre Art — tief in Traditionen des 19. Jahrhunderts verwurzelt waren. Natalie Barney war in vielerlei Hinsicht eine ›Tochter‹ der Belle Epoque und trotz ihrer gern zitierten markigen Sprüche und ihres unkonventionellen Lebenswandels eine Frau, die von ihrem großbürgerlichen Elternhaus ebenso geprägt war wie von dem traditionellen Frauenbild, mit dem sie durch ihre Art zu leben so gründlich aufzuräumen schien: »Natalie Barney fühlte sich in Gegenwart maskuliner Frauen nicht wohl, war jedoch [nach dem Ersten Weltkrieg] in ihrem Salon von ihnen umgeben ... Das Streben nach Schönheit durch den androgynen Körper, dem Barney ihre Kunst gewidmet hatte, wurde durch die moderne, mechanisierte Welt zerstört. Nach dem Ersten Weltkrieg schnitten die Frauen ihre Haare und kürzten ihre Röcke, eine Situation, die Barney bedauerte. Die schönen Körper, die sie während der Belle Epoque verehrt hatte, waren jetzt entstellt und entblößt. ... Die Frauen, die Barney kannte, wurden durch die moderne Welt verändert, sie verkörperten nicht länger ihre erinnerten Bilder von ihnen.«[57] Djuna Barnes' Ansichten über Literatur und die Rolle der SchriftstellerInnen, die nicht für die Öffentlichkeit, sondern um der Kunst und des Schreibens willen schreiben sollten, stammten ebensowenig aus dem 20. Jahrhundert wie die Tradition des literarischen Salons, die Natalie Barney auf seltsam antiquierte Art noch einmal wiederbelebte.

Die Vorbilder, auf die sich Barnes und Barney in ihrem Schreiben und Leben beriefen, waren Vorbilder aus einer längst vergangenen Zeit: Natalie Barney stellte sich mit ihren Aphorismen in die Tradition Oscar Wildes und mit ihrem *Paris Lesbos* und ihren Texten in die Tradition Sapphos, während Djuna Barnes in ihren Texten immer wieder auf die altenglische Literaturtradition zurückgriff.

Das Modell, das der beiden gemeinsamen Distanz zur Kunst und Literatur der 50er und 60er Jahre[58] zugrunde lag, ging von einer Identität von Kunst und Leben und von einem Ideal wohlinszenierter Zurückhaltung aus, die in krassem Gegensatz zu der zumindest Natalie Barney immer wieder unterstellten sexuellen Zügellosigkeit standen: »Wie für Sappho, so war auch für Natalie Barney Frauenkunst das Produkt einer geteilten Erfahrung zwischen Frauen, eine soziale und kollektive Anstrengung einer kleinen Gruppe außergewöhnlicher Frauen, die sich von der Gesellschaft absonderten, um zu lieben und Literatur zu schreiben. Literarische Bemühungen waren von Liebe nicht zu trennen, nicht zu trennen von den Anlässen, die der Impetus dieser

Bemühungen waren: Kunst war nicht vom Leben getrennt, sondern wurde vom Leben definiert.«[59]

Letzteres gilt auch für Djuna Barnes, die — wie gezeigt worden ist — jedoch völlig andere Konsequenzen aus diesem Modell zog: »[Die] Postulate der Ästhetik Djuna Barnes' sind sichtbar mit ihrer philosophischen Überzeugung verbunden ..., daß das ganze menschliche Bemühen ein brutaler, aber verführerischer Fehler ist. Gar nicht erst geboren zu sein wäre das höchste Gut; wenn man schon geboren worden ist, wäre es vorzuziehen, schnell zu sterben. Statt dessen, zur Bestürzung des Künstlers, verlieben sich Männer (verständlicherweise) in Frauen, die diese Gefühle erwidern; diese Liebe erzeugt Geburten und damit wiederum den Tod. Und, um den Irrtum zu vervollständigen, ist das Leben selbst angefüllt mit Schmerz, Qualen, Einsamkeit und Leiden jeder vorstellbaren Art. Deshalb — selbst, wenn der Lebens-Todes-Kreislauf gerechtfertigt werden oder zumindest gleichmütig akzeptiert werden könnte — ist eine Person immer noch mit der unauflöslichen Tatsache konfrontiert, daß ihre Reise die Anstrengung nicht wert ist.«[60]

Diese hier kurz skizzierten Bezüge auf alte Traditionen, die Barnes und Barney trotz aller Unterschiede gemeinsam hatten und die dazu beitrugen, daß weder Barney mit ihrem Salon noch Barnes mit ihren Texten nach dem Zweiten Weltkrieg publikumswirksame Aktualität beanspruchen konnten, ermöglichte ihre Freundschaft in den 20er Jahren. Das elitäre Bewußtsein, das sowohl Barneys Utopie vom »sapphischen Zirkel« als auch Djuna Barnes' Vorstellungen von kompromißloser literarischer Produktion zugrunde lag, führte bei beiden zu einer Distanzierung von vermeintlich radikalen Frauen wie Margarete Radclyffe Hall und deren Emanzipationsvorstellungen und -forderungen. Weder Barnes noch Barney wollten mit (Frauen)-Politik oder mit den Aktivitäten der Straße irgendetwas zu tun haben. Siebrasse schreibt über Barnes' Verhältnis zu Natalie Barney: »Djuna Barnes ... war von der aristokratischen Mentalität Natalie Barneys angezogen. Natalie Barney besaß die Radikalität und Souveränität einer modeunabhängigen Pionierin, die ihre persönlichen Utopien zu verwirklichen suchte ...«[61] Aber auch Djuna Barnes besaß diese Form von modeunabhängiger Radikalität — wenn sich diese Radikalität, ihrem Wesen und ihrer Neigung, sich zurückzuziehen, entsprechend, auch anders äußerte und letztlich zu einer völlig anderen Lebenssituation führte.

Mit ihren literarischen Dekonstruktionen patriarchaler Diskurse über Weiblichkeit und Homosexualität und mit ihren sozialen Inszenierungen eines *woman-identified* sapphischen Zirkels trafen sich Djuna Barnes und Natalie Barney an einem »Ort außerhalb«, an dem traditionelle Herrschafts- und Definitionsverhältnisse zwischen den Geschlechtern zumindest partiell außer Kraft gesetzt waren, ohne daß sie sich deshalb als Feministinnen betrachtet hätten. Weder Barnes noch Barney wollten irgendeine Form von Bewegung initiieren oder unterstützen, denn der elitäre Charakter ihres Schreibens und Lebens war ein wesentlicher Bestandteil ihrer »Rebellion gegen patriarchale Normen«[62]. Jeder Versuch, diese beiden Frauen mit ihren Inszenierungen als »Schwestern von gestern« zu vereinnahmen oder auf die — von heute aus betrachtet — feministisch zu nennenden Aspekte ihres Lebens und Werks zu reduzieren, muß und wird deshalb ebenso zu kurz greifen wie eine Interpretation, die Natalie Barney zu einer faszinierenden, aber bedeutungslosen Außenseiterin und Djuna Barnes zu einer Schriftstellerin macht, die in ihren Texten immer wieder die großen, angeblich geschlechtsneutralen Themen erörtert und beschrieben hat.

Djuna Barnes, die in ihrem ALMANACH mit Evangeline Musset eine Figur erfand, die den anderen Ladies mitteilen konnte, sie sei ihre eigene Rache an der Gesellschaft und den »Normalen«, und Natalie Barney, die in Paris ein Leben führte, mit dem sie sich dieser literarischen Inszenierung als durchaus würdig erwies, wurden trotz aller Unterschiede zu *Sisters in Crime*: So wie Djuna Barnes in ihrem LADIES ALMANACH, versuchte auch Natalie Barney in ihren literarischen Texten, vor allem aber mit ihrem Entwurf vom »Milieu zwischen Welt und Halbwelt«, Frauen zu Subjekten einer Geschichte zu machen, die bis dahin fast immer von Männern entworfen, erzählt und bestimmt worden war. Ende der 20er Jahre beschrieb Djuna Barnes in ihrem ALMANACH, was Natalie Barney in der Rue Jacob inszenierte und lebte.

Literarische Dekonstruktion und soziale Inszenierung näherten sich einander an, gingen ineinander über und vermischten sich. Aber schon Anfang der 30er Jahre trennten sich Djuna Barnes und Natalie Barney. Barnes begann mit der Arbeit an NACHTGEWÄCHS, einem Text, der die Frauen nicht länger als Subjekte, sondern als Objekte der Zuschreibungen der herrschenden Diskurse zeigte[63], und Natalie Barney setzte in ihrem Salon all die eingangs bereits beschriebenen Inszenierungen fort.

Allerdings blieb den beiden Frauen auch über alle in den folgenden Jahren dominierenden Distanzen und Differenzen ihre Bemühung um radikale Unabhängigkeit gemeinsam. Was Djuna Barnes mit ihrem Rückzug in die schriftstellerische Arbeit und die Rolle der zornigen alten Frau demonstrierte, verfolgte Barney zur gleichen Zeit in Paris mit dem Festhalten an ihrem längst legendären Salon. Während Djuna Barnes im Alter viele der Frauen gesteckten Rollen-Grenzen dadurch überschritt, daß sie sich den Annäherungen und Erwartungen anderer radikal verweigerte, hielt Natalie Barney auch in einem Alter, in dem Frauen normalerweise längst als asexuelle Großmütter betrachtet und behandelt werden, an ihrem Anspruch auf eine Identität von Leben, Liebe und Literatur fest.

Obwohl Barnes und Barney in den 50er und 60er Jahren durch Welten voneinander getrennt waren, scheinen sie mir zwei Extrempositionen zu verkörpern, deren Impetus identisch ist: Die oft aggressiv wirkende, defensive Verweigerungshaltung Barnes' wie auch die für andere erheblich leichter zu ertragende, offensive Haltung Barneys sind unmißverständliche Absagen an ein Spiel, in dem alte Frauen, die ihre »besten Jahre« längst überlebt haben, üblicherweise nur noch als »komische Alte«, freundliche »Oma« oder »große alte Dame« und damit immer als bloße Karikatur ihrer selbst auftreten können. Wenn Barnes als nach außen hin gallig-deprimierte Eremitin und Natalie Barney als eine auch im Alter auf Erotik und Sexualität bestehende Frau im wahrsten Sinne des Wortes »aus der Rolle fielen«, fanden sie eine Möglichkeit, ihre in den 20er Jahren entstandenen Legenden in die Zeit nach dem Zweiten Weltkrieg hinüberzuretten — wodurch sie sich von allen anderen, noch lebenden *Women of the Left Bank* radikal unterschieden.

Als Djuna Barnes und Natalie Barney in den 60er Jahren wieder Kontakt aufnahmen, sprachen sie auch dann, wenn sie sich über ihre Gegenwart austauschten, immer in der und über die Vergangenheit, die sie trotz aller Unterschiede gemeinsam hatten.

Zu dieser Vergangenheit gehörte auch der LADIES ALMANACH und die Geschichte, die darin zugleich erfunden und erzählt wird — eine Geschichte der *Ladies of Fashion* und *Sisters in Crime*.

»A Journal dedicated to the Undercurrents« Djuna Barnes' Ladies Almanach

Dies ist der Teil über den Himmel,
der nie erzählt worden ist.
Djuna Barnes, LADIES ALMANACH

»Distributed to a very special audience« Zur Geschichte des LADIES ALMANACH

The Almanack, that is in the private domaine, privately printed, written as a jollity, and distributed to a very special audience.
Djuna Barnes in einem Brief an Natalie Barney

Paris 1928

Als 1928 der LADIES ALMANACH in den *women communities* der Pariser Left-Bank-Kultur die Runde machte, wußten die meisten LeserInnen, daß sich hinter dem Pseudonym »Lady of Fashion« keine andere als die amerikanische Schriftstellerin Djuna Barnes verbarg, die mit dem ALMANACH ihrer Freundin Natalie Barney und dem Kreis ihrer Freundinnen eine witzig-boshafte Hommage geschrieben hatte.

Der LADIES ALMANACH erschien 1928 als anonymer Privatdruck, wurde von Robert McAlmon in der CONTACT PRESS verlegt und von dem Journalisten Bill Bird betreut. Natalie Barney und SubskribentInnen finanzierten den Druck bei Darantière in Dijon, die schon Joyces ULYSSES hergestellt hatten. Die Auflage betrug 1 050 Exemplare, von denen 10 von der Autorin handkoloriert und signiert, 40 weitere handkoloriert waren.

Von dieser Originalausgabe des ALMANACH sind 1928 nur etwa 500 Exemplare verkauft worden. Über den Verbleib der restlichen Texte sagte Barnes 1943 in einem Interview anläßlich der New Yorker Ausstellung ihrer Bilder, die nationalsozialistischen Besatzer hätten sie in Paris vernichtet[1]. 1949/50 geht dann allerdings aus ihrer Korrespondenz mit Robert McAlmon hervor, daß Bill Bird noch etwa fünfhundert Exemplare des LADIES ALMANACH in seiner Mühle in Tanger hütete. Bird schrieb 1949 an McAlmon: »Die einzigen CONTACT-Bücher, die sich in der Mühle befinden, sind Djunas LADIES ALMANACH, ein Stapel von etwa 500 — 100 Exemplaren. Ich kann mir nicht vorstellen, warum Djuna sie nicht nach USA verschifft haben will, zumal nirgendwo ihr Name auftaucht.«[2] Was aus diesen Exemplaren der Original-Ausgabe geworden ist, ist nicht bekannt.

Der ALMANACH wurde zwar von Edward W. Titus »im Zeichen des *Black Manikin*«[3] in der Rue Delambre 4 verkauft, aber nicht durch den Buchhandel vertrieben. Die Hauptverkaufsarbeit des »for private circulation«[4] gedachten Textes übernahmen Djuna Barnes und Natalie Barney, die das Buch an interessierte Freunde und Freundinnen weitergaben. Dazu schrieb Djuna Barnes 1972 ironisch-untertreibend: »... verhökert in *faubourg* und Tempel[5] und, für einen Penny, verkauft an solche Menschen, die de Gaulle als die ›Faulen und Schrecklichen‹ am Herzen lagen«[6]. Die Preise der verschiedenen ALMANACH-Ausfertigungen lagen zwischen 1 000 Franc für die handkolorierten und signierten und 60 Franc für die restlichen Texte.

Einige Exemplare des ALMANACH nahm Barnes bei ihren Reisen sogar in die USA mit und verkaufte sie dort, obwohl die New Yorker LeserInnen nur indirekt zu den »Faulen und Schrecklichen« gehörten, die die AdressatInnen des LADIES ALMANACH waren. Zum »ganz speziellen Publikum« gehörten 1928 die im Text satirisch portraitierten Frauen, deren Freunde, Freundinnen und Bekannte sowie eine relativ große Gruppe von Männern und Frauen, die die Pariser Kunst- und Bohèmeszene und Natalie Barney und ihren Salon gut genug kannten, um die vielen Anspielungen und *private jokes* des Textes verstehen zu können.

So gab es 1928 eine relativ große, jedoch begrenzte Gruppe von LeserInnen, die mit dem im ALMANACH Erzählten auf irgendeine Art und Weise in Beziehung standen und dadurch zum *inner circle* der RezipientInnen wurden. Über diesen LeserInnenkreis hinaus kann die Originalausgabe des Textes kaum gelangt sein, wenn in den 20er und 30er Jahren tatsächlich nur etwa 500 Exemplare verkauft worden sind.

Hätte Djuna Barnes 1928 eine weitere Verbreitung des Textes gewünscht, hätte sie den von ihr im nachhinein als »milde satirische Kopfwäsche«[7] bezeichneten ALMANACH allerdings kaum anonym veröffentlicht und als Privatdruck erscheinen lassen. Für diese Umgehensweise mit dem ALMANACH gibt es wahrscheinlich mehrere Gründe: Zum einen war Djuna Barnes' ebenfalls 1928 erschienener Roman RYDER in den USA aufgrund angeblich allzu freizügiger sexueller Schilderungen der Zensur zum Opfer gefallen. Im gleichen Jahr hatte Margarete Radclyffe Hall mit ihrem Roman QUELL DER EINSAMKEIT in England ähnliche Erfahrungen gemacht. Der Text hatte nicht nur einen gesellschaftlichen Skandal erster Ordnung hervorgerufen, sondern auch mehrere Gerichtsverfahren gegen das angeblich obszöne Buch zur Folge gehabt[8]. Stromberg zitiert dazu aus einem Brief des amerikanischen Verlages BONI & LIVERIGHT, in dem 1928 Barnes' Roman RYDER erschien. In diesem Brief an Djuna Barnes wird besonders deutlich, wie massiv die Veröffentlichung damals brisanter Texte von der Androhung zensorischer Maßnahmen beeinflußt wurde: »Sie werden sehen, daß wir bei unserer ersten Durchsicht [des Manuskripts des Romans RYDER] nur wenige Korrekturen vorgenommen haben ... obgleich wir nicht mehr die einzigen Zensoren unserer Texte sein dürfen — die entsprechende Behörde in New York mischt sich nun in die Sache ein. Ich sage das, weil es notwendig sein könnte, noch weitere Korrekturen vorzunehmen ... wir können nicht einfach Tausende von Dollars ausgeben, um uns für die von der Zensur attackierten Bücher einzusetzen, wenn uns nicht andere Verleger darin unterstützen. Und ich darf hinzufügen, daß sie es nicht tun werden — sie gehen dieser Verantwortung aus dem Wege, indem sie Büchern aus dem Wege gehen, die Schwierigkeiten verursachen könnten.«[9]

Die von der Zensur beanstandeten Stellen des Romans ließ Barnes mit *** im Text kennzeichnen und schrieb dazu im Vorwort zur 1928er Ausgabe: »Die in Amerika beliebte Zensur, die wie alles, was per Gesetz verordnet wird, wahllos alles treffen kann, hat dieses Buch gesäubert. ... Seither wird dem Publikum nur noch Literatur angeboten, die keine mehr ist. Oder, nachdem sie so gemordet und in Leinen gebunden worden ist, daß man selten — wenn überhaupt — bemerkt, daß das, was für ein Original ausgegeben wird, in Wirklichkeit nur eine Neukonstruktion ist. Im Falle von RYDER ist es gestattet, die Verwüstungen durch diese Spitzfindigkeiten und ihre Auswirkungen auf das Werk der Phantasie zu erkennen.«[10]

Es ist daher anzunehmen, daß Barnes den ALMANACH auch deshalb anonym und in einer privaten Edition herausbrachte, weil sie einen erneuten Konflikt mit den rigiden Moralvorstellungen der Zeit, öffentliches Aufsehen und die Veröffentlichung eines weiteren von der Zensur entstellten Textes vermeiden wollte — was ihr auf diese Art auch gelang. Vielleicht gerade weil beim LADIES ALMANACH von Anfang an klar war, daß eine Zensur nicht stattfinden würde, konnte sich Djuna Barnes beim Schreiben des Textes all jene ästhetischen Freiheiten und erotischen Freizügigkeiten gestatten, auf die sie hätte verzichten müssen, wenn sie den ALMANACH in einem großen Verlag hätte veröffentlichen wollen. Gleichzeitig entsprach diese Art der Präsentation des Buches aber auch Djuna Barnes' mangelndem Respekt vor gängigen Ritualen und ihrer an vielen Stellen deutlich werdenden Kompromißlosigkeit im Umgang mit den Regeln des literarischen Marktes. Hinzu kam, daß der »in einer Mußestunde«[11] geschriebene LADIES ALMANACH ohnehin nicht für die anonyme literarische Öffentlichkeit, sondern für ein spezielles Publikum verfaßt worden war.

Als »Lady of Fashion« gehörte Djuna Barnes einerseits zu dem von ihr im Text inszenierten Freundinnenkreis Natalie Barneys, als Schriftstellerin wahrte sie andererseits genügend Distanz zu Barney und ihren Besucherinnen, um ihre Eindrücke satirisch verfremdet zu Papier zu bringen. Trotzdem standen Autorin und LeserInnen in enger Verbindung, kannten sich zum Teil sogar persönlich und bildeten so einen Kreis von Eingeweihten, in dem Djuna Barnes die Rolle der »Ersten unter Gleichen« spielen konnte. So spiegelt sich in der Veröffentlichungsart des LADIES ALMANACH auch die elitäre Attitüde Djuna Barnes', zugleich Bestandteil und Kritikerin der Avantgarde zu sein — eine Chronistin, die es in dieser Position nicht nötig hatte, Rücksichten auf den Geschmack und die Wert- und Moralvorstellungen der breiten Masse zu nehmen.

Die anonyme Veröffentlichung des ALMANACH führte jedoch dazu, daß der Text relativ bald in Vergessenheit geriet: »Wenn alle Dinge gleich wären, könnte das Jahr 1928 in der Literaturgeschichte als ein Rekordjahr lesbischer Veröffentlichung erinnert werden. 1928 erschienen Virginia Woolfs ORLANDO, Radclyffe Halls THE WELL OF LONELINESS und Djuna Barnes' LADIES ALMANACH. Aber die Dinge waren nicht gleich. ORLANDO wurde enthusiastisch rezensiert und anschließend von allen — außer von den erwarteten Kreisen — trivialisiert und abgelehnt. Halls WELL wurde in England geächtet, nur um in der westlichen Zivilisation der Archetyp aller lesbischen Dinge zu werden — die *butch*-Lesbe[12], die Tränen, die Verzweiflung. Djuna Barnes' ausgelassene Tollerei, privat veröffentlicht für eine begrenztes und sorgfältig ausgewähltes Publikum, wurde bis 1972 nicht wieder gesehen. Deshalb wußten die meisten von uns, die wir während der 50er Jahre aufwuchsen, nichts über Lesbianismus — abgesehen von Stephen Gordons[13] Prahlerei, Stephen Gordons Hosen und Stephen Gordons wundervollem Umgang mit Pferden. Wir nahmen an, daß Stephen Gordon glücklicher gewesen wäre, wenn Frauen Pferde wären... Man stelle sich vor: den LADIES ALMANACH 1956 gelesen zu haben! Unerwiderte Liebe, tränenreiche Verzweiflung, der vollkommene Fluch des Ganzen hätte vielleicht niemals existiert. Kein Selbstekel, nur die glücklichen Spiele von ›Heiligen‹ und ›Priesterinnen‹ und Dame Musset ... Jedoch wußten wir während dieser Zeit nichts von der Existenz Evangeline Mussets/Natalie Clifford Barneys ...«[14]

Außerdem brachte die private, anonyme Veröffentlichung den Text bei späteren KritikerInnen und InterpretInnen in den Ruf, von Barnes selbst nicht ganz ernst gemeint und genommen worden zu sein, so daß der ALMANACH noch in den 70er Jahren eher als amüsantes Intermezzo zwischen den beiden großen Romanen RYDER und NACHTGEWÄCHS denn als ernstzunehmender literarischer Text betrachtet worden ist.

New York 1972

44 Jahre nach der Veröffentlichung der längst in Vergessenheit geratenen Originalausgabe des LADIES ALMANACH erschien 1972, im Todesjahr Natalie Barneys, bei HARPER & ROW in New York eine Faksimile-Ausgabe des ALMANACH, wobei bedauerlicherweise nicht genauer in Erfahrung zu bringen ist, weshalb vom Verlag solch eine Wiederveröffentlichung gewünscht wurde und weshalb Djuna Barnes dem zustimmte. Obwohl dabei das Pseudonym »Geschrieben und illustriert von einer Lady of Fashion« beibehalten

wurde, erschien der Text unter Djuna Barnes' Namen und war mit einem kurzen, namentlich gezeichneten Vorwort und einem nicht namentlich gezeichneten Nachwort von Djuna Barnes »Über die Autorin« versehen. Die Auflage betrug 4 800 Exemplare und wurde anscheinend in den USA zumindest von der Literaturkritik kaum zur Kenntnis genommen. In Messerlis Barnes-Bibliographie findet sich unter dem Stichwort »Ladies Almanack, 1972 reprint« nur der Hinweis auf eine einzige negative Rezension des ALMANACH, der vom Rezensenten als »Staubwölkchen« bezeichnet wird, woran sich die Frage anschließt: »[E]s fällt schwer, sich vorzustellen, wer das nach Ansicht des erlauchten Verlagshauses Harper und Row vielleicht lesen können wollte«[15].

Die 1972er-Ausgabe des ALMANACH wurde über den Buchhandel vertrieben. Die LeserInnen des Jahres 1972 verfügten, von wenigen Ausnahmen abgesehen, kaum über Informationen zum Entstehungszusammenhang des Textes. Die ersten Bücher über das Leben und das Werk Djuna Barnes' erschienen in den USA erst Mitte der 70er Jahre, der erste Essay über den ALMANACH, in dem das Paris der 20er Jahre und der Salon Natalie Barneys als Hintergrund des Buches überhaupt Erwähnung fand, wurde 1979 veröffentlicht. Erst 1983 nannte Field in seiner Biographie auch die Namen der lebenden Vorbilder einiger Nebenfiguren des Textes, ohne dabei jedoch genauer auf Djuna Barnes' Verhältnis zu diesen Frauen und auf ihre Freundschaft zu Natalie Barney einzugehen.

Anders als die LeserInnen der 1928er-Ausgabe erkannten deshalb die LeserInnen der 1972er-Ausgabe die im ALMANACH satirisch portraitierten Ladies nicht, so daß sie die vielen *private jokes* und Anspielungen des Buches nicht deuten und goutieren konnten. Aus einer ›Satire für Eingeweihte‹ wurde so ein öffentlicher literarischer Text, der von den Barnes-InterpretInnen entweder als »unbedeutendes Werk« ad acta gelegt[16] oder Ende der 70er Jahre als früher feministischer Text euphorisch wiederentdeckt wurde[17].

Trotzdem ist der LADIES ALMANACH in den USA im Kontext feministischer Diskussion kaum rezipiert und diskutiert worden — was möglicherweise damit zusammenhängt, daß

»der LADIES ALMANACH ... sich mit der verfeinerten und privilegierten Existenz von lesbischen Frauen mit aristokratischen Verhaltensweisen und Mitteln beschäftigte«[18] und somit in der ersten Phase der neuen Frauenbewegung für die Leserinnen kaum Identifikationsmöglichkeiten bot.

Bis heute gibt es in den USA keine zweite Auflage des seit langem vergriffenen Textes, was ebenfalls darauf schließen läßt, daß das Interesse der amerikanischen LeserInnen am ALMANACH längst nicht so groß gewesen ist wie das des bundesdeutschen Publikums.

Berlin 1985

1985 veröffentlichte der Berliner WAGENBACH-Verlag den LADIES ALMANACH als dritten Text seiner inzwischen auf sieben Barnes-Bücher und eine Biographie angewachsenen Barnes-Reihe und erzielte damit einen ungeahnten Erfolg, der sich sowohl an den Rezensionen als auch an den Verkaufszahlen des Buches ablesen läßt.

Zu diesem Erfolg trug Karin Kerstens Übertragung des sprachlich enorm schwierigen Textes »in ein Deutsch ..., das es nicht gab«[19], ebenso bei wie das ausführliche, erstmals alle »verschlüsselten Ladies« des ALMANACH vorstellende Nachwort von Brigitte Siebrasse. Dieser mit vielen Photos versehene Text erleichterte den LeserInnen den Zugang zum Text über die Darstellung der Hintergründe des Buches, führte allerdings in vielen Rezensionen zu einer Reduktion des Textes auf »Klatschspaltenjournalismus«[20] und Anekdötchenkolportage.

Anders als in den USA erhielt der ALMANACH in der Bundesrepublik wohlwollende bis euphorische Kritiken und führte im Dezember 1986 sogar vor Thorsten Beckers DIE BÜRGSCHAFT und Ulla Hahns Gedichtband FREUDENFEUER die Bestenliste des Südwestfunk-Literaturmagazins an.

Obwohl auch einige bundesrepublikanische RezensentInnen die Ansicht vertraten, der LADIES ALMANACH sei nicht zu den ernsthaften Werken der Autorin zu zählen, wurde die Bedeutung des Textes als literarisches Dokument der 20er Jahre und als feministisch-satirischer Text zumindest nicht länger generell in Abrede gestellt. Die Verbindung beider

Aspekte wird an einer Radiorezension des Bayrischen Rundfunks besonders deutlich: »Wenn man zurückblickt auf die künstlerische Avantgarde, könnte man fast denken, nur Männer hätten die Schamlosigkeit aufgebracht, sich der Norm zu widersetzen. ... Dabei mußten Frauen von noch unverschämterer Kühnheit sein, wenn es darum ging, Konventionen zu durchbrechen. Über die ästhetischen Kategorien hinaus, hatten sie die ganze Bürde frauenfeindlicher Verhaltenstabus abzuwerfen. Und man darf schließlich nicht übersehen, daß die Bohème-Zirkel des frühen 20. Jahrhunderts ohne die provokative Radikalität und die schillernde Ausstrahlung verschiedener Frauengestalten« — zu denen dann auch Djuna Barnes gerechnet wird — »nicht denkbar gewesen wäre.«[21] Vor diesem Hintergrund erscheint der LADIES ALMANACH als »Djuna Barnes' Hommage an einen unorthodoxen und individualistischen Feminismus«[22], der in anderen Rezensionen näher beschrieben und dem Zeitgeist der 80er Jahre entsprechend ›gewürdigt‹ wird: Djuna Barnes' manchmal beißende Ironie wird als langersehnte Distanzierung von einem angeblich kritikunfähigen, weiblichen »Wir« verstanden, das der Literatur der frühen Frauenbewegungsjahre zugeordnet wird. Ihre literarische ›Abrechnung‹ mit den Moden und Marotten eines elitären Frauenzirkels wird größtenteils positiv rezipiert. In den »Geschichten über die lesbische Intelligenzija anno 1928« hält Djuna Barnes »der heiligen Allianz ihrer Geschlechtsgenossinnen den Zerrspiegel der eigenen Selbstherrlichkeit, der Dissonanzen und Wichtigtuerei in ihren Credos und modischen Extravaganzen entgegen«, was nicht nur »höchst vergnüglich zu lesen« ist, sondern »sich durchaus auch auf Teile der heutigen Lesbenszene übertragen« läßt[23]. Djuna Barnes' »Feder muss ausgesehen haben wie ein ziseliertes Stilett: ornamentiert und mit stechend scharfer Schneide«[24]. Mit dieser Stilett-Feder teilt sie im Text »Hiebe nach allen Richtungen aus...«[25]. Die RezensentInnen nehmen erfreut zur Kenntnis, daß Djuna Barnes »das salbungsvolle Liebesgeschwätz der Lesbierinnen, die hochgestochene Logik ihrer Programme, in denen alle gesellschaftlichen Muster in die Farbe der Weiblichkeit getaucht« sind, beschreibt und dabei den »Epitaph zweier Heldinnen der weiblichen Geschichte«

liefert, »die so« — erfreulicherweise? — »bislang nicht wieder auferstanden sind: der Päpstin, die sich zur Kultfigur statt zum Kulturobjekt zu machen wußte, und der Zweiflerin, der der Witz heiliger ist als der Glaube«[26].

Trotzdem sollte der LADIES ALMANACH nach Ansicht kritischer LeserInnen keinesfalls als »das intelligenteste und radikalste sogenannte ›Frauenbuch‹ des zwanzigsten Jahrhunderts«[27] mißinterpretiert und dabei bedeutender gemacht werden, als er ist: »Dazu fehlt ihm Wesentliches. Es ergeben sich keine Konsequenzen, es läßt sich nichts ableiten, das die Frauen weiterbrächte. Der Ausschluß der Männer, ohne deren Geld diese weibliche Elite nicht denkbar wäre, ist kein Programm. Die Freiheit der Frauen, Frauen zu lieben, auch keines. Soziale Unterschiede werden im Almanach verschleiert, die subtile Form von Ausbeutung, wie sie Dame Musset betreibt, vertuscht. Diese Damen, die sich so wichtig vorkamen, wären ohne die hervorragende Chronistin längst vergessen.«[28]

Fast alle RezensentInnen übernehmen aus dem Nachwort die Bilder von der »notorischen Schürzenjägerin« und »erotomanischen« Natalie Barney oder appellieren mit Titeln wie »Zwischen Puff und Gebetshaus[29]« mehr oder weniger deutlich an kollektive Phantasien über das geheimnisvolle, prickelnd unanständige Treiben der Pariser und anderer »Damen, die Damen lieber lieben als nicht«[30]. All den Leserinnen, »die eine spitze Feder und einen scharfen Blick ebenso schätzen wie ungezügelte Erotik, subversive Obszönität, viel Sinn für das Groteske, beißende (Selbst)Ironie und einen brillanten Stil« wird der ALMANACH besonders ans Herz gelegt, wobei positiv vermerkt wird, daß Djuna Barnes »[n]icht einfach nur [zeigt], *daß* Ladies es tun, ... nein, auch wie sie es tun, mit wem und was sie dabei anhaben oder auch nicht.«[31]

Nur wenige RezensentInnen — so Kyra Stromberg — bemühen sich überhaupt um eine Auseinandersetzung mit den literarischen Aspekten des Textes oder um eine weniger am Skandal, sondern eher an skandalösen Verhältnissen interessierte Betrachtung des ALMANACH. Dazu schreibt Kornelia Hauser in ihrer Rezension: »Der Klappentext lockt ... Männliche Rezensenten in der FAZ und im Hamburger

Kulturjournal lobten auch abstrakt die ›Unanständigkeit‹ und ließen Inhalte und Machart beiseite[32]. ... Wenn ›Unanständigkeit‹ im ausgehenden 20. Jahrhundert in dieser eingeschlechtlichen Konstellation liegt, ... ist dieses Buch zutiefst unanständig. Hoffnungen auf erzählten Sex unter Frauen dürfen allerdings niemandem gemacht werden ... [Es] findet sich zynische Kritik an den Frauenverhältnissen, beißendverstehender Spott und weise Traurigkeit über das, was ist ... Ihre Parteilichkeit ist Kritik an weiblichen Haltungen überhaupt, der Art, Verhältnisse zu ertragen, sie (auf bourgeoise Weise) erträglich zu machen, sich zu ergeben und nichts (oder zuwenig) zu wollen.«[33]

Der Gedanke, daß die literarischen Dekonstruktionen des LADIES ALMANACH möglicherweise auch etwas mit gesellschaftlichen Strukturen, Diskursen über Weiblichkeit oder gar mit einem literarischen Spiel mit traditionellen Frauen-Bildern und Männer-Mythen zu tun haben könnte, ist anscheinend nur wenigen RezensentInnen gekommen. Die Lektüre der Kritiken legt eher den Gedanken nahe, daß der ALMANACH in der Bundesrepublik auch deshalb eine solch breite Resonanz gefunden hat, weil der Text von den meisten RezensentInnen auf die unterhaltsamen, leicht konsumierbaren Klatsch- und Tratschaspekte reduziert worden ist.

Einerseits fand das kollektive Unbewußte offensichtlich Gefallen an der immer wieder erwähnten unverkrampften, schwungvoll »die Grenzen zur Pornographie«[34] überschreitenden Erotik des Buches. Andererseits erfreuten die gleichzeitig reproduzierten Bilder von Frauen, die ihre »polygamen Bedürfnisse radikal auslebte[n]«[35], von Engeln und Perversen[36], mit dem Marxismus kokettierenden Herzoginnen und unversöhnlichen und schwierigen Exzentrikerinnen das in dieser Hinsicht nicht gerade verwöhnte Publikum. In Verbindung mit Djuna Barnes' kritischem Blick auf diese Frauen konnte ihre Geschichte den potentiellen Leserinnen Mitte der 80er Jahre als erfrischende Alternative zu einem immer wieder den »Opferstatus« von Frauen beklagenden »Frauenliteratur«-Feminismus verkauft werden. In den skurrilsten Lesarten erscheint der ALMANACH so als ein Gott sei Dank von einer Frau verfaßter, exzentrische und elitäre

»Damen« verurteilender, gleichzeitig ›irgendwie‹ und trotzdem feministisch angehauchter Softporno mit leicht satirischem Einschlag — eine unterhaltsame Bettlektüre im doppelten Sinne des Wortes, die darüber hinaus auch noch zeigt, daß eine Beschäftigung mit Texten von Djuna Barnes, die bis dahin vorwiegend als »düster« gehandelt worden war, durchaus ihre amüsanten Seiten haben kann.

All jene Aspekte, die den ALMANACH auch noch mehr als 60 Jahre nach seinem ersten Erscheinen zu einer »Satire für Fortgeschrittene«[37] machen, waren aus den hier kurz vorgestellten Lesarten, die Djuna Barnes gleichzeitig zum vorläufigen Durchbruch auf dem bundesdeutschen Literaturmarkt verhalfen, verschwunden — oder sie waren so verharmlost worden, daß sie kaum noch der Rede wert schienen.

»Eine Satire für Fortgeschrittene«
Eine Lektüre des LADIES ALMANACH

Was den Stil meiner Kritik ... angeht, so möchte
ich meine Leser/innen daran erinnern, daß man
gerade mit denjenigen am strengsten ist,
von denen man am meisten erhofft oder erwartet ...
Hilge Landweer, DAS MÄRTYRERINNENMODELL

Der LADIES ALMANACH besteht aus zwölf Monatskapiteln und einem Einleitungskapitel. Er umfaßt in der englischen Originalausgabe 84 Seiten und enthält neben zwölf Zeichnungen, die den Monatskapiteln vorangestellt sind, fünf ganzseitige und mehrere holzschnittartige kleinere Zeichnungen, die im Text verstreut sind. In den dreizehn Kapiteln des Buches liefert Djuna Barnes satirische Beschreibungen und Inszenierungen der »täglichen und nächtlichen Verwirrungen«[1] eines Zirkels von Ladies[2] der gehobenen Pariser Gesellschaft, der von Evangeline Dame Musset, der Hauptfigur der erzählenden Passagen des ALMANACH, angeführt und dominiert wird. Darüber hinaus finden sich im ALMANACH allgemeine Aussagen über die Entwicklungsgeschichte *der* Frau und *der* Lady, die männlich dominierte Kulturgeschichte, die Vor- und Nachteile lesbischer Beziehungen und Parodien traditioneller literarischer Texte, Gattungen und Stilrichtungen.

Der ALMANACH ist bislang entweder als nicht ganz ernstgemeintes, ins Gesamtwerk Djuna Barnes' nur schwer zu integrierendes »kleineres Werk« oder aber als Persiflage auf Natalie Barneys Salon und damit in erster Linie als ›privater‹ und nicht als literarischer Text gelesen worden.

Die hier vorgestellte Lektüre des Textes beschränkt sich auf einige zentrale Aspekte, zeigt jedoch bereits dabei, wie wenig diese beiden gängigen Lesarten der Vielschichtigkeit und den Inszenierungen des Buches gerecht werden.

Almanache

Djuna Barnes hielt sich bei der Illustration ihres LADIES ALMANACH nach eigenen Angaben an französische Vorbilder: »Ihre Illustrationen sind ohne Perspektive oder Tiefe gezeichnet und sind einigen alten französischen Alben nachempfunden, die Barnes in Pariser Buchhandlungen aufgetrieben hatte. — Ich sollte meine Geheimnisse wirklich nicht auf diese Art offenbaren, sagte Miss Barnes, als sie mir eines dieser französischen Alben zeigte, das sie über die Jahre behalten hatte.«[3]

Aber nicht nur bei den Illustrationen, auch beim Aufbau und im Sprachgebrauch des ALMANACH werden Rückgriffe auf die weit zurückreichende Almanach-Tradition sichtbar, ohne daß heute noch herauszufinden wäre, ob Barnes beim Schreiben ihres Textes wie bei den Illustrationen klassische Vorbilder vor Augen gehabt und parodiert hat.

Die Tradition literarischer Almanache[4] läßt sich bis in die Zeit der ägyptischen Pharaonen zurückverfolgen, deren Gelehrte die ersten »Himmelskalender« führten. Bevor sich die Almanache im 17. und 18. Jahrhundert in Europa und Amerika zu vielgelesenen Volksbüchern entwickelten, die sich mit den verschiedensten Aspekten des Lebens im literarischen Kleinformat beschäftigten, waren sie vor allem in Form von Kalendern verbreitet. So gab es zwischen 1200 und 1600 die reich illustrierten, handgefertigten *Books of Hours* und *Books of Days*, die Gebete enthielten und auf religiöse Feste und Fastenzeiten hinwiesen. Nach der Erfindung des Buchdrucks gehörten Almanache, die astrologische Vorhersagen und Daten weitergaben, zu den ersten Büchern, die sich über Klöster- und Adelskreise hinaus rasch in den gesellschaftlichen Gruppen verbreiteten, die lesen und schreiben konnten. Diese Popularität astrologischer Almanache hing damit zusammen, daß die Astrologie in der frühen Neuzeit als »der systematischste Versuch, natürliche Phänomene strikt wissenschaftlich zu erklären«[5], eine sehr viel größere Bedeutung als heute hatte. Da astrologische Kenntnisse weit verbreitet waren und gerade in nicht-wissenschaftlichen Kreisen großes Interesse an »Wettervorhersagen, Listen ›guter‹ und ›böser‹ Tage, medizinischen Hinweisen«[6] bestand, wurden die astrologisch ausgerichteten Almanache im 17. Jahrhundert in England so populär, daß von einigen jährlich erscheinenden Ausgaben in den 1660er Jahren 400 000 Kopien verkauft werden konnten. Nachdem sie in der Anfangszeit vor allem »wertvolle Informationen zu Angelegenheiten wie Markt, Straßen … und landwirtschaftliche Hinweise«[7] enthalten hatten, entwickelten sie sich relativ bald zu Taschenbüchern, die sich an verschiedene InteressentInnen-Gruppen wandten und sich entsprechend differenzierten und spezialisierten.

Neben den Almanachen, die sich vor allem mit praktischen Fragen befaßten, gab es andere, die in erster Linie der moralischen oder religiösen Belehrung dienten, sich mit historischen Ereignissen und politischen oder sozialen Fragen auseinandersetzten oder Gedichte, kürzere Prosa, aber auch Anekdoten, Witze oder Satiren veröffentlichten. Darüber hinaus entstanden Almanache für Farmer, Seeleute, Hausfrauen, für das politisch und das literarisch interessierte Publikum, Almanache für Ladies — womit Damen der Gesellschaft gemeint waren — und für junge Mädchen. Der langlebigste und bekannteste dieser Texte war im 18. Jahrhundert in England THE LADIES DIARY. Auch in Deutschland gab es Almanache, die sich explizit an Damen, Hausfrauen oder Mädchen richteten, beispielsweise den FRAUENZIMMER ALMANACH ZUM NUTZEN UND VERGNÜGEN oder den HISTORISCHEN KALENDER FÜR DAMEN.

Die Blütezeit der englischen Almanache lag zwischen 1640 und 1700, die der deutschen und amerikanischen im 18. und 19. Jahrhundert. Almanache verschiedener Art gibt es in den

USA und Europa noch heute, das Interesse des Publikums an dieser »Miniaturgattung«[8] ist im Vergleich zum 17., 18. und 19. Jahrhundert jedoch gering.

Djuna Barnes' LADIES ALMANACH ordnet sich schon durch seinen Titel und seinen ausufernden Untertitel der englischen Almanach-Tradition zu. Wenn in diesem Untertitel von den »Sternzeichen und deren Wende«, den »Monde[n] und Mondwechsel[n]« und den »Jahreszeiten und was es mit ihnen auf sich hat« die Rede ist, schließt Barnes unmittelbar an die astrologisch orientierten Almanache des 17. Jahrhunderts an, in denen auch immer wieder von »Sternzeichen« und »Monden« die Rede gewesen war. Diese Bezugnahme auf die Tradition setzt sich in den Kapitelüberschriften fort, in denen »Ebbe«, »Vorzeichen Zeichen und Omen« oder »Ihre Gezeiten« erwähnt werden. Indem Djuna Barnes jedem Kapitel ihres ALMANACH eine Zeichnung voranstellt und jedes Kapitel einem Monat zuordnet, nimmt sie darüber hinaus auch das Kalender-Prinzip der traditionellen Almanache auf. Einige der im Text verstreuten Zeichnungen, beispielsweise die Tierkreiszeichendarstellung im August-Kapitel, sind charakteristisch für astrologisch orientierte Almanache.

Heiligenlegenden wie die des Februar-Kapitels fanden sich, wenn auch mit anderen Inhalten, in jedem mittelalterlichen Stundenbuch. Und wie die traditionellen Almanache des 17. und 18. Jahrhunderts richtet sich auch Djuna Barnes' ALMANACH an eine bestimmte Zielgruppe und ordnet sich durch seinen Titel scheinbar bruchlos in die Tradition des LADIES DIARY ein.

Djuna Barnes' Satire und Parodie beginnen dort, wo sich der ALMANACH bei genauerem Hinsehen als ein Text über und für eine Gruppe von Personen erweist, die in den traditionellen Almanachen nichts zu suchen gehabt hatten. Wenn Barnes typische Elemente der Almanach-Tradition auf eine Gruppe von Frauen und auf Themen anwendet, die in den traditionellen Almanachen tabu gewesen waren, tut sie so, als gäbe es nichts Selbstverständlicheres, als nach den Farmern, den Seeleuten, den literarisch Interessierten und den Hausfrauen nun auch den lesbischen Ladies einen eigenen Almanach zu schreiben. Dabei wird etwas in Anspruch genommen, das normalerweise nicht einmal heterosexuellen Frauen zusteht: die Beteiligung am literarischen Diskurs über das »Wesen«, die Eigenschaften und Verhaltensweisen von Frauen. Dies geschieht in einer Form, die ihnen die Möglichkeit gibt, als Subjekte eines Diskurses aufzutreten, der sie üblicherweise als Objekte verschiedener Vorurteile, Bilder und Interpretationen erscheinen läßt.

In ihrer Rolle als »Lady of Fashion« behandelt Barnes ›ihre‹ Ladies im ALMANACH wie ein klassisches Almanach-Thema: Ihre Gezeiten und Monde, täglichen und nächtlichen Verwirrungen werden geschildert wie früher die Gezeiten und Monde der Natur. Die Heiligenlegende der Stundenbücher wird weitergeschrieben, diesmal jedoch auf eine Person angewandt, die in den Augen der Kirche ein ganz und gar unheiliges Leben führt. Weisheit wird im ALMANACH gerade den Frauen zugesprochen, die keine Kinder bekommen wollen, und die Männer, für die sich die adeligen Ladies des 18. Jahrhunderts mit Hilfe des LADIES DIARY weiterbilden sollten, werden im LADIES ALMANACH nur noch zum »Kohlentragen« und »Balkenheben«[9] gebraucht.

Die Definitionsmacht liegt dabei nicht länger in der Hand selbsternannter psychologischer, sozialwissenschaftlicher, religiöser und literarischer ›Experten‹, sondern in der Hand der Erzählerin und der Charaktere des ALMANACH. Während das LADIES DIARY wie seine deutschen und amerikanischen Entsprechungen der Unterhaltung und der moralischen Unterweisung seiner Leserinnen gedient hatte und die Frauen in ihren Rollen bestätigte und bestärkte, beschäftigt sich der LADIES ALMANACH fast ausschließlich mit Frauen, die sich an zentrale weibliche Rollenvorschriften nicht halten, ohne deshalb als »Opfer« patriarchaler Machtverhältnisse in Szene gesetzt zu werden. Obwohl an ihnen und ihren Leidenschaften bisweilen heftige Kritik geübt wird, verfolgt der Text keineswegs die Intention, die Ladies und ihre Lebensweise generell in Frage zu stellen.

Damit widerlegt Djuna Barnes die im ALMANACH von Schwester Nip vertretene These, das Leben werde in keiner Stadt von einem Journal repräsentiert, das den Unterströmungen gewidmet sei. Denn gerade diese »Unterströmungen« als Ergebnis und Ausdruck eines selbstbestimmten und nicht mehr den Normen und Beschränkungen der herrschenden Diskurse unterworfenen Frauenlebens sind das Thema des LADIES ALMANACH.

Bei ihrer Darstellung der *Undercurrents** des Paris der 20er Jahre bedient sich Djuna Barnes einer literarischen Gattung, die einerseits durch ihre Volksnähe und Popularität, andererseits durch ihre vergleichsweise offene Form charakterisiert war. Innerhalb dieser im Gegensatz zum Roman oder zur Short Story kaum reglementierten Gattung konnten sich die Satire und Parodie des LADIES ALMANACH besonders gut entfalten. Djuna Barnes konnte verschiedene literarische Gattungen und Stilrichtungen, Elemente der Almanach-Tradition und Zeichnungen in den Text integrieren, dabei auf eine elaborierte Struktur verzichten und Textteile von sehr unterschiedlicher literarischer Qualität unverbunden nebeneinander stellen. Da sich im ›Programm‹ der Almanach-Tradition das Fragmentarische mit dem Volksnahen verband, konnte die so entstehende Chronik trotzdem den Anspruch erheben, daß »alle Damen ... [sie] Bei sich tragen sollten wie der Priester Sein Brevier, der Koch die Rezepte Der Arzt die Arznei Die Braut ihre Ängste Und der Löwe Sein Gebrüll!«[10]

Satire

Der LADIES ALMANACH ist einer der wenigen von Frauen verfaßten Texte des 20. Jahrhunderts, die sich in satirisch-parodistischer Form mit Frauen- und Männerbildern, Liebes- und Freundschaftsbeziehungen zwischen Frauen, den Verhältnissen zwischen den Geschlechtern, christlichem Gedankengut, englischer Literaturtradition und den Experimenten und Errungenschaften »moderner« Literatur auseinandersetzen.

Die Tradition literarischer Satire reicht beinah ebensoweit zurück wie die der astrologischen und literarischen Almanache. Auffallend ist jedoch, daß es in der Literaturgeschichte wie in der Gegenwartsliteratur nur wenige von Frauen ver-

* »Tell me about it«, said Nip, for she was at best a little curious, being hard pressed by Journalism, and could not let a Morsel go, though she knew well that it could be printed nowhere and in no Country, for Life is represented in no City by a Journal dedicated to the Undercurrents. Barnes, 1928a, S. 34

faßte Satiren gibt, und daß der gesamte Themenkomplex der *female satire* in den USA und in der BRD kaum erforscht ist[11].

»Warum schreiben so wenig Frauen Satiren?«, fragt Hilde Wackerhagen in einem Aufsatz zu den geschlechtsspezifischen Voraussetzungen von Humor und liefert eine ebenso einfache wie einleuchtende Erklärung für dieses Phänomen: »Die Ingredienzen der Satire sind Ironie, Überheblichkeit, Entlarvung, Spott, Lächerlichmachung. Nichts steht aber Minderheiten schlechter als diese. ... Es gibt eine unbewußte und unausgesprochene Vereinbarung darüber, welches Verhalten von Minderheiten als zulässig gilt. Demut ist angesagt. ... Satire setzt das tiefe Gefühl kultureller Teilhabe voraus. Nur Mitglieder eines Clubs dürfen sich über denselben lustig machen. Um sich nicht offener Aggression auszusetzen, taten alle Minderheiten gut daran, durch Herausbildung ›angenehmer Eigenschaften‹ nicht aufzufallen ... sie alle eint die Maxime: lerne leiden ohne zu klagen.«[12]

Im LADIES ALMANACH hat Djuna Barnes das Portrait einer elitären und selbstbewußten weiblichen Minderheit gezeichnet, deren Vertreterinnen sich keineswegs durch die Herausbildung ›angenehmer Eigenschaften‹ hervortun. Sie hat darüber hinaus das vielerwähnte Leiden der Frauen an ihrem Status, Opfer patriarchaler Machtausübung zu sein, in eine satirische Abrechnung mit traditionellen Normen und vermeintlich avantgardistischen Anti-Normen, mit stereotypen Frauenbildern und -rollen und den in Natalie Barneys Freundinnenkreis entwickelten Gegenbildern verwandelt. Dazu bedient sie sich im ALMANACH all jener oben erwähnten »Ingredienzen der Satire«. Ironie, Überheblichkeit, Entlarvung, Spott und Lächerlichmachung werden von Djuna Barnes im ALMANACH dazu verwandt, eine »kulturelle Teilhabe« zu behaupten, die zweierlei voraussetzt: Zum einen ein Selbstverständnis, das Frauen als Subjekte all jener Diskurse über Weiblichkeit sieht, deren Zuschreibungen sie eigentlich mit der von Wackerhagen erwähnten Demut hinzunehmen hätten; ein Selbstverständnis, das ihnen auch erlaubt, aktiv in all jene Geschichten einzugreifen, in denen normalerweise Männer Frauen erzählen, wer und was sie sind, sein sollen und auf keinen Fall sein dürfen. Zum anderen wird eine Selbstsicherheit vorausgesetzt, die Solidarität nicht mit blinder Identifikation verwechselt, sondern es der Chronistin des ALMANACH gestattet, jene weibliche Avantgarde, die sie in ihrem Text portraitiert, mit demselben kritischen Blick zu betrachten, mit dem sie die Leerstellen der herrschenden Diskurse über Weiblichkeit entlarvt. Dabei entsteht ein Text, der Beziehungen zwischen Frauen und weibliche Sexualität inszeniert und zelebriert, um dann jede dieser Inszenierungen wieder satirisch-ironisch zu brechen.

Von »Betroffenheit« ist deshalb bei Barnes, anders als bei Autorinnen wie Radclyffe Hall[13], die mit ihren Texten vor allem um Verständnis für ihre lesbischen Protagonistinnen werben wollten, nicht die Rede. Moralische Unterstützung wird weder den LeserInnen noch den Ladies gewährt, über deren kleine und große Verwirrungen Barnes mit ebenso beißendem Spott herfällt wie über die Männer und ihre Kulturgeschichte. Eine Erörterung der klassischen »Schuld- und Sühneproblematik« findet im ALMANACH nicht statt, denn die Heldinnen des Textes sind bereits an jenem »Ort außerhalb«[14] des herrschenden Systems angelangt, der auch jenseits von »Gut« und »Böse« traditioneller Moral anzusiedeln ist.

Auch »Demut« oder eine erneute Klage über den Opferstatus der Frau wird man im ALMANACH vergeblich suchen, denn zumindest Evangeline Musset erscheint im Text als eine Frau, die eindeutig nicht nur das Maß ihrer, sondern aller Dinge ist. Indem Djuna Barnes sich im LADIES ALMANACH satirischer Schreibweisen, parodistischer Rückbezüge und ironischer Brechungen bedient, erklärt sie sich zum Subjekt des literarischen Diskurses über lesbische Frauen und zeigt dabei, daß zumindest auf literarischer Ebene eine Distanzierung von vielen traditionellen Bildern und Zuschreibungen zu erreichen ist.

Daß es gerade nicht die Demut und der Rückzug in stillschweigendes Leiden an den Verhältnissen, sondern das Lachen über andere und sich selbst ist, das diese Distanzierung ermöglicht, ist eine der Lektionen, die Barnes ihren Leserinnen mit ihrem ALMANACH erteilt.

Übergänge

Im Ladies Almanach sind private und literarische Aspekte untrennbar miteinander verbunden. Barnes' Aufenthalt in Paris, ihre Freundschaft mit Natalie Barney, ihre Teilnahme an den Treffen der Academie Des Femmes, ihre Besuche des Freitags-Salons und ihre genaue Kenntnis der Besucherinnen und der »Unterströmungen« dieser Orte sind in den Almanach eingegangen. Diese persönlichen Erfahrungen sind nicht nur literarisch verarbeitet worden, sondern haben zumindest die Charaktere und die im Almanach erzählte Geschichte so geprägt, daß diese Teile des Textes auch als ein satirisches Portrait Natalie Barneys und ihrer Freundinnen gelesen werden können: Die im Almanach auftretenden Ladies sind keine frei erfundenen Charaktere, sondern literarische Portraits lebender Vorbilder. Die Treffen dieser Ladies mit Evangeline Musset sind keine rein fiktiven Begegnungen fiktiver Charaktere, sondern beschreiben — literarisch verschlüsselt — die Treffen der Academie Des Femmes und des Barneyschen Freitags-Salons. Die Ansichten, die die Ladies des Almanach in ihren Unterhaltungen vertreten, sind die Ansichten Natalie Barneys, Margarete Radclyffe Halls, Gertrude Steins und Lucie Delarus-Mardrus', die Djuna Barnes für den Kontext des Almanach ›aufbereitet‹ und verfremdet hat.

Der Almanach ist deshalb nicht nur eine distanziert-kritische Hommage an Natalie Barney, sondern bietet darüber hinaus Einblick in die Gedanken- und Lebenswelt von einigen *expatriate women* im Paris der 20er Jahre.

Djuna Barnes' Haltung zu diesen Frauen muß ähnlich ambivalent gewesen sein wie die Haltung der Erzählerin des Almanach zu den von ihr beschriebenen Frauen. Wie eingangs dargestellt, legte Barnes im Gegensatz zu Natalie Barney keinen Wert darauf, sich auf die eine oder andere Art als engagierte Lady in Szene zu setzen. Gegenüber ihren eigenen Erfahrungen mit erotischen Beziehungen zu Frauen wahrte sie ihr Leben lang entschiedene Distanz, »Bekenntnisse«, wie sie Natalie Barney immer wieder ablegte, waren Djuna Barnes weder während ihrer Pariser Zeit noch im Alter zu entlocken. Trotzdem gehörte Djuna Barnes einige Zeit zum *inner circle* Natalie Barneys und lernte dabei nicht nur Barney selbst, sondern auch viele ihrer Freundinnen gut kennen. Dazu gehörten Frauen, deren offensiver Umgang mit ihrer Homosexualität und deren vermeintliche Radikalität ihr anscheinend ebenso wenig gefielen wie die Naivität und betrübte Ernsthaftigkeit anderer »Schwestern«, die im ALMANACH unter der Rubrik »Walrösser und Würmer«[15] abgelegt werden. Der ALMANACH geriet Barnes so auch zu einer satirischen Abrechnung mit dem Avantgarde-Anspruch des Barney-Kreises und den Kehrseiten der Utopie vom Milieu zwischen Welt und Halbwelt, die Natalie Barney in *Paris Lesbos* verwirklichen wollte.

»Zu der Zeit nun, von der ich schreibe, war [Evangeline] zu einer kundigen, gewitzten Fünfzigerin geworden, und wenngleich von untersetztem Wuchs und keineswegs erfreulich anzuschauen, war sie doch sehr begehrt für ihr Genie, was sie nur in die Hand nahm, dem Gipfel zuzuführen, und weithin so geschätzt für ihre Zungenfertigkeit, daß sie es schließlich bis zur Ruhmeshalle brachte ...«[16] Diese Beschreibung der 1928 zweiundfünfzigjährigen Natalie Barney steht am Ende des Einleitungskapitels des ALMANACH, das eine Erklärung der Leidenschaft Evangelines für andere Ladies liefert, die der eingangs zitierten Selbsteinschätzung Natalie Barneys entspricht: »Evangeline ... war ... doch im holden Mutterleib entwickelt worden, damit ein Knabe daraus würde, weshalb sie denn, um etwa einen Zollbreit knapper ausgefallen, dem kleinen Irrtum keinerlei Beachtung schenkte ...«[17] Zusätzlich liefert das Kapitel auch Bruchstücke der Biographie Evangelines, die starke Ähnlichkeit mit der Biographie Natalie Barneys hat. So wird Evangeline unter anderem als »Dame aus vornehmem Geschlecht« beschrieben, »die, in den frühen Achtzigern, sich vom Familientandem losgesagt, woran die Mutter und der Vater ein ziemliches Vergnügen hatten, zugunsten der verqueren Freude am Schwuppsrittlings ...«[18] Erwähnt wird im Einleitungskapitel auch, daß Evangeline — wie Natalie Barney in ihrer Washingtoner Zeit — in ihrer Jugend in Gefahr war, eine Person zu werden, »an die man nur aus Großmut das Wort noch richtete«[19].

In der Einleitung verweist Barnes auch kurz auf die Auseinandersetzungen Evangelines mit ihrem Vater, wobei der

Konflikt zwischen Vater und Tochter auf höchst amüsante Art dargestellt und gelöst wird. Albert Clifford Barney erscheint im ALMANACH als ebenso besorgter wie verständnisvoller Vater, der viele Nächte »in einem ganz normalen Nachthemd« in seiner Bibliothek verbringt, um darüber nachzudenken, wie er sein »irregegangenes Kind«[20] wieder auf den rechten Weg der Tugend zurückführen kann. Auf seine verzweifelte Frage: »Was tu ich nur?« antwortet ihm Evangeline, die Doppelbödigkeit der väterlichen Besorgnis ebenso wie die der herrschenden Moral geschickt entlarvend: »Ihr, güt'ger Lenker, rechnetet doch wohl auf einen Sohn, als Ihr zuoberst Eurer Auserwählten laget — weshalb seid Ihr dann aber todgekränkt, wenn Ihr erkennt, daß Euer Wunsch Gehör gefunden hat? Gerate ich denn nicht genau nach Eurem Sinne, und ist es nicht nur umso löblicher, daß ich's ohne zünftiges Rüstzeug tue und doch nicht klage?«[21] Aus diesen Worten Evangelines sprechen das Selbstbewußtsein und die Selbstverständlichkeit im Umgang mit ihren Beziehungen zu anderen Frauen, die Natalie Barney Zeit ihres Lebens an den Tag legte.

Das Bild, das Djuna Barnes in den übrigen Kapiteln mit Hilfe der Figur Evangeline von Natalie Barney entwirft, setzt sich aus Evangelines Monologen und ihren Antworten auf die Fragen und Äußerungen ihrer Freundinnen zusammen und muß von den LeserInnen daraus rekonstruiert werden. Die im Text verstreuten Anspielungen, die den FreundInnen Barneys genügt haben werden, um in Evangeline ein satirisches Portrait Natalies zu erkennen, beziehen sich unter anderem auf das Haus in der Rue Jacob, auf die Beziehungen Natalie Barneys zu Dolly Wilde (Doll Furious), Eyre de Lanux (Daisy Downpour), Ilse Baronin Deslandes (Dear Old Countess), Romaine Brooks (Cynic Sal), Maria Franchetti (Senorita Fly About) und ihre Bekanntschaft mit Gertrude Stein und Alice B. Toklas (High-Head und Low-Heel), auf Barneys Vorliebe für Süßspeisen, ihr päpstliches Aussehen, ihre Vergangenheit als Amazone Rémy de Gourmonts, auf ihren Snobismus, ihren etwas unkonventionellen Umgang mit Intellektualität und ihre Tätigkeit als Schriftstellerin.

Im Mai-Kapitel erhält Evangeline Gelegenheit, ausführlich aus dem Nähkästchen der »Verführerin« zu plaudern:

Zunächst beklagt sie sich bei Sister Nip darüber, daß ihre Leidenschaft für andere Ladies keine Passion für Auserwählte mehr ist, sondern zunehmend in Mode gekommen ist — eine deutliche Anspielung auf den elitären Charakter des Barneyschen Frauenzirkels, dessen Mitgleider sich als *crème de la crème* betrachteten und auf eine »Verschwesterung« mit Frauen aus dem gemeinen Volk keinerlei Wert legten. Anschließend erinnert sich Evangeline an ihre diversen Eroberungen — parodiert wird dabei jene eingangs erwähnte Stilisierung Barneys zur »Frau mit den 1 000 Affairen«, die im ALMANACH als Selbststilisierung Evangelines erscheint: »Ich bin durchaus zufrieden. An meinem Schwert gibt es keinen Rost und an meinem Wappenschild so viele Flecken, daß ich auf diese Weise mein eigenes Banner und mein eigenes Siegel geschaffen habe. Ich habe an den Körpern aller Frauen alle Sitten kennengelernt ...«[22]

Wie die hier angeführten Beispiele zeigen, zeichnet Djuna Barnes in den kurzen Szenen des ALMANACH mit Hilfe der Figur Evangeline Musset ein verschlüsseltes literarisches Portrait Natalie Barneys, das einigen wesentlichen Charakteristika ihrer Persönlichkeit Rechnung trägt und Evangeline für die Pariser *women communities* als Natalie Barney identifizierbar machte: »Djuna Barnes entwirft mit Evangeline das Portrait einer Frau, die alle ihr gesteckten Grenzen überschritten hat. Jenseits dieser Grenzen führt sie mit ihren Freundinnen ein Leben, das einerseits ganz anders ist als das herkömmliche weibliche Da-Sein, das aber andererseits all das an Trivialität und Peinlichkeit mit sich bringt, was man von anderer Seite nur schon zu gut kennt.«[23] Der ALMANACH portraitiert die unabhängige und souveräne Natalie Barney, die es sich leisten konnte, auf nichts und niemanden Rücksicht zu nehmen, und der es gelang, jenseits der Frauen üblicherweise auferlegten Beschränkungen ihre Vorstellungen von Liebe und einem selbstbestimmten Leben zu verwirklichen. Der ALMANACH zeigt Natalie Barney aber auch als leicht versnobte, elitäre ältere Dame, die sich ihrer Eroberungen und ihrer goldenen Jugendzeiten auf eine Art und Weise rühmt, die den Eindruck hinterläßt, Polygamie könne unter Umständen ebenso zum Selbstzweck werden wie vermeintlich revolutionäres Handeln zur unfreiwilligen Parodie.

Anders als viele andere literarische Portraits Natalie Barneys, die immer auch Dokumente von Liebesbeziehungen[24] oder relativ unkritische Darstellungen erklärter Barney-Verehrerinnen[25] waren, ist der LADIES ALMANACH mit seiner Hauptfigur Evangeline Musset keine literarische Liebeserklärung, sondern spiegelt Djuna Barnes' distanzierte Haltung gegenüber Barneys sapphischem Zirkel ebenso wider wie die Ambivalenzen ihrer Beziehung zu Natalie Barney.

Aber nicht obwohl, sondern weil Barnes für sich das Recht in Anspruch nahm, sich über einige Allüren ihrer Freundin lustig zu machen und dabei auch gängige Vorurteile gegenüber den *Ladies of Fashion* scheinbar unkritisch zu reproduzieren, ist der ALMANACH eine Freundschaftserklärung. Über diese literarische Hommage hat sich Natalie Barney, die den Druck des Textes vorfinanzierte und zu seiner Verbreitung beitrug, offensichtlich gefreut — obwohl er sie unter anderem auch als das zeigte, was sie 1928 trotz aller Lebendigkeit auch schon war: »eine pferdelose Amazone«[26].

Schnittpunkte

Der LADIES ALMANACH, der »im privaten Bereich« seinen Ausgang genommen hatte, geriet Djuna Barnes über die portraitistischen Aspekte des Textes hinaus zu einer literarischen Auseinandersetzung mit der »Anomalie, die den verborgenen Namen aufruft«[27], bei der sie auch ihre bereits im Roman RYDER begonnene Beschäftigung mit der englischen Literaturtradition fortsetzte. Die Grenzen zwischen persönlicher Motivation, persönlichem Hintergrund, literarischer Aufarbeitung und Fiktion sind deshalb im ALMANACH fließend und lassen sich im nachhinein nicht mehr exakt bestimmen.

Dem respektlosen Umgang der Autorin mit den ›privaten Hintergründen‹ der *women communities* und der Person und Lebensweise Natalie Barneys entspricht auf formaler Ebene Barnes' ebenso respektloser Umgang mit literarischen Gattungen, vor allem der Almanach-Tradition, mit älterer englischer Literatur und Sprache und der Ansicht, Sprache sei ein Medium, das hauptsächlich der Vermittlung von Inhalten diene. Hinzu kommt die satirische Auseinandersetzung mit der Gruppe der Ladies, bei der der Autorin ihre Aufforderung, nicht »witzlos« im Umgang mit einer »derart witzigen Tollheit«[28] zu sein, zum Programm wird.

Der auf allen Ebenen des Textes zu beobachtende distanzierte Umgang der Autorin mit ihrem Stoff und das ›Programm‹ des Textes, an die Stelle der »Betroffenheit« ironisch-parodistische Arbeit am Mythos zu setzen, verbinden die private und die literarische Satire des LADIES ALMANACH miteinander.

Voraussetzung für die satirische Auseinandersetzung mit einer Tradition, einer Gattung oder einer literarischen Epoche ist die genaue Kenntnis dessen, was parodiert werden soll. Djuna Barnes kannte sich dank ihrer unkonventionellen Erziehung in der christlichen Tradition ebenso gut aus wie mit elisabethanischer Prosa und Lyrik. Sie kannte und schätzte die Werke und den Stil Shakespeares, Chaucers, Burtons und Sternes und kannte darüber hinaus wahrscheinlich auch viele *Chap-Books* und Almanache des 18. und 19. Jahrhunderts.

Mitte der 20er Jahre begann Barnes mit der literarischen Aufarbeitung dieser Traditionen, deren Repräsentanten ihr während ihrer schriftstellerischen Anfänge als ›große Vorbilder‹ gedient hatten und an denen sie sich mit ihren Gedichten, Einaktern und Erzählungen zumindest in formaler Hinsicht orientiert hatte. Daß diese Aufarbeitung in Form der Parodie und Satire stattfand, ist nicht weiter erstaunlich, wenn man sich an die in vielen brillanten Artikeln und Portraits unter Beweis gestellte Neigung Barnes' zum ironisch gebrochenen Umgang mit Themen und Personen erinnert. Daß diese Aufarbeitung gerade Mitte der 20er Jahre in Paris begann, mag damit zusammenhängen, daß James Joyce Anfang der 20er Jahre mit seinem ULYSSES einen Roman vorgelegt hatte, der die Prinzipien, derer sich auch Djuna Barnes in RYDER und ansatzweise im LADIES ALMANACH bediente, entwickelt und vorgeführt hatte. Die hartnäckig wiederholte Frage, in welchem Maße James Joyce Djuna Barnes beeinflußt hat, scheint jedoch auch mir falsch gestellt. Der ULYSSES hatte insbesondere für die Gattung Roman, in der Djuna Barnes sich bis Mitte der 20er Jahre noch nicht versucht hatte, aber auch für den Umgang mit dem Material Sprache innerhalb dieser Gattung neue Maßstäbe eröffnet und Perspektiven gesetzt. Und »[s]icherlich hat Joyce [Djuna Barnes'] eigene Sprachlust dazu ermutigt, sich an allem zu stärken, was sie — wo auch immer — an Kraft, Farbe, Klang, Witz und Hintersinn finden konnte: bei Rabelais, bei den Elisabethanern, in der Bibel, im Kinderreim.«[29]

Allerdings besaß Djuna Barnes in der Tat Unabhängigkeit genug, um trotz ihrer Bewunderung für Joyce und den ULYSSES eine Joyce zwar verwandte, aber dennoch eigenständige Auseinandersetzung mit der Tradition zu beginnen. »Mit dem Rückgriff auf poetische Formen der Vergangenheit stellt sich Djuna Barnes — ähnlich wie James Joyce — gegen das Bestreben der meisten Autoren unter den amerikanischen *expatriates*, der Realität im zeitgenössisch-alltäglichen Sprachgebrauch möglichst nahe zu kommen. ... Aber dieser Rückgriff hat nichts mit historischem Eklektizismus zu tun«[30], sondern macht aus den beiden Texten des Jahres 1928 Arbeiten am Schnittpunkt von Tradition und »Moderne«, in denen sich — anders als im 1936 entstandenen Roman NACHTGEWÄCHS — noch die Einflüsse beider Richtungen deutlich spiegeln. So ist beispielsweise die Verwendung verschiedener literarischer Gattungen, die im traditionellen Roman nichts zu suchen gehabt hatten, im Roman RYDER ein modernes Element, das wieder auf den ULYSSES zurückweist. Dort hatte Joyce die Integration verschiedener Gattungen, lyrischer und dramatischer Elemente in einen Text, der sich trotzdem als Roman verstand und ausgab, vorgeführt.

Im LADIES ALMANACH weist die Verwendung verschiedener literarischer Gattungen vom Gedicht über erzählende Passagen bis hin zu einem Wiegenlied mit Noten auf die Almanach-Tradition zurück. Schaut man sich genauer an, was Djuna Barnes 1928 in ihren Roman RYDER und in den LADIES ALMANACH integrierte, so sind die Bezüge zur englischen Literaturtradition nicht zu übersehen: Im ALMANACH verweisen Abschnitte wie ZODIAK auf die traditionellen Almanache und die Heiligen-Legende des Februar-Kapitels auf die traditionellen Heiligenlegenden, die eine typische (Volks-)Literaturgattung des Mittelalters und der frühen Neuzeit waren. Einige abhandelnde Passagen des ALMANACH und das April-Kapitel nehmen direkten Bezug auf

Burtons ANATOMIE DER MELANCHOLIE und andere literarische Texte des 17. Jahrhunderts.

Betrachtet man den Stil des ALMANACH, stellt man fest, daß neben der Almanach-Tradition auch die elisabethanische Prosa mit ihren komplizierten Satzstrukturen, ihrer Groß- und Kleinschreibung, ihrem Rhythmus und ihrem Stil Eingang in den Text gefunden hat. Gleichzeitig benutzte Barnes jedoch sprachliche Mittel, die für moderne literarische Texte wie den ULYSSES oder Arbeiten Gertrude Steins charakteristisch sind. So finden sich in RYDER und im LADIES ALMANACH Passagen, in denen mit Sprache ›gespielt‹ wird, in denen der Klang einzelner Worte oder der Rhythmus eines Abschnitts dominieren. Passagen also, in denen wie in den Texten Steins oder Joyces versucht wird, die Sprache zum Sprechen zu bringen, und in denen es keinen zu vermittelnden Inhalt mehr gibt. Und auch durch die vergleichsweise offene Inszenierung weiblicher Sexualität in einem Buch, das sich eindeutig nicht als pornographisch verstand, rückt der Text in die Nähe des ULYSSES, dessen vermeintliche Unanständigkeit zum Verbot des Buches in einigen katholischen Ländern und zu großer Empörung geführt hatte.
In RYDER und im LADIES ALMANACH werden Themen aus der Tradition — Melancholie, Eifersucht, Liebe — aufgenommen. Im LADIES ALMANACH werden diese ›großen Themen‹ der Tradition mit einer Personengruppe in Beziehung gesetzt, die von der Tradition entweder ignoriert oder diskriminiert worden war, sich jedoch Ende der 20er Jahre auf dem besten Wege befand, ein zumindest toleriertes Thema der neueren Literatur zu werden[31].

Der LADIES ALMANACH erweist sich so sechzig Jahre nach seinem ersten Erscheinen als ein Text, in dem eine talentierte, gebildete und humorvolle Autorin mit unkonventionellen Ansichten und einer Neigung zu Satire und beißendem Spott traditionelle und moderne Elemente produktiv nutzbar gemacht hat. Der ALMANACH erlaubt dabei auch einen Ausblick auf das, was das Schreiben von Frauen bei einer Auseinandersetzung mit Kultur und Tradition, an denen sie in der einen oder anderen Form beteiligt sind und die sie schreibend fortführen, auszeichnen könnte: die literarisch erarbeitete Distanz zu dieser Tradition, den eigenen Ambivalenzen und Ver(w)irrungen und zum eigenen Ort, der immer nur irgendwo zwischen allen Stühlen zu finden sein wird. Dabei zeigt der ALMANACH auch Djuna Barnes selbst am Schnittpunkt zweier Phasen ihrer literarischen Produktion. 1928 war Barnes nicht mehr die junge, ihren Vorbildern ›nachschreibende‹ Schriftstellerin der New Yorker Zeit, war aber auch noch nicht die Djuna Barnes, die sich mit ihren letzten großen Werken NACHTGEWÄCHS und ANTIPHON einen eigenen Ort jenseits der Tradition der Vorbilder und jenseits der »Moderne« erschrieb, die beim Erscheinen des Theaterstücks ANTIPHON selbst schon wieder Tradition geworden war.

Ebenen

Dem Doppelcharakter des ALMANACH, eine private Satire auf den Zirkel Natalie Barneys und zugleich eine literarische Auseinandersetzung mit Diskursen über Weiblichkeit und Homosexualität, mit englischer Literaturtradition und weiblichen Utopien zu sein, entspricht der auf den ersten Blick chaotische Aufbau des aus vielen uneinheitlichen Textteilen bestehenden ALMANACH. Diese verschiedenen Textteile können jedoch drei verschiedenen Erzählebenen[32] zugeordnet werden und damit zu einer ersten Orientierung im Labyrinth des ALMANACH verhelfen.

Alle Teile des Textes, in denen die Geschichte Evangelines und ihrer Freundinnen erzählt wird, gehören zur narrativen Ebene, so beispielsweise das Januar-, März-, Mai-, Oktober- und Dezember-Kapitel. Diese Passagen des ALMANACH verfügen über einige Charakteristika erzählender Texte — so treten verschiedene Charaktere auf und es gibt eine fragmentarische Handlung — und werden deshalb »narrativ« genannt. Zur pseudo-philosophischen Ebene gehören all jene Passagen des Textes, die philosophische, sozialwissenschaftliche oder religiöse Abhandlungen, beispielsweise über das »Wesen« und die Geschichte der Frau, parodieren. Diese Abschnitte werden »pseudo-philosophisch« genannt, weil sie all das zur Sprache bringen oder in Frage stellen, was philosophische Experten und Laien üblicherweise nicht thematisieren, aber trotzdem beanspruchen, gerade im Miniaturformat die spezifische Weisheit der *Ladies of Fashion* zu demonstrieren. Zur mythisch-parodistischen Erzählebene gehören schließlich all jene Abschnitte, in denen christliche Mythen, aber auch Elemente der englischen Literaturtradition parodiert oder satirisch verfremdet werden.

Diese drei Erzählebenen lösen sich im Text ohne erkennbares System ab, gehen ineinander über oder verlaufen an einigen Stellen sogar parallel. Die häufigen Wechsel von einer Erzählebene zur anderen, die Verbindung von erzählenden und abhandlungsähnlichen Passagen und Schreibweisen, das Ineinanderübergehen oder Parallelverlaufen der Ebenen komplizieren den ALMANACH. ›Hinter‹ der mehr oder weniger zufälligen Plazierung der einzelnen Textteile läßt sich zunächst ein System vermuten, das entdeckt werden kann, wenn die LeserInnen nur genau genug hinschauen. Da der ALMANACH sich aber auch bei genauerem Hinsehen nicht in klar voneinander zu trennende Funktionszusammenhänge auflösen läßt, erweist sich auch die enttäuschte Suche der LeserInnen nach dem tieferen, den Regeln traditioneller literarischer Produktion folgendem »Sinn« des Textes als Bestandteil des Spiels der Autorin mit charakteristischen Elementen erzählender Texte und den Erwartungen der Leserschaft.

Die Erzählerin des LADIES ALMANACH — jene auf dem Titelblatt erwähnte »Lady of Fashion« — taucht in den zur narrativen Ebene gehörenden Passagen nur dreimal als »ich« oder »wir« auf. Damit gibt sie sich zwar als eine der im Text beschriebenen Ladies zu erkennen, stellt sich den LeserInnen aber zugleich als distanzierte und unbeteiligte Chronistin vor. Die Aufgabe dieser Chronistin besteht im ALMANACH darin, einen möglichst objektiv wirkenden Bericht über Evangeline und ihre Freundinnen zu liefern, in dem sie auf explizite Kommentare und Bewertungen weitgehend verzichtet. Dazu paßt, daß ein großer Teil der narrativen Erzählebene aus der Wiedergabe der Gespräche und Diskussionen der Ladies und der Monologe Evangelines besteht. ›Geschichten‹ werden im ALMANACH nur im Einleitungs-, im November- und im Dezember-Kapitel erzählt.

Evangeline und ihre Freundinnen werden meist in Gruppen zusammensitzend und redend dargestellt, eine fortlaufende, nacherzählbare Handlung von einem Anfangs- zu einem Endpunkt gibt es im ALMANACH nicht. Zwar bildet die im Einleitungskapitel begonnene und im Dezember-Kapitel mit dem Tod und der Beerdigung Evangelines endende Lebensgeschichte der Hauptfigur eine Art Rahmen, innerhalb dessen eine Geschichte im landläufigen Sinne durchaus erzählt werden könnte. Djuna Barnes beschränkt sich in den restlichen Kapiteln des ALMANACH jedoch darauf, Evangeline und ihre Freundinnen in verschiedenen Konstellationen und Situationen diskutierend und philosophierend vorzustellen. Sie verzichtet dabei auch auf die für erzählende Texte eigentlich charakteristischen Orts-, Zeit- und Personenbeschreibungen, die es den LeserInnen erst ermöglichen, sich von den Haupt- und Nebenfiguren einer Erzählung oder eines Romans, ihren Lebensumständen und der Zeit, in der sie leben, ein Bild zu machen.

Wenn man sich daran erinnert, daß die LeserInnen des LADIES ALMANACH ohnehin wußten, wen und was Djuna Barnes beschrieb und daß ein Reiz des ALMANACH im Wiedererkennen der portraitierten Figuren und des Salons Natalie Barneys bestand, wird verständlich, weshalb Barnes es 1928 mit einigen wenigen Hinweisen bewenden lassen konnte.

Für spätere LeserInnen, die sich im Paris der 20er Jahre nicht so gut auskannten wie Barnes' und Barneys ZeitgenossInnen, mag das Fragmentarische des ALMANACH ein weiteres Indiz dafür gewesen sein, daß es sich bei dem Text um »etwas nicht Ernstgemeintes abseits ihres ernsten Werkes«[33] handelt; um einen Text, der sich weder als traditioneller Almanach noch als Roman oder Erzählung irgendeiner literarischen Gattung eindeutig zuordnen läßt und verschiedene Fäden aufnimmt, ohne sie zu einem auf den ersten Blick durchschaubaren Muster zu verknüpfen.

Die narrative Ebene hat innerhalb des ALMANACH eine doppelte Funktion: einerseits entwirft sie in kurzen Szenen ein Portrait Evangeline Mussets und beschreibt einige wenige Stationen ihrer Lebensgeschichte. Das Kalenderprinzip der Almanache wird dabei zugleich auf ein Lebensjahr Evangelines und auf ihr ganzes Leben angewendet. Dabei bilden das Einleitungs- und das Dezember-Kapitel, das HEI-

LIGENFEST des Februar-Kapitels und die im Rückblick dargebotenen Jugenderinnerungen Evangelines aus dem Mai-Kapitel ebenso eine Einheit wie die restlichen Kapitel des Textes. Letztere liefern in episodenhaften Beschreibungen verschiedene ›Typen‹ von Ladies, ihrer Charakteristika und Verhaltensweisen. Diese beiden Teile der narrativen Ebene werden von der Figur Evangeline Musset zusammengehalten.

Die zweite Funktion dieser Textteile besteht darin, den auf den beiden anderen Erzählebenen geführten Diskurs über das »Wesen« und die Geschichte *der* Frau und *der* Lady zu ergänzen und beispielhaft zu illustrieren. Während auf den beiden anderen Erzählebenen die Erzählerin selbst Thesen zu den Charakteristika der Ladies vertritt, läßt sie auf der narrativen Ebene die verschiedenen Charaktere als ›Sprecherinnen‹ auftreten, die verschiedene ›Typen‹ von Ladies repräsentieren.

Heldinnen

Djuna Barnes entwirft mit Evangeline Musset eine Anti-Heldin, mit deren Darstellung sie sich in vielerlei Hinsicht über die traditionellen Vorstellungen von der weiblichen Heldin einer Erzählung oder eines Romans lustig macht[34]. Sucht man in der englisch-amerikanischen Literatur der 20er Jahre nach einer Gegenfigur zu Evangeline, mit deren Hilfe man die »Anti«-Charakteristika der ALMANACH-Protagonistin deutlich machen kann, so stößt man rasch auf Stephen Gordon. Gordon ist die Hauptfigur des bereits erwähnten Romans QUELL DER EINSAMKEIT der Engländerin Margarete Radclyffe Hall, die als Tilly Tweed-in-Blood mit ihrer Lebensgefährtin Una Lady Troubridge (Lady Buck-and-Balk) ebenfalls im ALMANACH auftaucht.

Das Frauenbild der 20er und auch noch der 80er Jahre definiert die Frau über Heterosexualität und Mutterschaft. Stephen Gordon und Evangeline Musset haben gemeinsam, daß sie weder heterosexuell noch an Mutterschaft interessiert sind. Sie sind schon deshalb beide Anti-Heldinnen, weil sie mit ihren emotionalen und sexuellen Wünschen und ihrem sexuellen Handeln nicht auf Männer fixiert sind. Beide sprengen die weiblichen Rollengrenzen, indem sie sich für ein Objekt der Begierde entscheiden, das Frauen eigentlich nicht zusteht. Beide haben außerdem gemeinsam, daß sie sich zu dieser ihnen von der Natur oder dem Schicksal aufgezwungenen Entscheidung bekennen. Djuna Barnes und Margarete Radclyffe Hall haben gemeinsam, daß sie im gleichen Jahr eine solche »Anti-Frau« zur Heldin eines Textes gemacht haben.

Dabei verstand Radclyffe Hall ihren Roman als ein Plädoyer für die Belange lesbischer Frauen, mit dem sie auf das Leiden und das Unglück der »Invertierten« aufmerksam machen wollte. Stephen Gordon und ihre Freundinnen erscheinen im Quell Der Einsamkeit als Opfer ihrer »Veranlagung« und als Opfer einer verständnislosen, sie mit ihren Reaktionen kränkenden und verletzenden Umwelt. Das Schwergewicht des Almanach liegt hingegen auf den schillernden und amüsant-faszinierenden Aspekten der Pariser Ladies und stellt zumindest einige dieser Ladies als selbstbewußte und souveräne Subjekte ihrer Geschichte dar.

Stephen Gordon ist insofern eine Anti-Heldin, als sie die traditionelle weibliche Rolle verweigert und dafür die traditionelle männliche Rolle zu übernehmen versucht. Sie ist in der Tat ein »furchtbarer Irrtum Gottes«[35], denn sie lebt das ›richtige‹ Leben im ›falschen‹ Körper — das Leben eines frauenliebenden Mannes im Körper einer Frau, der genau diese Art von Liebe verboten ist. Um diese Leidensgeschichte zu erzählen, bediente sich Radclyffe Hall 1928 der Form des traditionellen Romans. Dabei legte sie großen Wert darauf, Stephen Gordon als einen vollwertigen Menschen mit edlen Charakterzügen darzustellen und entwarf für diese Darstellung das Szenarium eines traditionellen Entwicklungsromans.

Djuna Barnes erzählt Evangelines Geschichte hingegen in Form eines parodistischen Almanachs und verzichtet darauf, die Geschichte Evangelines im Rahmen einer traditionellen Erzählform auszugestalten. Evangeline wird den LeserInnen des Almanach als eine Lady vorgestellt, die sich dem »Schuld-und-Sühne«-Spiel, in das Stephen Gordon rettungslos verstrickt ist, von Anfang an konsequent entzieht. Wenn Evangeline der Kritik ihres Vaters im Einleitungskapitel des Almanach entgegenhält, daß sich sein Wunsch nach einem frauenliebenden Sohn doch erfüllt habe, spielt Barnes ironisch auf die in den 20er Jahren populären Theorien über die Ursachen weiblicher Homosexualität an, die Radclyffe Hall im festen Glauben an diese Theorien zum Ausgangspunkt ihres Romans machte. Evangeline hält jenen psychologischen und medizinischen Theorien im ALMANACH ihr »und ist es nicht umso löblicher, daß ich's ohne zünftiges Rüstzeug tue und doch nicht klage« entgegen, dem Stephens Selbsteinschätzung als »furchtbarer Irrtum Gottes« diametral entgegengesetzt ist.

Während Evangeline im ALMANACH »dem kleinen Irrtum ... um etwa einen Zollbreit knapper« als geplant ausgefallen zu sein, keinerlei Beachtung schenkt, wird das gleiche fehlende »Zollbreit« für Stephen Gordon zum existentiellen Problem, an dem sie letztlich scheitert.

Evangeline ist eine Anti-Heldin, weil sie sich im Gegensatz zu Stephen ihrer Neigung zu anderen Frauen nicht schämt. Ihre Vorstellungen von Frauenbeziehungen lassen diese weder als eine Nachahmung heterosexueller Beziehungen noch als den genauen Gegensatz solcher Beziehungen erscheinen. In beiden Fällen bliebe die traditionelle Frauenrolle wie in den eheähnlichen Verhältnissen Stephen Gordons zu ihren Freundinnen noch in der Negation die Bezugsgröße ihres Handelns. Evangeline ignoriert das traditionelle Wertesystem hingegen konsequent, um abschließend festzustellen: »Die Liebe der Frau zur Frau sollte das Entsetzen mehren. Ich sehe wohl, daß das bislang nicht der Fall ist. Alles ist nicht, wie es sein sollte!«[36]

Radclyffe Hall läßt ihre Heldin an ihrer Liebe zu anderen Frauen leiden und letztlich scheitern: »Jäh aufschießender, brennender Schmerz. ... ›Gott‹, keuchte sie, ›wir glauben an dich; wir haben dir gesagt, daß wir an dich glauben. Wir haben dich nicht verleugnet. So erhebe dich denn und verteidige uns! Anerkenne uns vor der Welt! Oh Gott, gib auch uns ein Recht auf Leben!«[37] In diesem Scheitern bestätigt Stephen noch einmal alle Regeln und Gesetze der Diskurse. Vor diesen Gesetzen ist sie »schuldig« geworden, und ihre »Sühne« besteht darin, daß sie an dem ›falschen‹ Weg, den Gott ihr auferlegt hat, leidet und letztlich zugrunde geht. Dadurch wird die ›natürliche Ordnung‹ aufrechterhalten, und die »normalen« LeserInnen des Buches werden aufgefordert, Mitleid mit Stephen zu haben, die durch die ihrer Liebe inhärente Tragik schon genug bestraft erscheint.

Im Gegensatz dazu wird Evangeline im ALMANACH keineswegs als leidend oder gar scheiternd dargestellt. Sie ist nach eigenem Bekunden mit ihrem Leben sehr zufrieden und wird schließlich für dieses Leben, das aus einer Aneinanderreihung von Regelverstößen und Gesetzesbrüchen besteht, heiliggesprochen. Statt Mitleid zu provozieren, erklärt sich Evangeline kurzerhand zur »Rache«* an den »Normalen«, deren Verdammung Stephen Gordon im QUELL DER EINSAMKEIT anheimfällt. Von der Welt und Gott verlassen, zahlt Stephen am Ende des Romans mit ihrer Einsamkeit einen hohen Preis für wenige glückliche und zufriedene Momente. Evangeline genießt hingegen im ALMANACH ungestraft ihr Leben außerhalb der traditionellen Frauenrolle. Dazu gehört auch ihre offen gelebte Sexualität, die die Grenzen der traditionellen Romanheldin selbst dann noch sprengen würde, wenn sie sich auf Männer bezöge.

Anders als viele emanzipierte, aufbruchsbereite Romanheldinnen des 19. und frühen 20. Jahrhunderts stirbt Evangeline nicht an Tuberkulose oder gebrochenem Herzen, sondern feiert am Ende des ALMANACH eine Auferstehung des Körpers und des Geistes voller sexueller Anspielungen. Dieses Schlußbild des LADIES ALMANACH, das eine lesbische Frau zeigt, die nach einem Leben voller genüßlich inszenierter Verstöße gegen moralische und religiöse Regeln nicht zur Hölle fährt, sondern Unsterblichkeit erlangt, ist die massivste der vielen Grenzüberschreitungen des ALMANACH und steht in direktem Widerspruch zu der von Stephen formulierten Bitte an Gott, auch ihr ein Recht auf Leben zu geben. Im ALMANACH hat Evangeline von Gott nicht nur dieses Recht auf Leben, sondern sogar das Ewige Leben erhalten. Damit ist das gesamte patriarchalische Moralsystem von »Gut« und »Böse« und »Schuld« und »Sühne« auf den Kopf gestellt. Der Vorstellung von einem sich an seinen in die Hiob-Rolle gedrängten, verlorenen Töchtern rächenden Gott ist eine radikale Absage erteilt worden.

* »Peace«, said Dame Musset ..., »I am my Revenge!« Barnes, 1928a, S. 26

Die Aufschrift der Urne Evangelines »Oh ihr Kleingläubigen«[43] wendet sich in ihrer blasphemischen Anspielung auf das Neue Testament dabei einerseits gegen die ›Normal-Gläubigen‹, die Evangeline und ihre Freundinnen zum Teufel wünschen. Andererseits richtet sich dieses Zitat aber wohl auch und gerade an Frauen wie Margarete Radclyffe Hall, die aufgrund katholischer Überzeugung nicht in der Lage war, im Katholizismus eine der Quellen der Normen zu erkennen, an denen sie ihre Protagonistin leiden ließ.

Typen

Im Ladies Almanach tauchen insgesamt siebzehn Personen auf. Drei der sechzehn Nebenfiguren, Dear Old Countess, Clitoressa of Natescourt und Sister, werden jeweils nur einmal namentlich genannt und von der Erzählerin nicht näher beschrieben. Neben Evangeline Musset nehmen Patience Scalpel, Masie Tuck-and-Frill, Lady Buck-and-Balk, Tilly Tweed-in-Blood, High-Head und Low-Heel, Bounding-Bess und Daisy Downpour einen relativ großen Raum ein.

Die LeserInnen erfahren jedoch kaum biographische Details dieser Freundinnen Evangelines. Die Frauen werden in keiner sozialen Hierarchie verortet und tauchen nur als Besucherinnen Evangelines, nicht aber in eigener Sache auf. Alle Ladies des Almanach scheinen sich untereinander gut zu kennen, aber woher sie sich kennen, ob oder weshalb sie befreundet sind, erfahren die LeserInnen nicht. Es ist auch nicht möglich, sich von irgendeiner Figur des Almanach eine konkrete Vorstellung zu machen, da keine von der Erzählerin näher beschrieben wird. 1928 war es für Djuna Barnes natürlich auch nicht nötig, lokale Berühmtheiten wie Gertrude Stein oder Margarete Radclyffe Hall näher zu beschreiben — wer sich in der Pariser Szene gut genug auskannte, um die »verschlüsselten Ladies« zu erkennen, wußte auch, wie die lebenden Vorbilder der Figuren aussahen, aus welchen Verhältnissen sie stammten, wie sie lebten und in welcher Beziehung sie zu Natalie Barney und Djuna Barnes standen.

Die Kürzestbeschreibungen der Nebenfiguren des Almanach, die häufig nur aufgrund ihrer Namen und einiger weniger Charakteristika als die eine oder andere Pariser Lady zu identifizieren sind, haben einen doppelten Effekt: Einerseits dienten sie dazu, zwischen InsiderInnen und OutsiderInnen der Pariser *expatriate culture* einen Trennstrich zu ziehen. Die InsiderInnen konnten sich an der ›privaten Satire‹ des ALMANACH erfreuen, die OutsiderInnen wußten höchstwahrscheinlich kaum, wovon und erst recht nicht, von wem in dem Buch die Rede war. Andererseits gerieten die Nebenfiguren aufgrund der holzschnittartigen Darstellungsweise zu Karikaturen einiger gängiger ›Typen‹ lesbischer Frauen. Dabei greift Barnes Bilder auf, die auch in von Frauen verfaßten Texten immer wieder reproduziert werden und treibt sie an einigen Stellen des Textes ins Extrem.

Im Januar-Kapitel heißt es, Patience Scalpel »gehört in diesen Almanach einzig aus dem Grunde, daß sie die Frauen und ihr Tun und Lassen von Anfang bis Ende, von Kopf bis Fuß ... nicht zu begreifen vermochte«[44]. Die Funktion der Figur Patience wird hier von der Erzählerin selbst deutlich gemacht. Patience dient im ALMANACH als Gegenfigur zu den anderen Ladies, die alle die Frauen und ihre Wege nur zu gut verstehen. Sie repräsentiert damit eine mögliche Ansicht von Frauen über Liebe, Sexualität und die Ladies — die heterosexuelle Perspektive.

Masie Tuck-and-Frill, die im März-Kapitel eine lange Rede über die Liebe hält, sagt über sich selbst, sie spräche in den Worten der Propheten, die weder hierhin noch dorthin gehen. Im März-Kapitel wird sie als ehemalige, doch nun bedauerlicherweise beschäftigungslose Hebamme beschrieben, von der es heißt, »nichts könne sie von ihrer Sehnsucht heilen, denn wenn sie auch an niemandes Bett gerufen wurde außer an solche von Schwestern, die in nichtverwandtschaftlichen Banden vereinigt waren, so schaute sie doch mit hoffnungsvollem Blick zwischen die Bettücher ... und obwohl sie niemals irgendetwas fand, das der Fürsorge bedurfte ..., nährte sie doch noch immer die närrische Täuschung, daß die Hübschen auf die eine oder andere Weise ... ein kleines Liebchen werfen würden ...«[45] Wenn Masie daran anschließend den Ladies mitteilt, beim Mann sei die Liebe Angst vor der Angst, bei der Frau hingegen Hoffnung ohne Hoffnung, wird vollends deutlich, daß sie im ALMA-

NACH die Frau an der Grenze zwischen Hetero- und Homosexualität repräsentiert, die von ihrem Standpunkt aus sowohl die einen als auch die anderen beschreiben und begutachten kann. In ihr vereinen sich die Widersprüche zwischen den Ladies und ihrer Sichtweise und heterosexuellen Frauen und deren Sichtweise zu einem ›Liebespessimismus‹, der weder in die Beziehungen der Ladies zueinander noch in die Beziehungen zwischen Männern und Frauen große Hoffnungen setzt. Eine Auflösung dieses Dilemmas ist im ALMANACH ebensowenig in Sicht wie in irgendeinem anderen Text Djuna Barnes'.

Im März-Kapitel erscheinen Lady Buck-and-Balk und Tilly Tweed-in-Blood bei Evangeline, um ein engagiertes Plädoyer für die Ehe zwischen Frauen zu halten. Tilly und Lady Buck-and-Balk erweisen sich während dieses Gespräches als überzeugte Katholikinnen und repräsentieren zugleich das Frauenpaar, das mit seiner Mann- und Frau-Rollenverteilung oft genug die Heiterkeit des Publikums erregt. Die Kombination von tiefer Religiosität katholischen Gepräges und der am deutlichsten sichtbaren ›Abweichung‹ vom normalen weiblichen Verhalten durch die die Rolle des Ehemannes spielenden Tilly endet bei Djuna Barnes in der absurd anmutenden Überlegung, »die Sache der Aufmerksamkeit unserer Richter an[zu]empfehlen und sie vors Oberhaus [zu] bringen.«[46]

Diesem Problem der Unvereinbarkeit religiöser Überzeugungen mit einer Lebensweise, die zentralen christlichen Forderungen widerspricht, hatte Margarete Radclyffe Hall, die im März-Kapitel als Tilly Tweed-in-Blood auftritt, in ihrem QUELL DER EINSAMKEIT mehr als 500 Seiten gewidmet. Djuna Barnes widmet dem gleichen Problem im ALMANACH zweieinhalb Seiten, die sie dazu benutzt, den Überlegungen Tillys mit Hilfe Evangelines eine radikale Absage zu erteilen.

Das Prinzip, die verschiedenen Ladies einerseits als Vertreterinnen bestimmter ›Typen‹ oder Verkörperungen gängiger Bilder und gleichzeitig als Gegenfiguren zu Evangeline Musset auftreten zu lassen, um die Radikalität und Besonderheit Evangelines im Kontrast besonders deutlich zu machen, liegt auch den Darstellungen der restlichen Nebenfiguren des ALMANACH zugrunde.

So erscheint Bounding Bess mit ihrem Interesse an der Bedeutung, die Frauen für die und in der Geschichte haben, im ALMANACH als ›Typ‹ der verbissenen, unerotischen Intellektuellen. »Die taut nichts auf als Fakten«[47] und ist infolgedessen für Evangeline und ihre Freundinnen auch nicht sonderlich interessant: »›Die Füße jener Frau‹, sagte Dame Musset ..., ›bestehen nur aus Hacken, und was kündigen die je anderes an als einen Wissensprotz? Sie sind auf diese unsichere Gangart eingestellt und wissen nicht, ob sie in die Wahrheit hinein- oder aus ihr hinauswandern. Die ist nichts für uns!‹«[48]

Daisy Downpour, die im *Arrondissement* als Korsettmacherin bekannt ist, ist die einzige Figur des Textes, die aufgrund ihrer gesellschaftlichen Stellung als Nicht-Lady zu gelten hat. Sie ist offensichtlich in Evangeline verliebt, gilt aber als nichtstandesgemäß: »›Ach und nochmals ach!‹ seufzte Dame Musset, ›Sich vorzustellen, daß blaues Blut einem so viele unerreichbar macht! ... Wir sollten imstande sein, uns unsere Damen zu bestellen, wie es uns gefällt, und nicht, wie sie gerade kommen.‹«[49]

Daisys Versuch, in Evangelines *inner circle* vorzudringen, mißlingt und verdeutlicht damit noch einmal, daß der ALMANACH (wie der Kreis Natalie Barneys) auf eine bestimmte Gruppe von Frauen beschränkt ist. Während die heterosexuelle Patience, die über den ›richtigen‹ Hintergrund verfügt, in Evangelines Zirkel aufgenommen wird, bleibt der Korsettmacherin Daisy trotz ihrer Zuneigung zu Evangeline der Zugang zu den Heiligen Hallen des Tempels der Musset verwehrt.

Die stereotypen Charaktere des ALMANACH repräsentieren und parodieren zugleich verschiedenene ›Typen‹ der Pariser *women communities* und bilden dabei jene »Frauenwelt« ab, die der ALMANACH zugleich inszeniert und kritisiert. Nebenfiguren wie Lady Buck-and-Balk oder Tilly Tweed-in-Blood erinnern dabei stark an Franziska Beckers ›Feministinnen‹, die alle irgendwo zwischen Frauenzentrumskultur und Frustration bestimmte ›Typen‹ des modernen Feminismus verkörpern und dabei ähnlich treffend ungenau sind wie die Ladies des ALMANACH.

Die Passagen des ALMANACH, die die Geschichte Evangelines und ihrer Freundinnen erzählen, werden von Abschnitten, Passagen oder Kapiteln unterbrochen, in denen sich die Erzählerin mit der Entwicklungsgeschichte der Frau, den Charakteristika und Verhaltensweisen der Lady und den Beziehungen zwischen Frau und Mann und Lady und Lady beschäftigt. Zumindest einige dieser Teile des ALMANACH nehmen direkt Bezug auf Texte aus der Tradition — so zum Beispiel das April-Kapitel auf Robert Burtons ANATOMIE DER MELANCHOLIE oder die ersten Abschnitte des Oktober-Kapitels auf die Bibel.

Wenn man all diese pseudo-philosophischen Passagen des ALMANACH hintereinander und in der richtigen chronologischen Reihenfolge liest, erzählen sie — wenn auch in sehr verkürzter, fragmentarischer Form — die Geschichte *der* Frau und *der* Lady und die Kulturgeschichte des Patriarchats aus der Perspektive eben jener »Lady of Fashion«-Erzählerin des Textes. Die damit verbundene Inszenierung der Lebensweise Evangelines und ihrer Freundinnen wird durch zahlreiche kritische Anmerkungen der Erzählerin gegenüber den ›Folgeerscheinungen‹ dieser Lebensweise — Melancholie, Eifersucht, die nach Ansicht der Erzählerin unerträgliche »Sprache der Liebe« — immer wieder gebrochen und ironisiert.

Die Haltung, die die Erzählerin gegenüber den Ladies und ihrer Geschichte einnimmt, erscheint als höchst ambivalent, und auch in den Teilen des ALMANACH, die zur pseudo-philosophischen Erzählebene gehören, wahrt sie gegenüber dem von ihr Erzählten die kritische Distanz, die auch für die Darstellung der Geschichte Evangelines und ihrer Freundinnen charakteristisch ist.

Die Geschichte der Lady wird im ALMANACH in zwei Variationen erzählt. Die erste findet sich unter der Überschrift ZODIAK im März-Kapitel, gehört zur religiösen Satire des ALMANACH und parodiert die biblische Geschichte vom Fall Satans, der von Gott verstoßen und fortan als »gefallener Engel« und Verführer der Menschen auf der Erde zu leben und zu wirken hat: »Dies ist der Teil über den Himmel, der nie erzählt worden ist. Nach Satans Fall (und als er fiel, stieß

Luzifer einen Schrei aus, der vom einen Ende des Ohn-End-und-Auf-Immerdar zu hören war) scharten sich die ganzen Engel ... so dicht zusammen, daß sie nicht auseinanderzuhalten waren. Und keine neun Monate später war unterm Himmelsdom ein großmächtiges Frohlocken zu hören, und aus der Mitte fiel, ungeheuerlich wie etwas längst Vergessenes, ein Ei zur Erde nieder und zerbarst beim Aufschlag und heckte, und heraus trat eine, die sagte: ›Verzeiht, ich muß los!‹ Und das war die erste Frau, die mit einem Unterschied geboren war. Danach schieden die Engel voneinander, und im Gesicht eines jeden stand der mütterliche Ausdruck.«[50]

So erscheint die erste Lady im ALMANACH als ein von den Engeln ausgebrütetes, kollektives ›dickes Ei‹ der himmlischen Heerscharen, die in der Bibel vor allem für die Ankündigung von Geburten und die Lobpreisung Gottes zuständig sind. Nachdem mit Luzifer das Böse und die Verführung in die Welt gekommen sind, sorgen im ALMANACH ausgerechnet die vermeintlich reinen Engel für das Zur-Welt-Kommen der von den christlichen Kirchen nicht gerade wohlgelittenen lesbischen Frauen.

Das Oktober-Kapitel liefert in den ersten vier Abschnitten einen kurzen Überblick über die Entwicklung der Frau zur Lady und berichtet dabei noch einmal aus einer anderen Perspektive, wie die zweite große Sünde der Frau in die Welt kam: Am Anfang ihrer Geschichte befand sich die Frau nach Ansicht der Erzählerin und der traditionellen Kulturgeschichte, auf die sie sich parodierend bezieht, im Einklang mit der sie umgebenden Natur und im Einklang mit Gott. Nach der Vertreibung aus dem Paradies ist die Frau »greulich schamlos« geworden, und je mehr Zeit vergeht, desto rascher »schwand der Hohlraum für den Zündstoff des HERRN«. Nun ist der Mann für sie »Herr-Meiniger« und »Natter im Grase und Pippinapfel auf dem Zweige geworden«, ist also an die Stelle Gottes und der Natur getreten. In dieser Eigenschaft erscheint der Mann aber auch als »Riegel vor der Türe«, hinter der die Frau »mausend saß, Nagemaus von Pein und wieder Pein«.

Der dritte Abschnitt beschreibt dann die beiden einschneidenden Veränderungen in der Geschichte der Frau: »sie verlor gleichermaßen Gott und Mann«, denn sie war »[v]on so verwürztem Appetit, daß keine Speise ihr zur lockenden Mitgift wurde«. So ist auch im ALMANACH die Frau an ihrem schweren Schicksal selbst schuld — die Parodie traditioneller Frauenbilder setzt sich konsequent fort. »Gott ging vorbei und der Mann ging vorbei, und die Mutterschaft ging vorbei ... und sie sah, wie sie dünner Pfannkuchenteig wurde und Danke-hab-schon-Brot, und sie lehnte sich an ihren Fensterrahmen und weinte aufs Bitterlichste.«[51]

Nach einiger Zeit wird aus der Shakespeareschen Romeo-und-Julia-Lerche »der Reiher ..., der beim Weiher schrie«, und die Frau ist im »Winterwollenen-für-die-Frau-über-Vierzig« auf dem Weg zu neuen Ufern. Dort angekommen, macht sie, gottlos und furchtlos geworden, »Furcht und Gott aus dem gelben Haar von Dame Musset«[52]. Aus dem Garten Eden, in dem sie von Nattern, Löwen und Tigern umgeben gewesen war, ist sie schließlich zu den »graslosen Soden« des Gartens der Musset gekommen, in dem die Springbrunnen versiegt sind und die Sonnenuhr keine Stunden mehr anzeigt. Sie ist alt und unfruchtbar geworden — aus *der* Frau ist *die* Lady geworden.

Die Entwicklung dieser Lady wird von der Erzählerin zu Beginn des September-Kapitels mit bitterem Sarkasmus beschrieben: »In der Jugend ist sie anmutig, gerade gewachsen, helläugig, lieblich von hinten bis vorn; ob groß oder klein, hell oder dunkel — irgendwie oder irgendwas nach dem Herzen. Doch es vergehen keine zwölf Jahresspannen, da sackt sie zusammen, zerdehnt sich, wird sie krumm und schief. Ihre Knochen werden trocken, ihr Fleisch schmilzt, ihre Zunge ist bitter oder trieft von einem verfemten Honig. ... Das Leben hat sie das Leben gelehrt. ... Sie war nicht dafür gemacht worden, am Himmel herumzuschwimmen, sie ist ein Fisch der Erde, sie schwimmt in Terra firma.«[53]

Auch im April-Kapitel wird die Entwicklung der Lady ähnlich negativ beschrieben wie im September-Kapitel. In den ersten Stadien ihrer als »Krankheit« und »Leiden« bezeichneten Leidenschaft stören sie — in Anspielung auf die Darstellungen in Burtons ANATOMIE DER MELANCHOLIE — Konzentrationsschwierigkeiten und nächtliche Unruhe. Sechs Wochen später tränt bereits das Auge, und sie leidet an Kurzatmigkeit. Ihre Traurigkeit geht schließlich in Agonie über: »Akute Melancholie fällt an denen auf, die sich in diese Materie schon weit hineinbegeben haben ...«[54]

Schon an diesen Beispielen wird deutlich, daß Djuna Barnes mit den diversen Mythen der Pariser Subkultur ebenso harsch, boshaft und manchmal bitter umgeht wie mit den diversen patriarchalen Mythen, Rollenvorschriften und Interpretationen.

Perspektiven

Der LADIES ALMANACH ist als eine gegen lesbische Frauen gerichtete Satire[55] wie auch als »eines der ersten, zelebrierenden lesbischen Kunstwerke der ersten Welle«[56] interpretiert worden. Diese gegensätzlichen Lesarten des Textes sind direkte Folge der im ALMANACH literarisch inszenierten Ambivalenz der Erzählerin ihrem Thema gegenüber und zeigen, daß der ALMANACH in der Tat ein Text ist, »dessen Decodierung im wesentlichen von den Bedürfnissen der Leser abhängt«[57]. Besonders deutlich wird diese Ambivalenz an den Charakterisierungen der Ladies, die Barnes aus verschiedenen Perspektiven darstellt: Die Erzählerin des ALMANACH beschreibt ihre Ladies als sexuell aktive, hervorragende und genußfähige Liebhaberinnen, die in allen Lebenslagen an Sexualität und Erotik interessiert sind. Dieser Aspekt der Beziehungen der Ladies zueinander wird im ALMANACH mit Hilfe einer differenzierten sexuellen Bildlichkeit, die Sniader Lanser als »Sprache des Zelebrierens« bezeichnet, dargestellt und allen drei Erzählebenen als Subtext unterlegt. Infolgedessen ist im ALMANACH auch dort, wo auf den ersten Blick von ganz anderen Dingen gehandelt wird, immer auch von Erotik die Rede. »Sexuelle Doppelbedeutungen durchziehen den LADIES ALMANACH: ›in Zungen zu sprechen‹ heißt immer, zwei Dinge zur gleichen Zeit zu sagen.«[58]

Trotz der durchgängig positiven Schilderung der sexuellen Beziehungen der Frauen zueinander ist im ALMANACH nur an einer einzigen Stelle von Liebe die Rede, nämlich in Masie Tuck-and-Frills Prophetinnen-Monolog im März-Kapitel. Dort heißt es: »Die Liebe einer Frau ist ein Kuß im Spiegel. Sie ist ein Lebewohl an den Schöpfer, ohne ihn zu stören, die höchste Zärtlichkeit auf halbem Wege ins Vergessen, Schlacht nach dem Rückzug, Herausforderung, wenn das Schwert zerbrochen ist.«[59]

Die Frau, die im Oktober-Kapitel Gott, den Mann und die Mutterschaft verloren und sich dann hoffnungsvoll an Evangeline Musset gewandt hatte, war vom Garten Eden in einen »Garten der Ekstase«[60] gelangt. Allerdings trifft sie in diesem Garten dann in jeder Geliebten nur wieder ein Spiegelbild ihrer selbst. Die ›Gleichheit‹ der Frauen, die eine Beziehung miteinander eingehen, erweist sich im ALMANACH in der Perspektive Masie Tuck-and-Frills, Patience Scalpels und der Erzählerin als das größte Defizit gleichgeschlechtlicher Beziehungen: »Ein Mann ist eine andere Person — eine Frau ist man selbst, gefangen in dem Moment, da die Panik beginnt. Auf ihrem Mund küßt man den eigenen. Wird sie einem genommen, so weint man, weil man seiner selbst beraubt wurde.«[61]

Die Identifikation mit der Geliebten, die Unmöglichkeit, zu ihr als einer nicht »ganz anderen Person« Distanz zu wahren, der Mangel an jener Fremdheit zwischen zwei Geschlechtern, die Begehren und erfüllende Liebe erst ermöglicht[62]: Hier werden all jene Vorstellungen reproduziert, die unter Liebe die Begegnung zweier verschiedener, zunächst voneinander getrennter und sich dann zu einem vollständigen Ganzen, dem (immer heterosexuellen) Paar, vereinigenden ›Hälften‹ verstehen. Begegnen sich statt dessen zwei Frauen oder zwei Männer, so werden diese beiden nie jenes mythische ›Ganze‹ bilden können, denn dem weiblichen Paar mangelt es an der männlichen, dem männlichen Paar an der weiblichen ›Ergänzung‹. Dieses Problem, an dem schon so viele lesbische Heldinnen gescheitert waren, wird im ALMANACH dadurch gelöst, daß Liebe und Erotik als zwei voneinander getrennte Bereiche dargestellt und behandelt werden. Während Frauen üblicherweise nur in Liebesbeziehungen sexuelle Erfüllung finden dürfen, erscheinen die Ladies des ALMANACH — allen voran Evangeline Musset — trotz der immer wieder angesprochenen Selbstbezüglichkeit ihrer Liebe als »durchaus zufrieden«[63]. Sexualität und Erotik werden zumindest von Evangeline als eigenständige, von erfüllenden Liebesbeziehungen losgelöste

Werte betrachtet, und daß diese Ansicht so abwegig nicht sein kann, wird dadurch bewiesen, daß Evangeline unter anderem wegen ihrer sexuellen Fähigkeiten heiliggesprochen wird und letztlich das Ewige Leben erlangt.

Aber auch das Kind, das gemeinhin als lebendiger Beweis erreichter Einheit und damit auch als überzeugendster ›Ausdruck‹ des Paars fungiert, bleibt den Ladies des ALMANACH verwehrt — ihre Beziehungen sind nicht nur selbstbezüglich, sondern darüber hinaus zumindest in biologischer Hinsicht unfruchtbar. »Das Kind: einzig anfechtbarer Punkt, der das ganze Anliegen untergräbt. Der einzige, dasjenige des Mannes zu retten«[64] schreibt dazu Marina Zwetajewa in ihrem 1932 entstandenen Text MEIN WEIBLICHER BRUDER. Dieser »Brief an die Amazone«[65] Natalie Barney war als Antwort auf Barneys bereits 1918 erschienenes Buch PENSEES D'UNE AMAZONE gedacht und beschäftigt sich mit eben jener Unfruchtbarkeit lesbischer Beziehungen, die auch Djuna Barnes in ihrem ALMANACH thematisiert. Zwetajewa schreibt: »Man kann nicht an der Liebe *leben*. Das Einzige, was die Liebe überlebt, ist das Kind. ... Das niemals kommen wird. Dessen Kommen man nicht einmal erbitten kann. Man kann bei der Jungfrau Maria um ein Kind des Geliebten bitten, kann bei der Jungfrau Maria um ein Kind von einem alten Mann bitten — um eine Ungerechtigkeit — um ein Wunder — doch bittet man nicht um etwas Irrsinniges. Vereinigung, von der das Kind schlichtweg ausgeschlossen ist. Stand der Dinge, der die Abwesenheit des Kindes miteinbegreift. Undenkbar. Alles, außer dem Kind. Wie bei jenem Gastmahl des Großkönigs und des Edelmannes: alles, außer Brot. Das große tägliche — weibliche — Brot.«[66]

Der »Schrei«, dem Zwetajewa in ihrem BRIEF AN DIE AMAZONE Ausdruck verleiht — »verzweifelt, nackt, nicht wiedergutzumachen: — Ein Kind von dir!«[67] — und der die biologische Unfruchtbarkeit der Beziehung zwischen zwei Frauen zum zentralen Problem dieser Beziehung werden läßt, findet sich in gemäßigter Form auch im LADIES ALMANACH: so in der Suche der ehemaligen Hebamme Masie nach Töchtern in den Betten ihrer Freundinnen oder in der bereits erwähnten Beschreibung des Gartens der Musset, in den die Frau im Oktober-Kapitel schließlich gelangt. Dort sind die Vögel der Erde fern und der Himmel ist bedeckt von »südwärts ziehenden Krallen«. Der Weizen keimt nicht auf, im Garten wächst kein Gras, die Sonnenuhr zeigt die Stunden nicht an, und der Springbrunnen ist versiegt. Das Szenario ist ebenso düster wie furchteinflößend und wird durch die Ausführungen Patience Scalpels im Januar-Kapitel ergänzt. Dort heißt es über die Ladies: »Wo und in welcher finsteren Kammer wurde der Baum auf solche Weise *aus dem Leben gekerbt*, daß ein Zweig sich zum anderen kehrte und aus den Spänen einen Garten der Ekstase machte?«[68]

Während dem Vorwurf der Selbstbezüglichkeit der Beziehungen der Ladies zueinander von der Erzählerin die bereits erwähnte umfängliche Inszenierung von Sexualität und Erotik entgegengesetzt wird, begegnet sie dem auch von ihr an anderen Stellen des Textes erhobenen Vorwurf der Unfruchtbarkeit mit einer selbst im Kontext progressiver Frauenliteratur höchst erstaunlichen Argumentation. Im November-Kapitel, in dem Evangeline über Nacht zu Weisheit gelangt, heißt es: »Und mit fünfzig, was hat der Mann da, wenn nicht lauter Weisheit, und was hat dann die Frau, als auf plötzlichere und folglich angenehmere Weise ebenfalls diese Weisheit, denn zum Mann kommt sie mit der Heimlichkeit eines tiefen Schlafs, ... doch zur Frau kommt sie, wenn sie keine Veranlassung zu Kindern hat und nicht säuglingstauglich ist. Dann ist sie weise!«[69] Damit wird einerseits den Ladies eine Weisheit zugesprochen, die direkte Folge ihrer von Patience Scalpel und Masie Tuck-and-Frill kritisierten Unfruchtbarkeit ist. Andererseits wird im Januar-Kapitel die heterosexuelle Patience, die als einzige Frau des ALMANACH Kinder geboren hat, von der Erzählerin explizit dem von ihr zuvor als unfruchtbar beschriebenen Monat Januar zugeordnet: »Dies ist der erste Monat unseres christlichen Kalenders, da die Erde gebunden ist und das Meer von Entsetzen gepackt. Da die Vögel kein Zeichen ihres Daseins geben und nur im Gedächtnis weiterdauern, da die Säfte im Schlaf liegen und die Bäume nichts von ihnen wissen, da leuchtendes Laubwerk und üppiges Grünzeug bare Hoffnung sind ... Patience Scalpel gehörte zu diesem Monat ...«[70] Folgt man der Weisheitsdefinition des November-Kapitels, so kann Patience gar nicht über die spezifische Weisheit

Evangelines und ihrer Freundinnen verfügen, denn sie hat sich als »säuglingstauglich« erwiesen und hat Töchter geboren. Infolgedessen bedient sie sich im Januar-Kapitel auch statistischer, mathematischer und vernünftiger Mittel, um damit das ›Problem Lady‹, das sie nicht versteht, analytisch-intellektuell zu lösen — was ihr natürlich nicht gelingt. Evangeline ist im Gegensatz zu Patience künstlerisch-kreativ und ein klein wenig ›verrückt‹. Sie bedient sich im November-Kapitel, wenn sie anderen Frauen ihre Erkenntnisse über die Liebe vorträgt, gerade nicht der von Patience und vom herrschenden Diskurs favorisierten analytischen Mittel, sondern spricht zu ihren Schwestern in Rätseln: » ›... also‹, sagte sie, ›rat mir dies: So lahm wie eine Gans, so reglos wie ein Stillstand, so rasch wie eine Uhr und so naß wie ein Bach, so weich wie ein Mausestiez, so hart wie ein Herz, so salzig wie eine Speckseite, so bitter wie Galle, so süß wie der Weg hinein, so sauer wie alter Cidre, so lieb wie ein Liebling, so gemein wie ein Furunkel, was immer da ist und nicht in Sicht, was so hell ist wie ein Kopftuch und so dunkel wie eine Krähe? Das‹, sagte sie, ›ist die Liebe ...‹«[71]

Im ALMANACH werden so Bezüge zwischen Heterosexualität, körperlicher Fruchtbarkeit und geistiger Unfruchtbarkeit auf der einen und Homosexualität, körperlicher Unfruchtbarkeit und geistiger Fruchtbarkeit auf der anderen Seite hergestellt, die Barnes' satirischen Umgang mit traditionellen Vorstellungen noch einmal besonders deutlich werden lassen. Gerade die auch von Frauen des Pariser Kreises als Mangel definierte biologische Unfruchtbarkeit wird dabei zur Quelle einer Kreativität, die innerhalb des ALMANACH der analytischen Intellektualität Patiences weit überlegen ist. Die künstlerisch-›verrückte‹ Kreativität Evangelines gilt im ALMANACH als die eigentlich-weibliche Weisheit, die der Rationalität Patiences weit überlegen ist und dabei sowohl ihren beschränkten Horizont, als auch den des Patriarchats schlicht überschreitet.

Diese Perspektive ist den handelnden Personen in Zwetajewas MEIN WEIBLICHER BRUDER verstellt: » — Aber das ist doch derselbe Fall, wie wenn man kein Kind von *diesem* Mann haben kann. Ist das ein Grund ihn zu verlassen? Der Ausnahmefall kann nicht mit einem Prinzip ohne Ausnahme verglichen werden. Ein ganzes Geschlecht, ein ganzes Anliegen, eine ganze Angelegenheit ist verurteilt in jedem Falle einer Liebe zwischen Frauen. Den Unfruchtbaren um seines fruchtbaren Bruders willen zu verlassen ist etwas anderes, als die ewig Unfruchtbare um des ewig fruchtbaren Feindes willen zu verlassen. Dort nehme ich Abschied nur von dem einen Mann, hier nehme ich Abschied vom ganzen Geschlecht, vom ganzen Anliegen, von allen Frauen in dieser einzigen.«[72]

Der LADIES ALMANACH erweist sich hingegen als ein Text, der den klassischen Argumenten gegen Frauenbeziehungen zwar breiten Raum gibt — allerdings nur, um dann in satirischer Form deutlich zu machen, daß Frauen wie Evangeline Musset unter den ›Defiziten‹ ihrer Beziehungen keineswegs so leiden, wie sie leiden müßten, wenn sie für ihre ›Rebellion‹ gegen die traditionelle Frauenrolle angemessen bestraft werden sollten.

Kritik

Während die Erzählerin des ALMANACH sich auf der narrativen Ebene kaum kommentierend in ihre Erzählung einmischt, übt sie in einigen Passagen der pseudo-philosophischen Ebene harsche Kritik an den Ladies und ihren Verhaltensweisen. »Der Zeitpunkt ist gekommen, wo ich, mit widerstrebender Hand, zu Papier bringen muß, was eine Frau zu einer Frau sagt, wenn sie bis zu beiden Ohren im Gefilde der Liebe steckt«[73], beginnt das Juli-Kapitel, in dem sich die Erzählerin ausgiebig über einige stilistische Verwirrungen der Ladies beklagt. Dem traditionellen »Schatzi-Lou«, »Schnuffelchen« oder »mein armes krankes Bettpuppchen« werden die eindeutig zweideutige Rede einer Maid, die »auf eine Maid losgeht«[74] und diverse emphatische Liebesbezeugungen entgegengehalten, die die Erzählerin schließlich mit einem »Nein — — — ich kann's nicht niederschreiben! Es kommt noch schlimmer!« beendet. Den Ladies wird vorgeworfen, ihnen mangele es an Vernunft und Verstand — »gar nicht zu reden vom Humor. ... Gewiß ist es bewundernswert, eine Eingebung zu haben und eine Eingebung im Zustand der Verliebtheit, doch weshalb denn so witzlos über eine derart witzige Tollheit? Sie dräute doch nur umso gewaltiger, befreite man sie von ihrem Gekreisch ...«[75]

Die von ihrem Gekreisch befreite witzige Tollheit erscheint dann jedoch im September-Kapitel als ein »Sturzbad der Verzweiflung«[76], das sich die Ladies immer dann bereiten, wenn sie von einer Eifersucht gequält werden, die die Erzählerin als ebenso heftig wie sinnlos beschreibt: »Wenn schon beim Manne die Eifersucht auf seine Frau eine gedankenlose und fehlerhafte Kalkulation ist, um wieviel sinnloser ist es dann nicht, daß eine Frau ohnmächtig wird, krank wird, zu wüten beginnt und sich zu grämen wegen einer Frau? ... Doch ... wo ein Mann um seiner treulosen Frau willen vom Ende des Stricks abgeschnitten wird, da wird man noch am selben Tag zwei Maiden um eben desselben Mädchens willen vom selben Balken baumeln sehen.«[77]

Im weiteren Verlauf des Kapitels greift die Erzählerin wieder auf die Selbstbezüglichkeit der Beziehungen zwischen Frauen zurück und läßt diese als Hauptgrund der Eifersuchtsanwandlungen der Ladies erscheinen: »Sie haben keine Grundlage für ihre Eifersuchtswallungen außer der echten Bitterkeit jener Torheit, und wo sie weinen, geschieht das um der abwegigen Einsamkeit willen der unbedachten Rückkehr ihrer selbst zu sich selbst ...«[78]

Sowohl die Liebe zu anderen Frauen als auch die sinnlose Eifersucht erscheinen in den letzten Abschnitten des September-Kapitels als eine Art ›Schicksal‹, dem die Ladies trotz besseren Wissens nicht entgehen: »Es ist ein Labyrinth, und wir werden auch keinen Weg hinausfinden, obgleich wir jenen Weg schon seit langem kennen. ... Wir schütteln den Baum, bis keine Blätter mehr daran sind, und schreien zu den Stecken; wir verstören unterdessen die Erde mit unserer Wut; unser Kummer ist ein stumpfes Fleisch, und wir werden nicht aufhören, davon zu essen, bis wir am Knochen der Erleichterung angelangt sind. Unser Friede sitzt nicht schon unter der Haut, sondern im Mark ... wir sinken nicht hinab in einen Fluß der Weisheit, sondern schwimmen allein im Jordan. Wir haben wenige Philosophen unter uns, denn unser Blut wurde zu dick gebraut, um die Weisheit zu befördern ...«[79] Auffallend an dieser Textstelle ist das von der Erzählerin nur in diesen Passagen des ALMANACH verwendete »wir«, mit dem sie sich zumindest in diesem Teil des Textes eindeutig als eine der Ladies und als eine an der sinnlosen Eifersucht Leidende zu erkennen gibt.

Wie der Monolog Masie Tuck-and-Frills über die Vergeblichkeit der Liebe gehören auch die Passagen des September-Kapitels zu den ernsten, kaum satirisch gebrochenen und in ihrer Metaphorik dem Roman NACHTGEWÄCHS verwandten Passagen des ALMANACH. In diesen Abschnitten betritt unvermutet ›die andere‹ Djuna Barnes die Szene und erinnert sich und ihre LeserInnen in wenigen Sätzen an zentrale Aussagen ihrer übrigen Werke: daß die Liebe, gleich welcher Art, *immer* Tod bedeutet und höchstens — wie im Falle der Ladies — von Leidenschaft ereilt wird. Das Labyrinth der Eifersucht, die Wut und der Kummer erscheinen in diesem Kontext als Kehrseite dieser im ALMANACH vielfältig inszenierten Leidenschaft. Daran wird deutlich, daß auch in den amüsantesten, satirischsten und boshaftesten Texten Djuna Barnes' die Melancholikerin mit ihrer Abscheu vor der Monstrosität und Obszönität des Lebens ein Wort mitzureden hat und sich erlaubt, ihre Ansichten auch in die Texte der Satirikerin mit ihrer Liebe zur Groteske einzuschreiben.

Deutlich wird an dieser Kritik auch noch einmal die Widersprüchlichkeit der Aussagen des ALMANACH — aus der »witzigen Tollheit« des Juli-Kapitels wird im August-Kapitel die »echte Bitterkeit jener Torheit«. Während im November-Kapitel den kinderlosen Ladies eine spezifische Weisheit zugesprochen wird, erscheinen dieselben Ladies im August-Kapitel keineswegs als weise, sondern als ›Opfer‹ eines Gefühls, dessen sie mit Hilfe ihres Verstandes und ihres Wissens um die Sinnlosigkeit ihrer Bemühungen nicht Herr werden können.

Kohlenträger

Männer kommen im ALMANACH — abgesehen von Evangelines Vater und dem Chirurgen, der sie angeblich entjungfert hat — als einzelne Individuen überhaupt nicht vor. Sie werden, wenn sie Thema sind, sowohl von der Erzählerin als auch von den Figuren immer nur als soziale Kategorie »der Mann« abgehandelt. Dieser sozialen Kategorie werden im ALMANACH sowohl positive als auch negative Eigenschaften zugeordnet. Die Charakteristika *des* Mannes gelten jedoch in keinem Fall als Maßstab für die Beurteilung einzelner oder *der* Frauen oder Ladies. Männer und Frauen erscheinen als zwei voneinander unabhängige, nur selten aufeinander bezogene, durch kein Herrschaftsverhältnis aneinander gebundene ›Arten‹ von Menschen.

Damit setzt sich auf der Ebene der Charaktere fort, was auch auf der Ebene der Diskurse von Evangeline und ihren Freundinnen deutlich gemacht wird — in einem Text, in dem sich die Charaktere gar nicht und in dem sich die Erzählerin nur noch in Form der Satire und Parodie mit den herrschenden Diskursen über Frauen und Ladies auseinandersetzen, sind männliche Gegen- oder Ergänzungsfiguren schlicht überflüssig geworden. Ladies wie Evangeline, die immer wieder betonen, daß sie mit sich und ihrem Leben zufrieden sind, scheinen ein männliches Gegenüber nicht zu vermissen und sind gleichzeitig souverän genug, um auch auf die Abarbeitung am männlichen Popanz verzichten zu können.

Der LADIES ALMANACH erweist sich damit als einer der wenigen überzeugenden literarischen Versuche, Frauen als Subjekte eines Diskurses zu setzen, der für sie nur die Rolle der Objekte — des »anderen Geschlechts« im Sinne de Beauvoirs[80] und des »Spiegels des anderen Geschlechts« im Sinne Irigarays[81] — vorsieht.

In ihren Analysen hat Luce Irigaray die Rolle und Funktion, die der herrschende Diskurs für Frauen bereithält, ausführlich beschrieben[82]. Dabei hat sie deutlich gemacht, daß das »Spiegel«-Objekt Frau, das auf allen Ebenen für die Reproduktion des Mannes zuständig ist, eine notwendige Voraussetzung für die Konstituierung und Aufrechterhaltung männlicher Subjektivität ist. Sie hat außerdem gezeigt, daß der »Ort außerhalb« der Fest- und Zuschreibungen, den Frauen eigentlich anstreben müßten, unter den herrschenden Verhältnissen kaum zu erreichen ist.

Während Schriftstellerinnen wie Margarete Radclyffe Hall immer wieder versuchen, gegen die männliche Norm anzuschreiben, verzichtet Djuna Barnes im ALMANACH darauf, deren Diskurse mit all ihren Definitionen überhaupt noch ernst zu nehmen. Indem sie ihre Charaktere gegen alle Regeln als eigenständige, von einzelnen oder *den* Männern unabhängige Subjekte darstellt, setzt sie einen wesentlichen Aspekt patriarchaler Normierungs-Macht an einer der wenigen Stellen außer Kraft, an denen dies überhaupt möglich ist — auf der Ebene der literarischen Texte. So treten die Ladies des ALMANACH trotz aller Kritik an ihren »Verwirrungen« als Subjekte ihrer Geschichte auf, die das Herr-Magd-Verhältnis[83] zwischen den Geschlechtern aufbrechen und außer Funktion setzen. Gerade weil die Ladies des ALMANACH weder *die* Männer noch *den* Mann hassen, sondern höchstens ausschließen und sich damit noch nicht einmal in der Negation patriarchaler Definitionsmacht unterwerfen[84], wird im LADIES ALMANACH aus den ansonsten allgegenwärtigen Herrn und Meistern ein ganz anderes »anderes Geschlecht«. Dessen Vertreter werden im ALMANACH ins Feld der Natur[85] verwiesen, brauchen dort jedoch nicht zu befürchten, von wahllos wütenden Radikalfeministinnen abgeschafft zu werden. Denn schließlich werden sie auch von den Freundinnen Evangelines noch gebraucht: »zum Kohlentragen, Balkenheben und noch für dies und das.«[86]

Rache

Die Ladies des ALMANACH weichen sowohl von der Norm »Mann = Mensch« als auch von der Norm »Frau = heterosexuell = Mutter« ab. Wie alle stigmatisierten oder »nichtnormalen« Menschen haben auch sie verschiedene Möglichkeiten, mit dieser Abweichung umzugehen und den Diskriminierungen zu begegnen, denen sie ausgesetzt sind, sobald sie den elitären Zirkel der Musset verlassen. Am Beispiel Evangelines einerseits und Lady Buck-and-Balks und Tilly Tweed-in-Bloods andererseits zeigt Djuna Barnes im LADIES ALMANACH zwei verschiedene Denk- und Handlungsweisen auf, die zugleich für die eingangs erwähnten sehr unterschiedlichen Denk- und Handlungsweisen der Frauen der Pariser *women communities* repräsentativ sind.

Im März-Kapitel berichtet Evangeline, sie sei im Alter von zehn Jahren von einem Chirurgen entjungfert worden. Daraufhin bietet Tilly Tweed-in-Blood ritterlich ihre Rache an: »Meine arme, liebe betrogene, mißhandelte Seele! Ich darf ja gar nicht daran denken! Ja, ich weiß gar nicht, wen ich zuerst schlagen soll. Aber irgendeiner wird mir dafür büßen, glaubt mir! Diese Augen sollen keinen Schlaf mehr kennen, bis Ihr gerächt seid!«[87] Doch Evangeline antwortet ihr: »Ich bin mir Rache genug!«[88]

Im März-Kapitel erscheinen Tilly Tweed-in-Blood und ihre Freundin Lady Buck-and-Balk als Ladies, die die Akzeptanz und Toleranz der »Normalen« einklagen wollen.[89] Sie respektieren die Werte, die in der Gesellschaft hoch im Kurs stehen, und halten sich, soweit ihnen das möglich ist, an die weiblichen Rollenvorschriften: »Bloß weil die Frau in diesem Zeitalter an die Frau fällt, meint man doch wohl nicht schon, wir wüßten nicht, was Anstand ist? Was hat England denn bislang getan, um die so gearteten Leidenschaften zu legalisieren? Nichts! ... Erbärmlicherweise habe ich nie von einem solchen Paar gehört noch eines gesehen, wie sie hernach im *Ehebett* liegen ... Vielmehr habe ich, seit jenes Bündnis angezettelt, allzeit außerehelich zu Bett gelegen in doppelt sündiger Gleichartigkeit, habe mich daraus erhoben, unversehen mit kirchlichem Segen oder Trauschein ... Deshalb wollen wir die Sache der Aufmerksamkeit unserer Richter anempfehlen und sie vors Oberhaus bringen.«[90]

Ihre Bitte um Tolerierung und ihr Bemühen, das ihnen nicht zugestandene Recht auf eine Legalisierung ihrer Beziehung einzuklagen, bestätigt den »Normalen« immer wieder deren Wichtigkeit und Bedeutung. Wenn Lady Buck-and-Balk und Tilly Tweed-in-Blood sein, leben und anerkannt werden wollen wie jedes »normale« Ehepaar, erkennen sie die Richtigkeit der von den »Anderen« vertretenen Werte und Ansichten an. Schließlich wollen sie diejenigen, die sie zu dem gemacht haben, was sie sind — nämlich eine Abweichung von einer Norm, die sie niemals erfüllen können — per Gerichtsbeschluß zwingen, sie trotzdem als gleichwertig und gleichberechtigt zu akzeptieren. Auch in diesen sehr verständlichen Bemühungen findet sich selbst in der Negation noch die bereits erwähnte Bestätigung herrschender Vorstellungen. Tilly Tweed-in-Blood und Lady Buck-and Balk reproduzieren noch in ihrer scheinbar totalen Verweigerung das vorgegebene »entweder-oder«-Schema und damit traditionelle Ideale.

Evangeline Musset interessiert sich im ALMANACH hingegen weder für die Konventionen noch für den Zeitgeist, am allerwenigsten interessiert sie sich jedoch für die »Normalen«, ihre Vorstellungen und Rollenvorschriften. Dabei gelingt es ihr — wie die Auseinandersetzung mit ihrem Vater im Einleitungskapitel zeigt — das Herrschaftsverhältnis, in das Tilly und Lady Buck-and-Balk restlos verstrickt sind, zumindest auf der Ebene der Selbsteinschätzung aufzubrechen.

So gelangt sie an einen Ort, der zwar nicht vollkommen außerhalb aller Zuschreibungen liegt, an dem für sie jedoch partielle Freiheit möglich ist und an dem sie ihr Verhalten tatsächlich als »Rache« an den »Normalen« interpretieren und beschreiben kann. Evangeline ›rächt‹ sich an all den anderen, die sich ihrer »Normalität« nur dadurch vergewissern können, daß es Menschen gibt, die nicht sind, aber sein wollen wie sie. Sie ignoriert die Vorstellungen der anderen konsequent, übernimmt die Rollenvorschriften nicht und kommt dabei zu einer Selbsteinschätzung, die sich fundamental vom üblichen Bild der lesbischen Frau unterscheidet. Da Evangeline sich weder als furchtbaren Irrtum Gottes noch als verhinderte Ehefrau begreift, sondern die lustvollen und zufriedenstellenden Aspekte betont, entzieht sie sich dem Einfluß der »Normalen«, so weit das für eine einzelne Person überhaupt möglich ist.

Die Darstellung und Inszenierung Evangelines als einer Lady, die alle Grenzen überschritten hat, ist trotzdem nicht nur auf der Ebene des satirischen Portraits und der literarischen Gegenentwürfe interessant, sondern auch literaturhistorisch bedeutsam. Denn gerade weil sich der LADIES ALMANACH im Gegensatz zu den wenigen populären Texten des frühen 20. Jahrhunderts mit ähnlicher Thematik auch auf der Ebene der Charaktere vehement gegen den »Opfer«-Status von Frauen zur Wehr setzt, erweist er sich zumindest als eines der radikalsten sogenannten Frauenbücher der 20er und 30er Jahre[91]. Mit der von Evangeline formulierten Aussage dieser »Satire für Fortgeschrittene«, die Liebe der Frau zur Frau solle das Entsetzen mehren, konnten und können sich bei genauerem Nachdenken wahrscheinlich weder die einen noch die anderen sonderlich gut identifizieren.

Blasphemie

In den zur mythisch-parodistischen Erzählebene gehörenden Passagen des Textes beschäftigt sich Barnes satirisch mit der altenglischen Literaturtradition und der christlichen Mythologie. An zwei Beispielen aus der religiösen Satire läßt sich ihre Verfahrensweise besonders deutlich machen: Das HEILIGENFEST des Februar-Kapitels ist eine blasphemische Parodie der klassischen Heiligenlegende, die in der englischen Literatur ebenso Tradition hat wie in der deutschen.

Die Heiligsprechung einer keineswegs reuigen Sünderin wie Evangeline kommt zweifelsohne einem Sakrileg gleich. Im ALMANACH wird Evangeline jedoch gerade für all das heiliggesprochen, das im christlichen Kontext normalerweise die Verdammung eines Menschen garantiert. Sie wird heiliggesprochen, weil sie frühzeitig sexuelle Erfahrungen mit anderen Frauen macht, ihr Leben lang sexuell aktiv und vor allem polygam bleibt. Damit erweist sich Evangeline als Anti-Frau, die selbst den VertreterInnen des sogenannten aufgeklärten Katholizismus einen Entsetzensschauder nach dem anderen über den Rücken jagen müßte. Evangeline ist nicht heterosexuell, pflanzt sich nicht fort und ist nicht nur nicht keusch — was für eine Frau an sich schon schlimm genug ist — sondern resümiert in der Mitte ihres sündigen Lebens auch noch, daß sie mit ihren vielfältigen Erfahrungen mehr als zufrieden ist. Trotzdem scheut sich die Erzählerin des ALMANACH nicht, Evangeline im HEILIGENFEST zusammen mit all den anderen, echten und ehrwürdigen Heiligen zu nennen: »Als sie kurz vor ihrem letztem Atemzug war, ließ sie eine Pastete kommen, gab sie einer Freundin zu essen und entsagte der Welt und ihren Fallstricken *wie alle Heiligen vor ihr*, als sie keinen Raum mehr für sie hatten. Prosit.«[92]

Noch böseren Scherz mit den christlichen Grundwerten treibt das bereits erwähnte Dezember-Kapitel, in dem Evangelines Heiligenlegende in angemessener Weise beschlossen wird. Nachdem Evangeline gestorben ist, inszenieren ihre Freundinnen auf ihren Wunsch hin verschiedene Beerdigungsrituale, an deren Ende die Leiche der Musset auf einem großen Scheiterhaufen verbrannt wird. Ihr Körper verbrennt, wie die Körper der »Hexen« noch vor 250 Jahren in Deutschland verbrannten, nur ihre Zunge »flammte und wollte keine Asche dulden und spielte über die Handvoll hinweg, die wirklich sie gewesen war«[93].

An dieser Stelle muß man sich an die neutestamentarische Apostelgeschichte erinnern, in der es in den ersten Versen des zweiten Kapitels heißt: »Und als der Tag der Pfingsten erfüllt war, waren sie alle einmütig beieinander. Und es geschah ein Brausen vom Himmel wie eines gewaltigen Windes ... Und es erschienen ihnen Zungen zerteilt wie von Feuer und [der Heilige Geist] setzte sich auf einen jeglichen unter ihnen.«

Im ALMANACH heißt es: »Und als man das mitansah, entstanden eine gewaltige Unruhe und das Geräusch von hastig gerafften Röcken und das Klappern von vielen Füßen, doch Señorita Fly-About war als erste an jener Urne [Evangelines], und Glückseligkeit spielte und flackerte über ihr Gesicht, und unter ihren Röcken drang langsam ein Rauch hervor, obwohl nichts brannte ...«[94] Das zweite Kapitel der Apostelgeschichte endet mit dem Bericht von einer Massentaufe und dem Gemeinschaftsleben der Apostel. Der ALMANACH fährt fort: »... und als der Tag kam, sah man die etlichen hundert Frauen im Gebet gebeugt.«[95]

Evangelines Urne mit der auch weiterhin flackernd brennenden Zunge wird schließlich auf dem »Altar im Liebestempel«[96] plaziert und überdauert dort die Zweifel all jener »Kleingläubigen«, denen diese Art der Parodie und Satire 1928 den einen, aber entscheidenden Schritt zu weit ging und vielleicht auch heute noch geht.

Resümee

Noch sechzig Jahre nach der ersten Veröffentlichung des LADIES ALMANACH erscheint die Verbindung von formaler[97] und inhaltlicher Radikalität eines Textes bemerkenswert, der sich explizit mit einem sogenannten Frauenthema beschäftigt. Im ALMANACH maßt sich eine Autorin an, sich aus der Perspektive einer Beteiligten mit dem alten und neuen »Mythos Frau« und mit so ernsten und oft »Betroffenheit« hervorrufenden Themen wie Weiblichkeit, Liebe und Homosexualität in einer Form auseinanderzusetzen, in der dies auch heute nur selten geschieht — in der Form der immer auch selbstironischen, konsequent durchgehaltenen Satire.

Dabei nimmt Djuna Barnes gegenüber den von ihr portraitierten Ladies, ihrer Geschichte und ihren Geschichten, ihren Charakteristika und ihren Ver(w)irrungen einen höchst ambivalenten Standpunkt ein. Diese Distanz der Erzählerin zum Erzählten führt dazu, daß ganze Passagen des ALMANACH als ironische Kritik wie auch als ernstgemeinte *celebration* gelesen und verstanden werden können. Die Widersprüchlichkeiten in der Darstellung und Beurteilung der Ladies und ihrer Leidenschaften setzen sich im ALMANACH fort bis auf die Ebene der Wortwahl und Metaphorik — so werden beispielsweise die Beziehungen der Ladies zueinander im ALMANACH als »Krankheit«, »Leiden« und »Agonie«, aber auch als »Garten der Ekstase«, »witzige Tollheit« und »Leidenschaft« bezeichnet[98]. Darüber hinaus muß — wie am Beispiel der Unfruchtbarkeit und der Selbstbezüglichkeit der Liebe der Ladies deutlich gemacht worden ist — immer wieder zwischen dem Standpunkt der Erzählerin, der Parodie traditioneller Interpretationsmuster und den Standpunkten der verschiedenen Figuren unterschieden werden.

Es ist durchaus möglich, den ALMANACH als eine gegen lesbische Frauen gerichtete Satire zu lesen, wenn man wie der Barnes-Interpret Scott die von Patience Scalpel vertretenen Ansichten als die Ansichten der Erzählerin identifiziert und sich auf die immer wieder geäußerte Kritik an der Unfruchtbarkeit der Beziehungen, der Liebe als »Kuß im Spiegel« und auf kritische Beschreibungen einzelner Charaktere beruft. Eine solche Interpretation muß allerdings sowohl die durchgängig positive Darstellung Evangelines als souveräne Lady, die den »Ich bin meine Rache«-Standpunkt vertritt, als auch die vielfältige sprachliche Inszenierung weiblicher und lesbischer Sexualität im ALMANACH ignorieren. Der LADIES ALMANACH wird in dieser Lesart all jenen Texten zugerechnet, die die herrschenden Diskurse über Weiblichkeit reproduzieren und fortschreiben, und gerade in die Tradition eingeordnet, gegen die er sich wendet. Solcherart mißverstanden kann der Text dann auch von all jenen LeserInnen goutiert werden, die sich zumindest von einigen Aussagen des ALMANACH angegriffen oder bedroht fühlen müßten.

Es ist ebenfalls möglich, im LADIES ALMANACH eine »textuelle Bewegung, alle Frauen unter dem lesbischen Banner zu vereinen«[99], zu entdecken, wenn man von der Definition der Liebe zwischen Frauen als »Hoffnung ohne Hoffnung« und auch von den vielen kritisch-boshaften Anmerkungen der Erzählerin absieht. Darüber hinaus muß die »lesbische Klassen-Assoziation«[100] als kleines Mißgeschick der Autorin verstanden, die kurze, aber wirkungsvolle ›Abrechnung‹ des Textes mit mindestens sechs von zwölf ausführlicher portraitierten Ladies übersehen und außerdem ignoriert werden, daß Patience Scalpel aus der angeblichen »textuellen Bewegung« des ALMANACH unbeschadet als überzeugte heterosexuelle Frau hervorgeht.

Wenn dann auch noch die »Glorifikation der Zunge als universales sexuelles Instrument«[101] mit der »Glorifizierung« der Ladies und ihrer Beziehungen verwechselt und übersehen wird, daß im ALMANACH zwischen Sexualität und Erotik auf der einen und Liebe auf der anderen Seite strikt getrennt wird, ist das feministische Mißverständnis perfekt.

Der konsequent durchgehaltene »sowohl-als-auch«-Standpunkt der Erzählerin entspricht weder der kritischen Haltung Patience Scalpels noch dem Enthusiasmus Evangelines, sondern der von Masie Tuck-and-Frill beschriebenen Rolle der Prophetin: »Allein diejenigen, die ihr ganzes Leben hindurch in einer einzigen Lage ausharren« und sich weder mit den einen noch mit den anderen vollständig identifizieren, »wissen, was die Pläne waren und was die Hoffnungen sind und wo der Fleck ist, da beide begraben liegen in jenem Moder, den man Leben nennt.«[102]

Genau diese Rolle hatte Djuna Barnes auch in den *women communities* im Paris der 20er Jahre gespielt. Während der Entstehungszeit des LADIES ALMANACH hatte sie ihre zu Ende gehende Beziehung zu Thelma Wood als »Leiden« und »Krankheit« erlebt. Gleichzeitig hatte sie in Natalie Barney eine Frau kennengelernt, der es gelungen war, aus den »Spänen einen Garten der Ekstase«[103] zu machen und ihre Utopie von einem elitären sapphischen Zirkel zu verwirklichen. Zwischen diesen beiden Polen weiblicher Selbsterfahrung zirkuliert der Diskurs des ALMANACH, ohne sich je zu der einen oder anderen Seite zu bekennen.

Eindeutig zu bestimmen ist nur das Ziel der Erzählerin, dem von ihr als peinlich empfundenen Reden der Ladies über sich selbst und mit anderen eine andere Sprache entgegenzusetzen: witzig zu sein im Umgang mit der »Tollheit« ihrer Freundinnen, respektlos, humorvoll und boshaft.

Diesem Anspruch wird der ALMANACH von der ersten bis zur letzten Seite gerecht. Die Subversivität des Textes besteht in seiner Unabhängigkeit sowohl von der einen als auch von der anderen Seite. Sie hat ein Journal entstehen lassen, das die »Unterströmungen«, denen es gewidmet ist, inszeniert, zelebriert und repräsentiert, ohne sich in Form kritikloser Begeisterung oder »Betroffenheit« mit ihnen zu identifizieren. »Der ALMANACH liefert Argumentationshilfen bestenfalls für eingefleischte Zynikerinnen. ... Djuna Barnes arbeitet sich nicht wie verdiente ›neue-frau‹-Autorinnen am alten Elend Weiblichkeit ab, sondern ist im ALMANACH bestenfalls bereit anzudeuten, daß sie von anderen Menschen dasselbe erwartet wie von sich selbst: Unabhängigkeit, Humor und Distanz der eigenen Geschichte gegenüber.«[104]

Erst diese Distanz auch der eigenen Geschichte gegenüber hat es Djuna Barnes ermöglicht, im ALMANACH ihrer Neigung zu kompromißlos-beißender (Selbst-)Ironie und ihrer Abneigung gegen jede Art von politischer oder persönlicher »Bekenntnis-Literatur« so deutlich Ausdruck zu verleihen. Dabei hat sie als eine von denen, die ihr Leben lang »in einer einzigen Lage« zwischen allen Stühlen sitzen, den Pariser und allen anderen Ladies einen Text geschrieben, der deutlich macht, wie weit sich Frauen von den herrschenden Beschränkungen, Normen, Regeln, Definitionen und Interpretationen entfernen können, ohne dabei den Kontakt zu den Realitäten zu verlieren.

Sie hat in ihrem ALMANACH auch vorgeführt, daß sich die alte Geschichte von der Frau Eva, die sich normalerweise am Ende nicht in einem »Garten der Ekstase«, sondern als Frau Mutter in einer Einbauküche wiederfindet, in einer eigenen, anderen Sprache noch einmal neu erzählen läßt — in einer Sprache, die wie in den besten Passagen des ALMANACH gerade jenes ›Andere des Rätsels Frau‹ zum Sprechen bringt, das die traditionelle Literatur so lange verschwiegen hatte.

»Sehnsucht auf dem Irrweg«
Vom Ladies Almanach zu Nachtgewächs

Liebe einer Frau zu einer Frau — was für ein Einfall! Besessene Gier nach dem Wesen allen Schmerzes und nach Mutterschaft.
Djuna Barnes, Nachtgewächs

Acht Jahre nach der Veröffentlichung des Ladies Almanach erschien Djuna Barnes' Roman Nachtgewächs, der seine Autorin zur »berühmtesten Unbekannten ihrer Zeit« machte und ihr schließlich sogar zum Aufstieg in Suhrkamps Galerie der KlassikerInnen der Moderne verhalf. Dieser gern als »schwer verständlich«, »düster«, »pessimistisch« und den »Nachtseiten der Weltgeschichte zugewandt« interpretierte Roman liefert in der Schilderung der Beziehung Nora Floods zu Robin Wood das Gegenbild und Gegenstück zur Inszenierung und Darstellung Evangelines und ihrer Beziehungen im Ladies Almanach. Dort war mit Evangeline eine Frau dargestellt worden, die sich so weit wie möglich von den herrschenden Frauenbildern und Rollenvorschriften entfernt hatte und dabei zu einer erfolgreichen eigenständigen Lebensform gefunden hatte. In Nachtgewächs hingegen wird mit Nora Flood eine Frau beschrieben, die alle konventionellen Ansichten über die Defizite ihrer Zuneigung zu anderen Frauen übernommen und verinnerlicht hat und das Scheitern ihrer Liebe zu Robin im wesentlichen auf diese Defizite zurückführt[1].

Lektionen

Die Djuna Barnes immer wieder nachgesagte negative Weltsicht wird im Roman Nachtgewächs am deutlichsten. In den Monologen Dr. O'Connors wird die auch anderen Texten zugrundeliegende Überzeugung, alle Menschen litten an einer allgemeinen Krankheit, in vielen Variationen durchgespielt.

Die individuelle Krankheit, die Ebene, auf der Aspekte und Stigmata wie Homosexualität, Weiblichkeit oder Judentum subjektiv relevant sind, ist nach Ansicht Dr. O'Connors stets der allgemeinen Krankheit, an der *alle* Menschen leiden und die daher auch objektiv relevant ist, unterzuordnen: »Kein Mensch braucht Heilung von seiner individuellen Krankheit, sein universales Leiden ist es, um das er sich kümmern sollte.«[2] Diese »universale Krankheit« ist das Leben selbst, das angefüllt ist mit Schmerz, Einsamkeit und Leid. »Wir sind nur Hülle im Wind, Muskeln, die sich gegen die Sterblichkeit wehren. Wir sind Schläfer im Staub der Vorwürfe gegen uns selbst. Bis zur Gurgel stecken wir voll von Namen, die wir unserem Elend gegeben haben. Das Leben, der Weidegrund, wo die Nacht sich nährt, Wiederkäuer eines Futters, das uns würgt. Das Leben, die Erlaubnis, den Tod kennenzulernen.«[3]

NACHTGEWÄCHS sei, so schreibt Katharina Kaever in ihrem Essay über die NACHTWACHEN DER DJUNA BARNES, ein Buch über die »Schrecken der Liebe«[4], über deren Ursprung es im Roman heißt: »Ich sage Ihnen, Madame, würde man ein Herz auf einen Teller gebären, es würde sagen: ›Liebe‹ und zucken wie ein abgetrennter Froschschenkel.«[5]

Nach glücklichen Liebesgeschichten sucht man in Djuna Barnes' Texten vergeblich. Nicht nur die Figuren aus NACHTGEWÄCHS sind »bis in die Knochen zerfressen von Liebe«[6], sondern in fast allen Texten der Autorin finden sich Männer und Frauen, deren allgemeines Scheitern repräsentiert wird durch das Scheitern ihrer Versuche, andere Menschen auf eine Art und Weise zu lieben, die nicht zu Schmerz, Leid und Einsamkeit führt.

Die Schrecken *jeder* Art von Liebe bestehen in Barnes' Texten darin, daß sie die Menschen nur immer wieder an den Endpunkt der Erfahrung führen, zum »Wesen allen Schmerzes«. Die Schrecken der Liebe symbolisieren so die Schrecken des Lebens auf individueller Ebene. Dem allgemeinen Leiden der Menschen an den Umständen dieses Lebens entspricht auf der individuellen Ebene ihr Leiden an der Unerfüllbarkeit ihrer emotionalen Bedürfnisse. »Letzten Endes ist es doch das Unheil, was wir alle suchen«[7], doziert Dr. O'Connor in NACHTGEWÄCHS, und der Roman zeigt deutlicher als alle anderen Barnes-Texte, daß dieses Unheil vor allem in der Liebe zu finden ist, über die es dann auch heißt: »Liebe ist Tod, von Leidenschaft ereilt.«[8]

Jede der Barnes'schen Figuren leidet und stirbt schließlich an ihrer individuellen Krankheit, die auch für ihren konkreten Lebensweg von entscheidender Bedeutung ist. Trotzdem bleibt all dieses subjektive Leiden der Menschen an ihren Stigmata und ihren immer wieder scheiternden Liebesversuchen angesichts des allgemeinen, objektiven Leidens an den Bedingungen des Lebens auch in NACHTGEWÄCHS von untergeordneter Bedeutung: »›Was hast du?‹, rief er, ›ein gebrochenes Herz? Ich, ich habe Senkfüße, Kopfschorf, eine Schrumpfniere, zerrüttete Nerven *und* ein gebrochenes Herz! Und schreie ich etwa ...? ... Bist du vielleicht der einzige Mensch, der barfuß auf einem Nagelbrett steht?‹«[9]

Scheitern

Im Zentrum der in NACHTGEWÄCHS erzählten Geschichte steht Robin, die ewig Momentane, die »jemand sucht, der nicht da ist«[10], und die oder der, so lehrt die Geschichte, auch niemals kommen wird. Robin ist eine Frau, die schon zu Beginn des Textes ›jenseits‹ lebt. »Robin befand sich außerhalb ›menschlichen Wesens‹; ein wildes Etwas, eingefangen in die Haut einer Frau, grauenhaft allein, grauenhaft vergeblich ...«[11] Sie ist *la somnambule*, eine Schlafwandlerin, die zufällig unter die Menschen geraten ist, die anders denken und anders empfinden, eine andere Art Wissen und andere Hoffnungen und Wünsche haben als sie. Die sich gerade deshalb von Robins Fremdheit so faszinieren lassen, sich anziehen lassen von ihrer Schönheit und ihrer immer wieder deutlich werdenden Unberührbarkeit: »Manchmal begegnet man einer Frau, und sie ist ein Tier, das sich zum menschlichen Wesen wandelt.«[12] Diesem sich zum Menschen wandelnden, sich aber niemals wirklich verwandelnden Wesen verfallen in NACHTGEWÄCHS nacheinander der Baron Volkbein, Nora Flood und Jenny Petherbridge.

Jenny, »die Verkörperung der Diebin«[13], die es nach fremdem Eigentum verlangt, das sie nur um des Wegnehmens willen anderen nehmen will, ist eine »Plünderin«, »eine kleine flinke Komödiantin im Verfall.«[14] Sie ist dabei, sich ein Schicksal zusammenzubasteln, das für sie gleichbedeutend ist mit der Liebe, die sie anderen Menschen nehmen muß, wenn sie etwas wert sein soll. Jenny geht aus ihrer

Beziehung zu Robin vergleichsweise unbeschadet hervor — allerdings ist sie auch diejenige Figur des Textes, die am deutlichsten karikierend überzeichnet ist und der all das fehlt, was einen Menschen verletzlich und zerstörbar macht.

Der Baron Volkbein heiratet Robin, weil er in ihr sein Schicksal zu erkennen glaubt und darauf hofft, aus ihr eine Baronin nach seinen Vorstellungen und die Mutter seiner Söhne machen zu können. Zwar erfüllt sich sein Wunsch nach einem Sohn, jedoch wird er von Robin ebenso unvermittelt wieder verlassen wie Nora, die einige Jahre mit Robin zusammenlebt. Der Baron und Nora suchen Trost und Rat bei Dr. Matthew O'Connor, einem heruntergekommenen Homosexuellen, der versucht, sich das eigene und das Leiden der anderen Menschen durch endlose Reden vom Leibe zu halten: »Wozu kommen sie alle zu mir? Warum erzählen mir alle alles und erwarten, daß es sich lautlos in mir niederlege, wie das Kaninchen, das heimgeht, um zu sterben. ... Ich rede zu viel, weil das, was du verschweigst, mich so unglücklich gemacht hat.«[15]

In den langen Monologen des Doktors in den Kapiteln WÄCHTER. WAS SPRICHT DIE NACHT? und GEH HIN, MATTHÄUS gelingt es ihm zwar, Nora eine Lektion über das Wesen der Nacht und der Liebe zu erteilen. Von ihrer Obsession und ihrem Leiden an ihrer gescheiterten Beziehung zu Robin kann sie jedoch auch seine Wortgewalt nicht befreien. Ebensowenig gelingt es dem Doktor, den Baron Volkbein, der zusammen mit seinem behinderten Sohn Guido in den europäischen Hauptstädten die Rolle eines heruntergekommenen Ahasvers spielt, von seiner Krankheit Robin zu heilen. Am Ende des Kapitels GEH HIN, MATTHÄUS ist auch der Doktor besiegt: »Nun habt ihr alles gehört, was ihr hören wolltet, könnt ihr mich jetzt nicht loslassen, mich nicht gehen lassen? Ich habe nicht nur mein Leben umsonst gelebt, ich habe es auch umsonst erzählt.«[16]

Schmerz

Katharina Kaever stellt in ihrem Essay die Frage: »Was ist so anders an dieser Liebe zwischen Robin und Nora, abgesehen davon, daß es eine andersartige Liebe ist?«[17]

Die eingangs erwähnten »Schrecken der Liebe« sind in den

Texten Djuna Barnes' auf den ersten Blick ebenso ›geschlechtsneutral‹ wie unabhängig davon, ob die Liebenden Mann und Frau oder Frau und Frau sind. Schon in den in den 20er Jahren entstandenen Erzählungen hatte Djuna Barnes immer wieder von scheiternden heterosexuellen Beziehungen berichtet, man denke beispielsweise an die Erzählungen DAS KANINCHEN, EINE NACHT MIT DEN PFERDEN oder MUTTER.

Besonders deutlich wird diese Sichtweise auch an einem Kommentar Noras, der in bisher unveröffentlichten Manuskriptteilen des Romans NACHTGEWÄCHS enthalten ist. Dort heißt es: »Und ich sagte : ›Wie ist es möglich, daß ich eine Frau lieben konnte?‹ Und das war der erste und der letzte Gedanke daran, weil es danach keinen Unterschied gab, sondern nur Liebe.«[18] Obwohl dieser Satz aus dem Manuskript nicht in die gedruckte Fassung des Romans übernommen worden ist, geht aus der in NACHTGEWÄCHS erzählten Geschichte deutlich hervor, daß die Strukturen dieser Liebe immer gleich und nicht davon abhängig sind, welchen Geschlechts die Liebenden sind. In NACHTGEWÄCHS scheitert Nora ihrer Ansicht nach auch nicht an der »Andersartigkeit« ihrer Liebe. Sie leidet und scheitert an ihrer Liebe zu einem Menschen, der völlig unfähig ist, die in ihn gesetzten Hoffnungen und Erwartungen zu erfüllen. Nora ist ihrem eigenen Bekunden nach nicht unglücklich, weil sie eine Frau geliebt hat, sondern weil sie »von einem seltsamen Ding geliebt worden« ist, das sie vergessen hat[19]. Sie ist von Robin getäuscht, belogen und betrogen worden und ist unfähig, sich mit dem Verrat und dem Verlust, den sie erlitten hat, abzufinden. Für dieses Sich-nicht-abfinden-Können liefert der Roman eine ebenso einfache wie einleuchtende und für *alle* Liebesbeziehungen gültige Erklärung: »Liebe wird zur Ablagerung des Herzens, analog in allen Graden den ›Funden‹ in einem Grab. Wie darin der vom Körper eingenommene Platz genau bezeichnet wird, das Gewand, das zu seinem anderen Leben notwendige Gerät, so wird ins Herz des Liebenden als unvergänglicher Schatten das eingeprägt, was er liebt.«[20] In NACHTGEWÄCHS ist Robin dieser unvergängliche Schatten, der sich in Noras wie auch in das Herz des Barons Volkbein eingeprägt hat.

Nur an wenigen Stellen des Romans gehen Nora oder der Doktor überhaupt darauf ein, daß Nora und Robin Frauen sind. Diese Textstellen sind jedoch im Vergleich zum LADIES ALMANACH von zentraler Bedeutung, weil sie einen Wandel der Perspektive und eine Radikalisierung des Barnes'schen Blicks auf jede Art von zwischenmenschlicher Beziehung verdeutlichen, die schließlich im Versdrama ANTIPHON 1958 ihren ebenso konsequenten wie erschreckenden Höhepunkt erreicht[21].

Zunächst wird in NACHTGEWÄCHS neben den zwei auch im ALMANACH immer wieder thematisierten ›Defiziten‹ noch eine dritte Variante der Ausgrenzung homosexueller Beziehungen erwähnt: die zu Beginn dieses Jahrhunderts auch in Kreisen der Pariser *women communities* verbreitete Theorie vom »dritten Geschlecht«[22]. In NACHTGEWÄCHS erscheint Robin als Verkörperung eines solchen drittgeschlechtlichen Wesens par excellence: »Was hat es mit dieser Liebe auf sich, dieser Liebe für die Umkehrung, handle es sich um Knabe oder Mädchen? Sie waren es, von denen alle Romanzen handelten ... Das Mädchen, das sich verläuft, ist nichts anderes als der Prinz, der sich findet. Der Prinz auf dem weißen Pferd, nach dem wir immer gesucht haben. Und der schöne Jüngling, der ein Mädchen ist? Was ist er anderes als die Prinz-Prinzessin in Band und Spitze, zwar das eine nicht ganz, dafür aber halb das andere ... Wir lieben sie aus diesem Grund.«[23] Damit unterstellt Dr. O'Connor, daß Nora Robin auch und vor allem deshalb so rettungslos verfallen ist, weil Robin eine von diesen »Prinz-Prinzessinnen« ist, »zwar das eine nicht ganz, dafür aber halb das andere«. Wie Robin an anderer Stelle als Wesen zwischen Vernunft und Instinkt, zwischen Mensch und naturhaftem Wesen geschildert worden war, so erscheint sie hier als ein Mensch zwischen den Geschlechtern. Drittgeschlechtliche Frauen wie Robin sind in NACHTGEWÄCHS für Frauen wie Nora die Verkörperung aller geheimen und unerfüllbaren Wünsche an eine andere Liebe und eine andere Lebensform: »Süßeste aller Lügen, hier im Gewand des Knaben, dort wieder als Mädchen auftretend ... Sie reichen weit zurück in unsere verlorene Ferne, wo das, was wir niemals besaßen, steht und wartet. Die Begegnung mit ihnen war unvermeidlich, denn sie wurden von unserer Sehnsucht auf dem Irrweg erschaffen.«[24] So erscheint Robin in NACHTGEWÄCHS auch als Produkt und Projektion der Sehnsüchte Noras nach naturhafter ›Unschuld‹, die mit einem Zustand in Verbindung gebracht wird, in dem die herrschenden Trennungen zwischen Natur und Kultur, Instinkt und Vernunft, Männlichkeit und Weiblichkeit noch nicht wirksam sind. Robin erscheint aber auch als Verkörperung der Sehnsucht einer gnadenlos aufrichtigen, ehrlichen Frau nach der Form von Lüge und Amoralität, die sie in Robin zu entdecken glaubt und besitzen möchte. Die Liebe Noras zu Robin wird so von Dr. O'Connor implizit damit erklärt, daß das »dritte Geschlecht« Robins in seiner amoralischen, ›verkommenen‹ Form auf die zutiefst moralische und aufrichtige Nora eine unwiderstehliche Anziehungskraft ausübt. »Wenn eine lange Lüge emporsteigt, dann ist sie nicht selten eine Schönheit; wenn sie hinabtaucht in Zersetzung, in Droge und Trunksucht, in Krankheit und Tod, dann hat sie plötzlich eine einzigartige und furchtbare Anziehungskraft. Ein Mensch kann sich gegen das Übel auf seiner eigenen Ebene wehren, kann es meiden, aber wenn es den hauchleichten, wehenden Schleier seiner Traumwelt berührt, dann nimmt er es sich zu Herzen.«[25] Genau auf diese Art hat Nora sich Robin zu Herzen genommen, deren einzigartiger und furchtbarer Anziehungskraft sie auf den ersten Blick erlegen war. Der Roman zeigt sie denn auch unrettbar und unauflöslich verstrickt in die Dynamik einer Beziehung, der sie sich nicht entziehen und die sie nicht begreifen kann. Vielleicht gerade deshalb findet Nora schließlich Erklärungen für ihr Leiden, die deutlich machen, wie sehr sie — im Gegensatz zu Evangeline Musset — von den gängigen Interpretationen und Diffamierungen lesbischer Beziehungen geprägt ist.

Im ALMANACH war die Selbstbezüglichkeit der Beziehungen der Ladies zwar konstatiert, dem Glück Evangelines und ihrer Freundinnen aber keineswegs als abträglich beschrieben worden. In NACHTGEWÄCHS erscheint dieselbe Selbstbezüglichkeit in Noras Gesprächen mit Dr. O'Connor plötzlich als eine Quelle ihres Leidens. Sie ist ein Grund für die Unerfüllbarkeit ihrer Glückswünsche und Sehnsüchte, denn die Gleichheit von Liebender und Geliebter wird in NACHT-

GEWÄCHS für Nora zum Auslöser von Identifikationsprozessen, die das Scheitern der Liebesbeziehung vorprogrammieren: »Sie ist ich selbst. Was soll ich tun?«[26] Anders als im LADIES ALMANACH ist für Nora keine Distanzierung vom Objekt ihrer Begierde mehr möglich. Indem sie Robin begehrt, begehrt sie zugleich sich selbst, *die* Liebe und *das* Leben. Indem sie Robin verliert, verliert sie ihre eigene Identität und findet dabei statt der erhofften ›unendlichen‹ Liebe den Tod: »Ich kann so nicht leben. Ich bin so unglücklich, Mathew. ... Ich dachte, ich liebe sie um ihretwegen, und ich fand, daß es um meiner selbst willen war. ... Haben Sie jemals einen Menschen geliebt, und Sie wurden es selbst? ... Es ist zu spät. Es gibt keine letzte Abrechnung für die, welche zu lange geliebt haben, und so gibt es auch für mich kein Ende. Nur ich kann nicht, kann nicht ewig warten. Ich kann nicht leben ohne mein Herz.«[27]

Das Fehlen von Fremdheit und Differenz führt so in NACHTGEWÄCHS zur Aufgabe jeglicher Distanz. Diese Distanz wird Noras Ansicht nach in heterosexuellen Beziehungen schon dadurch aufrechterhalten, daß Mann und Frau verschiedene Menschen sind. Eine restlose Identifikation — wie sie an Noras Satz »Sie ist ich selbst« deutlich wird — ist deshalb nicht möglich. Dadurch wird jenes symbiotische Abhängigkeitsverhältnis verhindert, in das Nora geraten ist und das dazu führt, daß sie in dem Moment, in dem ihre Liebesbeziehung scheitert, ihre Selbständigkeit und Identität verliert.

Überzeugt von traditionellen Frauenbildern und gängigen Interpretationen ihrer Gefühle für Robin verstrickt sich Nora im Laufe des Romans immer mehr in Selbstanklagen und eine Form masochistischen Leidens, das ihr keine Aufarbeitung und keine vorwurfslose Trauer mehr gestattet.

Im LADIES ALMANACH hatte die biologische Unfruchtbarkeit der Beziehungen der Ladies zueinander noch als Quelle von Weisheit und Kreativität gegolten. In NACHTGEWÄCHS wird die Puppe, die eine Frau einer anderen Frau schenkt, zum Symbol des Kindes, das die beiden gemeinsam nicht haben können. Die Puppe fungiert so als übergreifendes Symbol des zwangsläufigen Scheiterns einer Beziehungsform, die — im Gegensatz zur Liebe zwischen Mann und

Frau — gerade nicht dazu gemacht ist, der Natur zu entsprechen: »Wir schenken einem Kind den Tod, wenn wir ihm eine Puppe schenken; sie ist Sinnbild und Leichentuch. Wenn eine Frau sie einer Frau schenkt, so bedeutet sie das Leben, das sie zusammen nicht führen können: es ist ihr Kind, heilig und profan.«[28]

An anderer Stelle weist Nora noch auf einen anderen Aspekt der Unfruchtbarkeit hin: auf die Frauenbeziehungen immer wieder unterstellten »Mutter-Tochter«-Rollenspiele. Dabei wird diese inzestuöse und das Scheitern der Beziehung noch einmal beschleunigende Dynamik besonders deutlich. »Ich wurde Gast in allen Cafés, in denen Robin ihr Nachtleben geführt hatte ..., aber alles, was ich erfuhr, war, daß andere mit meiner Geliebten und meinem Kind geschlafen hatten. Denn Robin bedeutet auch Inzest, das ist eine ihrer Mächte.«[29]

Vor dem Hintergrund dieser Aussagen, die alle mit den gängigen Diffamierungen von Liebesbeziehungen zwischen Frauen übereinstimmen, erklärt sich auch der ›abschließende Kommentar‹ Dr. O'Connors zu Noras und zur lesbischen Liebe überhaupt: »Liebe einer Frau zu einer Frau — was für ein Einfall! Besessene Gier nach dem Wesen allen Schmerzes und nach Mutterschaft.«[30]

Löschung

»NACHTGEWÄCHS beginnt dort, wo die Märchen aufhören, an deren glücklichem Ende kein Zweifel gelassen wird«[31], und endet mit der Zerstörung all jener Aufbrüche und Hoffnungen, die der LADIES ALMANACH 1928 dokumentiert, inszeniert und zelebriert hatte. Die Lektion, die die Lektüre des Romans erteilt, wendet sich jedoch nicht nur an die Ladies des ALMANACHS, sondern benutzt die Beziehung Noras zu Robin als Extrem, an dem sich verdeutlichen läßt, was letztlich für alle Liebesbeziehungen gilt.

Jede Form von Liebe führt in den Texten Djuna Barnes' zwangsläufig zu Schmerzen, Leid und Zerstörung. Liebt eine Frau eine Frau, so wird sie mit der biologischen Unfruchtbarkeit dieser Beziehung und ihren inzestuösen Mutter- oder Tochterphantasien konfrontiert. Dabei wird die Unzulänglichkeit der Liebe besonders deutlich, über die in heterosexuellen Beziehungen ein gemeinsames Kind manchmal hinwegtäuschen kann. Eine Frau wie Nora wird darüber hinaus immer auch mit sich selbst konfrontiert, denn die, die sie liebt, ist immer nur ein Spiegelbild ihrer selbst. Die konstitutive Fremdheit zwischen Mann und Frau kann auch in den Texten Djuna Barnes' die »Schrecken der Liebe« nicht löschen, aber zumindest abmildern. Keine andere Art von Liebe konfrontiert die Liebenden so unübersehbar mit der Unmöglichkeit, ihre Wünsche und Bedürfnisse zu realisieren wie die Liebe einer Frau zu einer Frau, in der keine Fremdheit und keine Distanz Schutz vor der Macht der Verlustängste und der Kränkung des Verlassen- und Betrogenwerdens bietet.

In den Texten Djuna Barnes bedeutet jede Liebe den Tod. Die Liebe einer Frau zu einer Frau zwingt die Liebenden jedoch dazu, ihre individuelle Krankheit zum Tode in all den Schritten, die zum unvermeidlichen Ende führen, auszukosten. Das »Wesen des Schmerzes« offenbart sich am ehesten denjenigen, die versuchen, mit einem Spiegelbild ihrer selbst ein Glück zu finden, das sie schon mit sich allein nicht hatten finden können.

Im LADIES ALMANACH waren die Beziehungen der Ladies zueinander noch als positive Alternative zu heterosexuellen Beziehungen und zur traditionellen Frauenrolle dargestellt worden. Ein großer Teil des Erfolgs Evangeline Mussets war darauf zurückgeführt worden, daß sie sich so weit wie möglich von den herrschenden Rollenvorschriften und Definitionen entfernt hatte. In NACHTGEWÄCHS zeigt Djuna Barnes an der Figur Nora exemplarisch auf, was mit Frauen geschieht, die all diese Zuschreibungen übernehmen und trotzdem versuchen, mit anderen Frauen erfüllende Beziehungen zu haben.

Im ALMANACH erscheint Evangeline Musset als eine erfolgreiche Rebellin gegen patriarchale Normen und Vorstellungen, der es gelungen ist, eine von vielen möglichen weiblichen Utopien zu verwirklichen. In NACHTGEWÄCHS begegnen die LeserInnen mit Nora einer Frau, der es nicht gelingt, gegen die Dominanz der Bilder, Vorstellungen, Normen und Regeln anzuleben. Ihre Liebe zu Robin scheitert letztlich weder an der Selbstbezüglichkeit noch an der

Unfruchtbarkeit ihrer Beziehung, sondern vielmehr an Noras Unfähigkeit, ihre Wünsche mit traditionellen Interpretationen, die sie übernommen und verinnerlicht hat, in Einklang zu bringen. »[D]ie ›Vision‹ des LADIES ALMANACH war die zeitgenössische Realität einer kleinen Gruppe von *expatriate*-Frauen; einer *community*, an der Barnes selbst teilnahm, durch die sie aber keine Befreiung von den von der Gesellschaft diktierten Beschränkungen der Geschlechter-Rollen fand. Sie fand dort anscheinend nicht die sexuelle Freiheit des Ausdrucks, die der ALMANACH zelebriert; sie fand im Lesbianismus keine Befreiung vom Patriarchat. NACHTGEWÄCHS führt die Schrecken der Unterdrückung vor, offeriert jedoch keine Lösung. Der LADIES ALMANACH war ein Versuch, die Frau zum *Subjekt* ihrer eigenen Diskurse zu machen, eine Sprache zu finden, die die Erfahrung der Frau losgelöst von den patriarchalen linguistischen Formen ausdrücken konnte. NACHTGEWÄCHS brachte die Frau als ein *Objekt* patriarchaler Fiktion zurück und beraubte sie der Sprache, mit der sie ihre Leidenschaft und ihren Zorn äußern konnte.«[32]

Im ALMANACH stirbt Evangeline im Alter von 99 Jahren zufrieden, wird heiliggesprochen und erlangt das ewige Leben. Am Ende des Romans NACHTGEWÄCHS finden sich Nora und Robin in einer gespenstischen Szene in einer kleinen Kapelle wieder — gelähmt und unfähig, sich aus der Verstrickung der Bilder, Ideale, Projektionen, Versagensängste und Schuldgefühle zu lösen: Frauen, die versucht hatten, ein anderes Leben zu führen und dabei eingeholt und besiegt worden sind von all jenen Vorstellungen, über die sich die Ladies des ALMANACHS acht Jahre zuvor noch lachend hinweggesetzt hatten.

Ein Nachwort »In the private domaine«

»... und für den Fall einer derartigen Katastrophe«,
sagte sie, wobei sie in ihre Pelze sank und
eine Duvenitendecke über sich zog, »werde ich Freundinnen
brauchen, Freundinnen von noblem Charakter,
so herdenstark wie Alsenrogen und sämtlich von
unerschrockenem Gemüt und hoch und spitz
von Absatz.« ... »Haben Sie keine Angst«, zwitscherte
Masie Tuck-and-Frill, »Sie werden gut umringt sein.«
Djuna Barnes, LADIES ALMANACH

Wie jeder Text trägt auch dieser die Spuren vieler verschiedener Texte und Menschen.

Ich möchte an dieser Stelle all jenen danken, die mich im Laufe der Jahre auf unterschiedliche Art und Weise dabei unterstützt haben, mich mit Djuna Barnes und ihren Texten, literaturwissenschaftlicher und feministischer Theorie und Praxis und den diversen Abgründen des Alltagslebens produktiv auseinanderzusetzen: den an der Bielefelder Barnes-Gruppe beteiligten Barbara Herzig-Semmelmann, Inge Meier, Elke Quermann und Ulrike Kleemeier; meinen Freundinnen Elke Bockhorst, Regina Frederking, Birgit Fromkorth, Elke P. Hilgenböcker, Ulrike Kleemeier, Inge Meier und Gaby Petersen; allen Gegen- und KorrekturleserInnen dieses Textes und Frau Hoevener für ihre Übersetzungsarbeiten; der Interdisziplinären Forschungsgruppe Frauenforschung der Universität Bielefeld; vor allem aber Brigitte Siebrasse, die mir zwischen 1982 und 1988 viele Materialien, unveröffentlichte oder nur schwer zugängliche Texte von und über Djuna Barnes und Natalie Barney zur Verfügung gestellt und mich in dieser Zeit immer wieder ermutigt und in vielerlei Hinsicht unterstützt hat.

Gewidmet ist dieser Text den drei Freundinnen und *Sisters in Crime*, ohne die nichts von alledem möglich gewesen wäre: Heike Frederking, die in all unseren Jahren niemals auch nur eine Minute zu spät gekommen ist und immer schon wußte, worauf es nicht und gerade doch ankommt; Hilge Landweer, die in den letzten Jahren nicht nur jeden von mir geschriebenen Text kritisch gegengelesen und kommentiert hat, sondern mich darüber hinaus endgültig von der Existenz »himmlischer Schwästern« überzeugt hat; und Agnes Sophia Lütke Föller, die diesen Text von der ersten bis zur letzten Seite begleitet hat und von der ich im Laufe der Zeit mühsamst gelernt habe, daß man alles tun muß — obwohl ...

Bielefeld, Sommer 1989

Anmerkungen

Vorbemerkung zum Sprachgebrauch

Obwohl ich mit den VertreterInnen der Ansicht übereinstimme, daß »Macht ... kein Element [ist], das in Texten als solchen vorkommt, noch weniger ist es eines, das im Sprachsystem eingebaut ist[1]«, kann ich der damit häufig verbundenen Kritik an der Verwendung männlicher und weiblicher Sprachformen nicht folgen. Es ist zwar zutreffend, »daß von ›dem Studienbewerber‹ zu sprechen, die weibliche Hälfte der Menschheit[2]« theoretisch nicht ausschließt. Bei solch einer Betrachtungsweise wird jedoch übersehen, daß die Macht, die diskursive Praktiken ebenso wie gesellschaftliche Realität bestimmt, auch Einfluß auf den Sprachgebrauch nimmt. Die Nicht-Thematisierung des Weiblichen in Diskursen findet ihren Ausdruck u.a. darin, daß scheinbar allgemein-menschliche Termini wie »der Künstler« oder »der Autor« neben vielem anderen genau das bedeuten, was ihre grammatikalisch-männliche Form andeutet: daß »der Künstler« jahrhundertelang ebenso männlichen Geschlechts war und zu sein hatte wie »der Koch«. Während letzterem »die Köchin« zur Seite gestellt wird, fehlen entsprechende grammatikalisch-weibliche Formen bezeichnenderweise an all jenen »Leerstellen« der Diskurse, die hier zu thematisieren sind. Der Sprachgebrauch folgt infolgedessen der Intention des Textes, einige dieser »Leerstellen« zu füllen und einiges von dem zur Sprache zu bringen, das sich üblicherweise nur als »Schweigen im Text« (re)präsentiert.

1. Röttgers, 1988, S. 123
2. ebd.

»Lost Men« und »Winning Women« — Die Pariser »expatriate culture« und die »Women of the Left Bank«

Hier und im folgenden werden alle für diesen Text aus dem Amerikanischen übersetzten Zitate mit einem * vor der Anmerkungszahl kenntlich gemacht. Die Literaturnachweise beziehen sich jeweils auf die insgesamt bisher nicht übersetzten amerikanischen Originalausgaben.

*1. Benstock, 1987, S.4
2. Barnes, 1988, S. 69/81
3. Hier und im folgenden werden amerikanische Termini immer dann beibehalten, wenn deutsche Übersetzungen die Bedeutung der Begriffe nicht hinreichend wiedergeben.
4. Fitch, 1988, S. 184
5. Barnes, 1988, S. 82
6. vgl. Fitch, 1988, S. 366ff.; Benstock, 1987, S. 396ff.
*7. Barnes, 1988, S. 81
8. Barthes, 1988[13].
9. Barnes, 1988, S. 29
10. Fitch, 1988, S. 185/186
*11. Friedman, 1979, S. 97
12. Robert Forrest Wilson, zit. n. Fitch, 1988, S. 186
13. Sylvia Beachs SHAKESPEARE & COMPANY, der in den 20er Jahren einer der Treffpunkte der *expatriates* war.
14. Fitch, 1988, S. 186
*15. Friedman, 1979, S. 97
16. Stromberg, 1989, S. 62
17. Der Terminus *Lost Generation* stammt ursprünglich von Stein, die die jungen amerikanischen Schriftstell*er,* die nach dem Ersten Weltkrieg nach Europa gingen, so bezeichnete.
*18. Benstock, 1988, S. 34
19. So Djuna Barnes, die nach eigenen Angaben keinen französischen Satz verstand, obwohl sie in ihre Texten immer wieder französische Termini einfließen ließ.
20. So der Titel eines Buches von Gertrude Stein.
21. Barnes, 1988, S. 68/69
22. ebd., S. 81
23. ebd.
24. ebd., S. 66
*25. Sinclair Lewis, zit. n. Ceaton, 1937, S. 33
*26. Im Anschluß an Benstock wird *Modernism* hier als »ein literarisches, soziales, politisches und verlegerisches

Ereignis« (Benstock, 1987, S. 21) verstanden, obwohl das Schwergewicht auf den literarischen Aspekten liegt.

*27. Benstock, 1987, S. 21

*28. ebd., S. 20

29. So der Titel von Shari Benstock bereits mehrfach zitierter Studie.

*30. Benstock, 1987, S. 231

*31. ebd., S. 10/9

*32. ebd., S. 9

*33. ebd., S. 9/10

*34. ebd., S. 10

35. Fitch, 1988, S. 192

36. Stromberg, 1989, S. 68 — vgl. dazu unten das Kapitel über Natalie Barney und ihren Salon, in dem deutlich wird, unter welchen Voraussetzungen Frauenbeziehungen »selbstverständlich akzeptiert« wurden.

37. vgl. dazu vor allem die Arbeiten Hugh Kenners, 1951; 1971; 1975.

*38. Benstock, 1987, S. 28

*39. Hoffman, 1962, S. 13

*40. Kenner, 1971, S. 5

41. So der Titel einer Untersuchung Elaine Showalters über englische Autorinnen.

*42. Benstock, 1987, 29

43. Ecker macht das am Beispiel Steins, Barnes und H.D.s deutlich, vgl. Ecker, 1987, S. 64, Anm. 8.

44. vgl. zur Kritik dieses Vorgehens u.a. Sigrid Weigel, 1983, S. 83f.

45. Unveröffentlichter Brief Djuna Barnes' an Natalie Barney, 10.9.1967.

46. Daran hat sich bis heute zumindest bei Djuna Barnes nichts geändert. Die wissenschaftliche Literatur zu Barnes beschränkt sich auf einige Aufsätze (Busch, 1989a; 1989b; 1989c; Ecker, 1988). Hinzu kommen ein in Buchform vorliegendes Essay (Kaever, 1984), mehrere längere Artikel (Siebrasse 1984a; 1984b) und ein Buch über »Leben und Werk« (Stromberg, 1989).

47. EMMA, Heft 2, 1989, S. 36. — vgl. dazu Alexandra Busch, »Der Weg zum Boom«, Leserbrief, in: THEA-

TER HEUTE, 6/88, S. 62 sowie Christine Koschel/Inge von Weidenbaum, »Nochmal: Barnes«, Leserbrief, in: THEATER HEUTE, 8/88, S. 54

48. Jürgen Becker, »Mythos der Nacht«, in: DIE ZEIT, Nr. 51, 14.12.1984, S. 55
49. »Ich bin die bekannteste Unbekannte der Welt«, in: DER SPIEGEL, Nr. 26/1985, S. 167–169
50. Siebrasse, 1984b.
51. Helmut Winter, »Zwischen Puff und Gebetshaus«, in: FAZ, 22.2.1986.
52. vgl. dazu das Kapitel »Distributed to a very special audience« in diesem Band.
53. Hier sei darauf hingewiesen, daß im folgenden *eine mögliche Lesart* der Texte Steins, Woolfs oder Barnes' im Mittelpunkt des Interesses steht, wobei nach den Intentionen und Selbstdefinitionen dieser Autorinnen *an dieser Stelle* nicht gefragt wird.
54. So Winters Ausführungen zu Natalie Barney, vgl. Winter, a.a.O., 1986.
55. Gerhardt, 1986, S. 8
56. ebd., S. 9
57. ebd.
58. ebd., S. 10 — Gerhardts Ansicht nach handelt es sich hierbei um ein Charakteristikum »moderner« männlicher Literatur.
59. Gerhardt, 1986, S. 9
60. ebd., S. 13
61. ebd., S. 11
62. Ecker, 1988, S. 63

*63. Benstock, 1987, S. 453

64. Stromberg, 1989, S. 91
65. ebd., S. 63

»Swansong« Djuna Barnes im Paris der 20er Jahre

1. So Barnes' mittlerweile bekannteste Selbstcharakteristik.
2. Barnes, 1976^3, S. 97
3. Hinsichtlich einiger Daten aus ihrem Lebenslauf war

sich Barnes im Alter nicht mehr ganz sicher, in welchem Jahr die betreffenden Ereignisse stattgefunden hatten — so auch hier.

*4. Field, 1983, S. 104

5. vgl. Stromberg, 1989, S. 99f.

6. So der Untertitel des Originaltextes, der in der deutschen Übersetzung leider weggefallen ist.

7. Barnes, 1988, S. 50

*8. Field, 1984, S. 113

9. Barnes, 1986, S. 23 (Die Erzählung LÖSCHUNG entstand Anfang der 20er Jahre und wurde erstmals 1923 in A BOOK veröffentlicht.)

10. Kaever, 1985, S. 21

*11. Barnes, zit. n. Field, 1983, S. 185

*12. Field, 1983,. S. 39; Hrv. A.B.

*13. ebd., S. 179

*14. Page, 1984, S. 25

*15. vgl. Field, 1983, S. 175

16. Stromberg, 1989, S. 18

*17. Field, 1983, S. 180

*18. ebd., S. 175

*18. ebd., S. 179

*19. Wald Barnes' Vater Henry Budington über seinen Sohn, zit. n. Field, 1983, S. 181

*20. ebd., S. 182/183

*21. ebd., S. 31; Hrv. A.B.

22. Stromberg, 1989, S. 29

*23. Field, 1983, S. 43

24. Die anderen auftretenden männlichen Figuren gehören ebenfalls zur Familie und sind Onkel und Brüder Mirandas.

25. Barnes, 1972b, S. 114/115/116

*26. Field, 1983, S. 192/193 — Field führt als weitere Belege unveröffentlichte Manuskriptteile aus NIGHTWOOD und ANTIPHON an, die die oben zitierte Textstelle aus ANTIPHON leicht variieren.

27. Stromberg, 1989, S. 27

28. vgl. Anm. 47 zu diesem Kapitel

29. Fanny Faulkner war die zweite Frau Wald Barnes', die Hochzeit hatte nach der Scheidung von Barnes'

Mutter Elizabeth Chappel im Jahre 1912 stattgefunden.

*30. Unveröffentlicher Brief Saxon C. Barnes' an Dr. Donald Farren, 18.11.1984.

31. Barnes, 1986a, S. 29ff.

32. Auslassungspunkte im Originaltext.

33. Barnes, 1986a, S. 30/31/32/33

34. vgl. dazu die Literaturliste des Vereins zur Weiterbildung und Förderung für Frauen e.V., Venloer Str. 405-407, 5000 Köln 30, zum Thema »Sexuelle Gewalt — sexueller Mißbrauch von Mädchen und Frauen« und die dort nachgewiesene Literatur.

*35. Field, 1983, S. 194

36. ebd., S. 189

37. vgl. Messerli, 1976, S. 27—47 und Barnes, 1987b.

*38. Benstock, 1987, S. 237

39. Barnes, 1987b, S. 80

40. ebd., S. 83

*41. Barnes, zit. n. Field, 1983, S. 248

42. Barnes, 1987b, S. 10

43. Stromberg, 1989, S. 33

44. ebd., S. 34

*45. Benstock, 1987, S. 241

46. Barnes, 1915, ohne Seitenangabe.

47. Laut Stromberg »ein ›Gewohnheitskonkubinat‹, das nach dem »Common Law« als Ehe galt«, Stromberg, 1989, S. 39 — Barnes äußerte Page gegenüber, ihre Beziehung zu Lemon sei solch eine »common law marriage« gewesen.

*48. »Confessions-Questionnaire«, in: LITTLE REVIEW, XII, May 1929, S. 17

*49. Benstock, 1987, S. 235

50. Marguerite Duras, Savannah Bay, in: THEATER HEUTE, 1986, Heft 1, S. 27

*51. Raymont, 1971

52. Beach, 1982, S. 129

53. Natalie Barney, zit. n. Stromberg, 1989, S. 11

*54. Benstock, 1987, S. 231

*55. ebd., S. 231

56. Gemeint ist hier Ford Madox Ford, der einige Texte

Barnes in der TRANSATLANTIC REVIEW veröffentlicht und Barnes 1927 auch in Barneys Freitagssalon vorgestellt hatte.

57. Ezra Pound, zit. n. Field, 1983, S. 108
*58. Knoll, ed., 1962, S. 167/168
*59. Unveröffentlichter Brief Djuna Barnes' an Natalie Clifford Barney, 14.10.1924. Die hier zitierte Abschrift des Briefes stammt von Brigitte Siebrasse.
60. Margaret Anderson, zit. n. Stromberg, 1989, S. 41
61. Beach, 1982, S. 129
62. Kannenstine, 1976
63. Stromberg, 1989, S. 62
*64. Benstock, 1987, S. 230
65. Barnes, 1928c.
66. Barnes, 1985c, S. 143ff.
67. Barnes, 1988, S. 72
68. ebd., S. 69
69. ebd., S. 9–14
*70. zit. n. Field, 1984, S. 119
71. Siebrasse, 1985, S. 108
72. Barnes, zit. n. Stromberg, 1989, S. 23
*73. Field, 1983, S. 101
*74. Unveröffentlichter Brief Djuna Barnes' an Natalie Barney, 14.10.1924. Die hier zitierte Abschrift des Briefes stammt von Brigitte Siebrasse.
*75. Unveröffentlichter Brief Djuna Barnes' an Natalie Barney, 19.10.1924. Die hier zitierte Abschrift des Briefes stammt von Brigitte Siebrasse.
*76. Unveröffentlichter Brief Djuna Barnes' an Natalie Barney, 20.9.1925. Die hier zitierte Abschrift des Briefes stammt von Brigitte Siebrasse.
*77. Unveröffentlichter Brief Djuna Barnes' an Natalie Barney, 12.1.1931. Die hier zitierte Abschrift des Briefes stammt von Brigitte Siebrasse.
*78. Field, 1983, S. 159
79. Stromberg, 1989, S. 25
*80. Field, 1983, S. 167
*81. ebd., S. 211
*82. ebd., 1983, S. 118
83. vgl. Benstock, 1987, S. 253

84. vgl. Irigaray, 1980; Cixous, 1977; 1980.
*85. Barnes, 1928c, S. 28/29
86. Guido Bruno, »Fleurs du Mal à la mode de New York«, in: Barnes, 1985c, S. 199ff.
87. Stromberg, 1989, S. 84
88. In ihrem Vorwort zur Faksimilie-Ausgabe des LADIES ALMANACH im Jahr 1972 bezeichnete Barnes den ALMANACH als »slight satiric wigging«.
*89. Barnes, 1928c, S. 29
90. Barnes, 1976[3], S. 109
*91. Benstock, 1987, S. 266/267

»Eine reizende Dame immer ganz in Weiß« Natalie Barney und ihr Salon

Teilen dieses Kapitels liegt ein für die Zeitschrift FEMINISTISCHE STUDIEN geschriebener Aufsatz »›Ein Milieu zwischen Welt und Halbwelt‹ — Natalie Barney und ihr Salon« (Busch, 1989c) zugrunde. Zitate aus diesem Aufsatz werden im folgenden nicht einzeln nachgewiesen.

*1. »The Amazon's ancestry«, in: ADAM, No. 299, 1962, S. 152
*2. ebd., S. 159
3. vgl. Pike Barney, 1957.
*4. Wickes, 1976, S. 10
*5. ebd., S. 23
*6. ebd., S. 24
*7. ebd., S. 27
8. Stromberg, 1989, S. 66
9. Siebrasse, 1989, S. 36
*10. Wickes, 1976, S. 41
11. vgl. Siebrasse, 1989, der Artikel trägt den Titel »Die Verführerin«.
12. Barney, 1988, ohne Seitenangabe
*13. Benstock, 1987, S. 480
14. Beach, 1982, S. 131; Hrv. A.B.
15. Natalie Barney, zit. n. Chalon, 1980, S.44
16. vgl. zu den verschiedenen Interpretationen sog. lesbischer Neigungen u.a. Faderman, 1981, S. 314ff. und

S. 357ff.

17. Fox Keller, 1986, S. 28/29
18. ebd., S. 30
19. ebd., S. 31
20. ebd., S. 39
*21. Benstock, 1989, S. 290
*22. ebd., S. 79
*23. ebd.
*24. ebd., S. 78
25. Zu den »Ausschluß-Mechanismen« des Faubourg vgl. ebd., 1987, S. 62ff. und S. 76ff.
*26. »Combat with the Amazon of Letters«, in: ADAM, a.a.O., S. 11
*27. Benstock, 1987, S. 281
28. vgl. dazu neben vielen anderen Showalter, 1977, 3ff.; Cook, 1979; Hausen, Hg., 1983, 22ff.
29. — auf die hier nur am Rande eingegangen wird, vgl. dazu vor allem Benstock, 1987, S. 268ff.
30. Lütke Föller, 1988a, S. 2ff.
31. ebd., S. 6
32. vgl. ebd., S. 6ff.
*33. Benstock, 1987, S. 292
*34. ebd., S. 292
35. vgl. Lütke Föller, 1986, S. 151ff.
*36. Wickes, 1976, S. 121
37. Chalon, 1980, S. 107
38. ebd.
39. ebd., S. 120
40. ebd., S. 124
41. Lütke Föller, 1986, S. 142
42. Die Problematik solcher Bündnispartnerschaften hat Lütke Föller 1986 ausführlich dargestellt, vgl. ebd., S. 151ff.
43. vgl. ebd., S. 157ff.
*44. Wickes, 1976, S. 166
*45. Truman Capote, zit. n. ebd., S. 256
*46. Secrest, 1974, S. 324
*47. Samuel Putnam, in: ADAM, a.a.O., S. 141
*48. Benstock, 1987, S. 44
*49. Wickes, 1976, S. 111

*50. Benstock, 1987, S. 45
*51. ebd., S. 46
*52. ebd., S. 47; Hrv. A.B.
53. vgl. Landweer, 1989, S. 96ff.
54. vgl. zu den Grenzen dieser Freiheit Lütke Föllers Ausführungen zur individuellen und gesellschaftlichen Emanzipation, 1986, S. 53ff., S.109ff.
*55. Berthe Cleyrerque (Natalie Barneys langjährige Haushälterin), in: Orenstein, 1979, S. 487
*56. Benstock, 1987, S. 306
*57. Wickes, 1976, S. 7
*58. Benstock, 1987, S. 307
59. Der Terminus wird hier *nicht* im traditionellen psychologischen Sinne verwendet.
60. vgl. Benstock, 1987, S. 47ff.
*61. vgl. ebd., S. 294
*62. Harris, 1973, S. 89
*63. Faderman, 1981, S. 47
*64. Benstock, 1987, S. 12
*65. Stein, 1940, S. 12
*66. ebd., S. 15
*67. Barnes, zit. n. Field, 1983, 104
68. Hier soll keinesfalls die These vertreten werden, Gertrude Stein sei in *irgendeiner Hinsicht* eine lächerliche Person gewesen.
69. vgl. Lütke Föller, 1986, S. 119ff.
70. vgl. Benstock, 1987, S. 293

»Sisters in Crime« Djuna Barnes' und Natalie Barneys Inszenierungen

1. vgl. Wickes, 1976, S. 178ff.
2. Der Ausdruck stammt von Hans-Jürgen Syberberg, der damit die Zusammenarbeit der Sängerin Yvonne Minton, die in seinem PARZIFAL-Film die Partie der Kundry *sang*, und der Schauspielerin Edith Clever, die in dem Film die Rolle der Kundry *spielte,* beschrieb (Syberberg, 1982, S. 53).
3. Barnes, zit. n. Siebrasse, 1985, S. 110

4. Siebrasse, 1985, S. 110
5. vgl. Stromberg, 1989, S. 114f.
*6. »The Barnes Among Women«, in: TIME, XLI, 18.1.1943, S. 55
7. Barnes, zit. n. Siebrasse, 1985, S. 110
8. vgl. Stromberg, 1989, S. 147
9. ebd., S. 147/148
*10. Benstock, 1987, S. 237/238
11. Barnes wiederholt hier die Formulierung aus dem Brief Natalie Barneys.
*12. Unveröffentlichter Brief Djuna Barnes' an Natalie Barney, 24.10.1966.
*13. Field, 1983, S. 238
14. Jürgen Becker, a.a.O., 1984.
15. vgl. z.B. den unveröffentlichten Brief Djuna Barnes an Natalie Barney, 1.5.1963.
16. So Barnes' Bezeichnung für die StudentInnen, die Anfang der 70er Jahre begannen, sich für ihr Werk zu interessieren.
*17. Page, 1984, S. 2
*18. Field, 1983, S. 236
*19. Barnes, zit. n. Page, 1984, S. 11
*20. Page, 1984, S. 65
21. »Die berühmteste Unbekannte ihrer Zeit — Zum Tode von Djuna Barnes«, in: SCHREIBHEFT, ZEITSCHRIFT FÜR LITERATUR, 1982 , S. 21
*22. Field, 1983, S. 236/237
23. Siebrasse, 1985, S. 112
24. Pinckney, 1985, S. 7 -11
*25. Page, 1984, S. 27/32/52
*26. Page, 1984, S. 66
27. Barnes, 1976[3], S. 96
*28. Wickes, 1976, S. 191
29. Siebrasse, 1989, S. 36
30. So Siebrasses Erklärung, vgl. ebd.
31. vgl. auch Strombergs Ausführungen zur ›Politikferne‹ anderer *expatriates* in mehreren Kapiteln ihres Buches.
*32. Wickes, 1976, S. 197
*33. ebd., S. 199
*34. ebd., S. 203; Hrv. A.B.

35. vgl. für ein erheblich differenzierteres Bild auch der alten Romaine Brooks Secrests Biographie, Secrest, 1974.
*36. ebd., S. 377/379
*37. ebd., S. 365
*38. ebd., S. 379/380
39. Barney, zit. n. Chalon, 1980, S. 239
40. ebd., S. 223
41. ebd.
42. Barney, zit. n. Chalon, S. 225
43. ebd., S. 243
*44. Page, 1984, S. 68
45. Siebrasse, 1985, S. 111/112
46. So Barnes im unten zitierten Brief, vgl. folg. Anm.
*47. Unveröffentlichter Brief Djuna Barnes' an Natalie Barney, 31.5.1963.
*48. ebd.
*49. Unveröffentlichter Brief Djuna Barnes' an Natalie Barney, 16.10.1963.
50. Solcherart *underdressed* soll Mata Hari auf einem Schimmel zu einem von Barneys Gartenfesten ›eingeritten‹ sein, vgl. Siebrasse, 1989.
51. vgl. Siebrasse, 1985, S. 124
*52. Unveröffentlichter Brief Djuna Barnes' an Natalie Barney, 10.9.1967.
53. Claire Goll, zit. n. Siebrasse, 1989, S. 35
*54. Unveröffentlichter Brief Djuna Barnes' an Natalie Barney, 10.9.1967.
*55. Natalie Barney, zit. n. Benstock, 1987, S. 256
56. Barnes, zit. n. Siebrasse, 1985, S. 103
*57. Benstock, 1987, S. 306
58. vgl. Barnes' im Abschnitt »Annäherungen« zitierten Brief an Natalie Barney vom 16.10.1963.
*59. Benstock, 1987, S. 294; Hrv. A.B.
*60. Scott, 1977, S. 20
61. Siebrasse, 1985, S. 108
*62. Benstock, 1987, S. 271
63. vgl. Busch, 1989b.

»Distributed to a very special audience«
Zur Geschichte des LADIES ALMANACH

1. vgl. »The Barnes Among Women«, in: TIME, XLI, 55, 18.1.1943
*2. Unveröffentlichter Brief Bill Birds an Robert McAlmon, Kopiert von Robert McAlmon, 2.12.1949.
3. Barnes, 1928a, Vorsatzblatt
4. ebd.
5. Gemeint ist der »Tempel der Freundschaft« im Garten Natalie Barneys in der Rue Jacob 20, in dem viele Treffen der ACADEMIE DES FEMMES stattfanden.
6. Barnes, 1985a, VORWORT
7. ebd.
8. vgl. dazu Troubridge, 1961, S. 81ff.
9. zit. n. Stromberg, 1989, S. 82/83
*10. Barnes, 1928b, XI
11. Barnes, 1985a, Vorwort
12. US-amerikanischer Ausdruck für lesbische Frauen, die in Beziehungen die männliche Rolle übernehmen.
13. Stephen Gordon ist die Heldin von Radclyffe Halls Roman WELL OF LONELINESS (dtsch. QUELL DER EINSAMKEIT).
*14. Cook, 1979, S. 718/719
*15. Larry McMurty, zit. n. Messerli, 1976, S. 119
16. vgl. Scott, 1976; Kannenstine, 1977.
17. vgl. z.B. Sniader Lanser, 1979.
*18. Cook, 1979, S. 719
19. Christian Linder, »Im Glanz von Djuna Barnes«, in: SÜDDEUTSCHE ZEITUNG, Nr. 270, 1986.
20. Kornelia Hauser, Rezension ohne Titel, in: Das ARGUMENT-BEIHEFT, 1986.
21. »Aus der Arbeit der Verlage«, Manuskript der Sendung vom 24. Oktober 1985, 22.05-23.00 Uhr, Bayern 2, S. 9
22. ebd., S. 10
23. Lilli Limonius, »Almanach für Ladies«, in: ZITTY, Nr. 3, 1986.
24. Alice Villon-Lechner, »Feder wie ein Prunkstilett«, in: TAGESANZEIGER, 6.2.1986.

25. Renate Greinacher, Rezensionsmanuskript für: Boulevard Baden-Baden, 19.12.1985, 22.15-23.00, Südwestfunk 1.
26. Hannelore Schlaffer, »Walrösser und Schwestern des Himmels«, in : STUTTGARTER ZEITUNG, 15.3.1986.
27. Siebrasse, 1985, S. 139
28. Salome Kestenholz, »Von Damen, die Damen lieber lieben als nicht«, in: BAZ, Basel, 9.1.1987.
29. Helmut Winter, a.a.O., 1986.
30. Kestenholz, a.a.O., 1987.
31. I(ngrid) St(robl), »Das Buch für die Dame von Welt«, in: EMMA, Heft 5, 1986.
32. Wie die Zitate aus den Rezensionen zeigen, handelte es sich nicht nur um männliche Rezensenten.
33. Hauser, a.a.O., 1987.
34. Winter, a.a.O., 1986.
35. Siebrasse, 1985, S. 100
36. So der Titel eines Romans von Lucie Delarus-Mardrus.
37. Busch, 1986.

»Eine Satire für Fortgeschrittene«
Eine Lektüre des LADIES ALMANACH

Teilen dieses Kapitels liegen zwei in der Zeitschrift FORUM HOMOSEXUALITÄT UND LITERATUR und in dem von der Interdisziplinären Forschungsgruppe Frauenforschung der Universität Bielefeld herausgegebenen Sammelband LA MAMMA! BEITRÄGE ZUR SOZIALEN INSTITUTION MUTTERSCHAFT veröffentlichte Aufsätze (Busch, 1989a; 1989b) zugrunde. Zitate aus diesen Aufsätzen werden im folgenden nicht einzeln nachgewiesen.

1. vgl. den Untertitel des ALMANACH
2. Mit dem Begriff »Lady« werden im ALMANACH lesbische Frauen der Oberschicht bezeichnet. Der Terminus wird hier und im folgenden in dieser Bedeutung verwendet, da ein entsprechender deutscher Ausdruck fehlt.

*3. Field, 1984, S. 112

4. vgl. z.B. Capp, 1979; Mix, Hg., 1986; Sagendorph, 1970.
*5. Cabb, 1979, S. 15
*6. ebd., S. 28
*7. ebd., S. 24
8. Mix, 1986, S. 9
9. Barnes, 1985a, S. 28
10. ebd., S. 11
11. vgl. jetzt das Dissertationsprojekt von Christiane Rasper.
12. Wackerhagen, 1984, S. 138/139
13. vgl. Busch, 1987, S. 55ff.; dies., 1989a
14. vgl. Irigaray, 1980.
15. vgl. Barnes, 1985a, S. 44
16. ebd., S. 11
17. ebd., S. 10
18. ebd., S. 9/10
19. ebd., S. 11
20. ebd., S. 10
21. ebd., S. 11
22. ebd., S. 42
23. Busch, 1986, S. 30
24. so z.B. Liane de Pougys IDYLLE SAPPHIQUE oder Lucie Delarus-Mardrus' Text L'ANGE ET LES PERVERS
25. so die Figur der Valerie Seymour in Radclyffe Halls WELL OF LONELINESS
26. Barnes, 1985a, S. 74
27. ebd., Vorwort
28. ebd., S. 53
29. Stromberg, 1989, S. 70
30. ebd., S. 85
31. vgl. Faderman, 1981, bes. S. 295ff.
32. vgl. Sniader Lanser, 1979, S. 41ff.
*33. Kannenstine, 1977, S. 50
34. vgl. zum Thema »weibliche Heldin« z.B. Treder, 1984; Stephan, 1983; Weigel, 1983b.
35. So die Selbstcharakteristik Stephens im Roman.
36. Barnes, 1985a, S. 25
37. Radclyffe Hall, 1976, S. 538

43. Barnes, 1985a, S. 91
44. ebd., S. 14
45. ebd., S. 27
46. ebd., S. 25
47. ebd., S. 41
48. ebd., S. 40
49. ebd., S. 72/73
50. ebd., S. 30/31
51. alle Zitate: ebd., S. 70
52. ebd., S. 71
53. ebd., S. 64
54. ebd., S. 34
55. vgl. z.B. die Zitate aus kritischen Rezensionen im ersten Kapitel dieses Teils oder die Ausführungen Scotts und Kannenstines zum LADIES ALMANACH.
*56. Sniader Lanser, 1979, S. 39
*57. ebd., S. 40
*58. ebd., S. 43 — Sniader Lansers Aufsatz trägt den Titel »Speaking in Tongues«.
59. Barnes, 1985a, S. 28
60. ebd., S. 15
61. Barnes, 1976[3], S. 159
62. vgl. z.B. Luce Irigarays Vorstellungen von der spezifischen »Fruchtbarkeit« heterosexueller Beziehungen, Irigaray, 1983 und zur Kritik Busch, 1989d.
63. Barnes, 1985a, S. 42
64. Zwetajewa, 1985, S. 28
65. ebd., Untertitel
66. ebd., S. 12/16/17
67. ebd., 16
68. Barnes, 1985a, S. 15; Hrv. A.B.
69. ebd., S. 80
70. ebd., S. 14
71. ebd., S. 81
72. Zwetajewa, 1985, S. 29/30
73. Barnes, 1985a, S. 50
74. ebd., S. 51
75. ebd., S. 53
76. ebd., S. 65
77. ebd., S. 65

78. ebd., S. 66
79. ebd., S. 66/67
80. de Beauvoir, 1978[12].
81. Irigaray, 1980.
82. vgl. Busch, 1989d
83. vgl. Landweer, 1987.
84. vgl. Landweer, 1989, S. 7
85. Barnes, 1985a, S. 65
86. ebd., S. 28
87. ebd., S. 30
88. ebd.
89. vgl. Busch, 1987, S. 42ff.
90. Barnes, 1985a, S. 24/25
91. vgl. Siebrasse, 1985, S. 139
92. Barnes, 1985a, S. 20; Hrv. A.B.
93. ebd., S. 91
94. ebd.
95. ebd.
96. ebd.
97. vgl. zur Analyse der Sprache und des Stils des LADIES ALMANACH, Busch, 1987, S. 112ff., S. 143ff., S. 158f. und Busch, 1989a, S. 66ff.
98. vgl. Busch, 1987, bes. S. 218ff.
*99. Sniader Lanser, 1979, S. 41
*100. ebd., S. 44
*101. ebd.
102. Barnes, 1985a, S. 28
103. ebd., S. 15
104. Busch, 1986, S. 30

»Sehnsucht auf dem Irrweg«
Vom LADIES ALMANACH zu NACHTGEWÄCHS

1. Die folgende Lesart des äußerst komplexen Romans NACHTGEWÄCHS beschränkt sich auf *einen* Aspekt dieses Textes. Zu NACHTGEWÄCHS gibt es in der amerikanischen Literaturwissenschaft mittlerweile einige Aufsätze und Dissertation, vgl. dazu Busch, 1987, bes. S. 187.
2. Barnes, 1976[3], S. 44

3. ebd., S. 95
4. Kaever, 1985, S. 75
5. Barnes, 1976[3], S. 39
6. Wolfgang Hildesheimer in seinem Nachwort zu NACHTGEWÄCHS, in ebd., S. 191
7. ebd., S. 134
8. ebd., S. 153
9. ebd., S. 171
10. ebd., S. 142
11. ebd., S. 162
12. ebd., S. 49
13. ebd., S. 111
14. ebd.
15. ebd., S. 179/180
16. ebd., 183
17. Kaever, 1985, S. 39
*18. Unveröffentlichtes Typoskript des Romans NIGHTWOOD, S. 239
19. Barnes, 1976[3], S. 172
20. ebd., S. 69
21. vgl. Busch, 1989b.
22. vgl. u.a. Smith-Rosenberg, 1984.
23. Barnes, 1976[3], S. 152
24. ebd., S. 153
25. ebd.
26. ebd., S. 143
27. ebd., S. 143/177
28. ebd., S. 158
29. ebd., S. 173
30. ebd., S. 89
31. Kaever, 1985, S. 39
*32. Benstock, 1987, S. 266

Literaturverzeichnis

»Aus der Arbeit der Verlage«, Manuskript der Sendung vom 24. Oktober 1985, 22.05–23.00, Bayern 2.

»Confessions — Questionaire«, in: LITTLE REVIEW, XII, May 1929, S. 17f.

»Die berühmteste Unbekannte ihrer Zeit« — Zum Tode von Djuna Barnes, in: SCHREIBHEFT, ZEITSCHRIFT FÜR LITERATUR, Heft 19, 1982, S. 21.

»Ich bin die berühmteste Unbekannte der Welt«, in: DER SPIEGEL, Nr. 26, 39. Jg., S. 167–169.

»Ladies Almanach«, Rezension ohne Titel, in: PROFIL, No. 2, 7.1.1986.

»Ladies Almanach«, Rezension ohne Titel, in: KULTURKUTSCHE, No. 1, Januar 1986.

»Masken, Djuna Barnes' ›Ladies Almanach‹«, in: NEUE ZÜRICHER ZEITUNG, 20.12.1985.

»The Barnes Among Women«, in: TIME, XLI, 55, 18.1.1943.

Achermann, Erika, »Kuss im Spiegel«, in: ST. GALLENER TAGEBLATT, 15.1.1986.

ADAM, INTERNATIONAL REVIEW, »The Amazon of Letters, A World Tribute to Natalie Barney«, Year XXIX, No. 299, London, 1962.

Allan, Tony, Americans in Paris, New York, 1977.

Barnes, Djuna, The Book of Repulsive Women, New York, 1915.

— dies., A Book, New York, 1923.

— [dies.,] Ladies Almanack, Paris, 1928. (1928a)

— dies., Ryder, New York, 1928. (1928b)

— dies., The »Woman Who Goes Abroad to Forget«, in: NEW YORKER, IV, December, 8, 1928. (1928c)

— dies., A Night Among the Horses, New York, 1929.

— dies., Nightwood, London, 1936.

— dies., The Antiphon, London, 1958.

— dies., Nachtgewächs, Pfullingen, 1959.

— dies., Eine Nacht mit den Pferden, Pfullingen, 1961.

— dies., Selected Works, New York, 1962.

— dies., Ladies Almanack, Facsimile Reprint, New York, 1972. (1972a)

— dies., Antiphon, Frankfurt a.M., 1972. (1972b)
— dies., Vagaries malicieux, New York, 1974.
— dies., Nachtgewächs, Frankfurt a.M., 19763.
— dies., Greenwich Village as it it, New York, 1978.
— dies., Smoke and Other Early Storys, Maryland, 1982. (1982a)
— dies., Creatures in an Alphabet, New York, 1982. (1982b)
— dies., Die Nacht in den Wäldern, Berlin, 1984.
— dies., Ladies Almanach, Berlin, 1985. (1985a)
— dies., Interviews, Maryland, 1985. (1985b)
— dies., Portraits, Berlin, 1985. (1985c)
— dies., Ryder, Frankfurt a.M., 1986. (1986a)
— dies., Leidenschaft, Berlin, 1986. (1986b)
— dies., Saturnalien, Berlin, 1987. (1987a)
— dies., New York, Berlin, 1987. (1987b)
— dies., Paris Joyce Paris, Berlin, 1988.
Barney, Natalie, Quelques portraits-sonnets de femmes, Paris, 1900.
— dies., Cinq petits dialogues grecs, Paris, 1901.
— dies., Actes et entr'actes, Paris, 1910.
— dies., Pensées d'une amazone, Paris, 1920.
— dies., Aventures de l'esprit, Paris, 1929.
— dies., The One Who Is Legion, London, 1930.
— dies., Nouvelles pensées de l'amazone, Paris, 1939.
— dies., In Memory of Dorothy Irene Wilde, Dijon, 1951.
— dies., Souvenirs indiscrets, Paris, 1960.
— dies., Selected Writings, Edited with an introduction by Miron Grindea, London, 1963.
— dies., Traits et portraits, Paris, 1963.
— dies., Meine Geliebte/My Mistress, Bremen, 1988.
Barthes, Roland, Mythen des Alltags, Frankfurt a.M., 1988[13].
Bayer, Isabel, Djuna Barnes: »Almanach für Ladies«, Radiomanuskript der Sendung »Buchzeit«, Sender Freies Berlin, SFB 1/3, 23.12.1985, 16.50–17.00.
Beach, Sylvia, Shakespeare and Company, Ein Buchladen in Paris, Frankfurt a.M., 1982.
Beaggle-Wulf, Lena, Bedside Stories, Private Edition.
Becker, Jürgen, »Mythos der Nacht«, in: DIE ZEIT, Nr. 51,

14.12.1984, S. 55.

Behan, Mira; Falcke, Eberhard, »Aus der Arbeit der Verlage«, Radiomanuskript, Bayrischer Rundfunk, BR 2, 24.10.1985, 22.05–23.00.

Benstock, Shari, Women of the Left Bank, Paris 1900–1940, London, 1987.

Burton, Robert, The Anatomie of Melancholy, In three Volumes, London, 1968. Anatomy der Melancholie, Zürich und München, 1988.

Busch, Alexandra, »Eine Satire für Fortgeschrittene!«, in: DIE SCHWARZE BOTIN, Nr. 37, 1986.

— dies., Djuna Barnes' ›Ladies Almanack‹ — Ein Text am Schnittpunkt von Almanach-Tradition und Moderne, Unveröffentlichte Magisterarbeit, Universität Bielefeld, Fakultät für Literaturwissenschaft und Linguistik, 1987.

— dies., »Der Weg zum Boom«, Leserbrief, in: THEATER HEUTE, Heft 6, 1988, S. 62.

— dies., »Eine Satire für Fortgeschrittene, Djuna Barnes' LADIES ALMANACK«, in: FORUM HOMOSEXUALITÄT UND LITERATUR, Heft 6, 1989, S. 41–72. (1989a)

— dies., »Puppen und Töchter in den Texten Djuna Barnes'«, in: La Mamma!, Beiträge zur sozialen Institution Mutterschaft, Hrsg. von der Interdisziplinären Forschungsgruppe Frauenforschung der Universität Bielefeld, Köln, 1989, S. 61–76. (1989b)

— dies., »›Ein Milieu zwischen Welt und Halbwelt‹, Natalie Barney und ihr Salon«, in: FEMINISTISCHE STUDIEN, November 1989. (1989c)

— dies., »Der metaphorische Schleier des ewig Weiblichen, Zu Luce Irigarays Ethik der sexuellen Differenz«, in: Großmaß, Ruth; Schmerl, Christiane, Hg., Feministischer Kompaß, patriarchales Gepäck, Kritik konservativer Anteile in neueren feministischen Theorien, Frankfurt/New York, 1989, S. 117–172. (1989d)

Capp, Bernhard, English Almanacs 1500–1800, Astrology and the Popular Press, New York, 1979.

Ceaton, Irene and Allen, Books and Battles, American Literature 1920–1930, Boston, 1937.

Chalon, Jean, Portrait einer Verführerin, Die Biographie der Natalie Barney, Reinbeck bei Hamburg, 1980.

Cixous, Hélène, Die unendliche Zirkulation des Begehrens, Berlin, 1977.

— dies., Weiblichkeit in der Schrift, Berlin, 1980.

Cody, Morrill, with Huge Ford, The Women of Montparnasse, The Americans in Paris, New York, 1984.

Cook, Blanche Wiesen, »›Women Alone Stir My Imagination‹, Lesbianism and the Cultural Tradition«, in: SIGNS, JOURNAL OF WOMEN IN CULTURE AND SOCIETY, No. 4, 1979, S. 718–739.

Delarus-Mardrus, Lucie, L'Ange et les Pervers, Paris, 1930.

Duras, Marguerite, »Savannah Bay«, in: THEATER HEUTE, Heft 1, 1986, S. 27ff.

Ecker, Gisela, »Gertrude Stein, Hilda Doolittle (H.D.) und Djuna Barnes: Drei Amerikanerinnen in Europa«, in: Weiblichkeit und Avantgarde, Hrsg. von Inge Stephan und Sigrid Weigel, Berlin, 1987, S. 40–66.

Faderman, Lillian, Surpassing the Love of Men, Romantic Friendship and Love Between Women from the Renaissance to the Present, New York, 1981.

Ferguson, Suzanne C., »Djuna Barnes' Short Stories, An Estrangement of the Heart«, in: SOUTHERN REVIEW, Vol. V, New Series, No. 1, 1969.

Field, Andrew, Djuna, The Life and Times of Djuna Barnes, New York, 1983.

Fitch, Noel Riley, Sylvia Beach, Eine Biographie im literarischen Paris 1920–1940, Frankfurt, 1988.

Flanner, Janet, Paris Was Yesterday, ed. by Irving Drutman, New York, 1972.

Friedman, Susan Stanford, »Psyche Reborn, Tradition, Re-Vision, and the Goddess as Mother-Symbol in H.D.'s Epic Poetry«, in: WOMEN'S STUDIES, 6, 1979, S. 147–160.

Fromkorth, Birgit, (Weibliche) Subjektivität: (Alt-)modische Überlegungen zu einem (un-)populären Thema anhand ausgewählter Bildungsromane Us-amerikanischer Autorinnen, 1963–1980, Diss. Proj., Nürnb.

Führer, Ruth, »Oh Zeus! Oh Diana! Oh Nieswurz!«, in: BASLER ZEITUNG, MAGAZIN, 7./8.06.1986.

Geitner, Ursula, Hg., Schauspielerinnen, Der theatralische Eintritt der Frau in die Moderne, Bielefeld, 1988.

Gerhardt, Marlies, Stimmen und Rhythmen, Weibliche Ästhetik und Avantgarde, Darmstadt/Neuwied, 1986.

Greinacher, Renate, »Djuna Barnes' Ladies Almanach«, Radiomanuskript der Sendung »Boulevard Baden-Baden«, Südwestfunk, SWF 1, 19.12.1985, 22.15 – 23.00.

Gronewold, Hinrike, »...wie die Braut ihre Ängste«, in: VIRGINIA, Nr. 1, Oktober 1986.

Gubar, Susan, »Sapphistries«, in: SIGNS, JOURNAL OF WOMEN IN CULTURE AND SOCIETY, Vol. 10, No. 11, 1984.

Guggenheim, Peggy, Out of This Century, Confessions of an Art Addict, New York, 1979. Ich habe alles gelebt, Bergisch Gladbach, 1989[6].

Hall, Margarete Radclyffe, Well of Loneliness, New York, 1928. Quell der Einsamkeit, Frankfurt a.M., Berlin, Wien, 1976.

Harris, Bertha, »The More Profound Nationality of Their Lesbianism, Lesbian Society in the 1920's«, in: Amazon Expedition, A Lesbian Feminist Anthology, ed. by Phillis Birky et. al., New York, 1973, S. 77–88.

Hausen, Karin, Hg., Frauen suchen ihre Geschichte, München, 1983.

Hauser, Kornelia, Rezension ohne Titel, in: DAS ARGUMENT-BEIHEFT, 1986.

Hengsbach, Monika, Bewältigungsversuche des Stigmas weiblicher Homosexualität in literarischen Texten des 20. Jahrhunderts, Unveröffentlichte Staatsexamensarbeit, Bielefeld, 1983.

Hirshman, Jack Aron, The Orchestrated Novel, A Study of Poetic Devices in the Novels of Djuna Barnes and Hermann Broch, and the Influences of the Works of James Joyce Upon Them, Ph.D., Indiana University, 1961.

Hobhouse, Janet, Everybody Who Was Anybody, A Biography of Gertrude Stein, London, 1975.

Hoffman, Frederick J., The Twenties, American Writing in the Postwar Decade, New York, 1962.

Irigaray, Luce, Das Geschlecht, das nicht eins ist, Berlin, 1979.
— dies., Speculum, Spiegel des anderen Geschlechts, Frankfurt a.M., 1980.
— dies., Ethique de la Différence Sexuelle, Paris, 1984.
Kaever, Katharina, Die Nachtwachen der Djuna Barnes, Bremen, 1985.
Kannenstine, Louis F., Duality and Damnation, The Art of Djuna Barnes, New York, 1977.
Kenner, Hugh, The Pound Era, Berkely, 1971.
— ders., The Poetry of Ezra Pound, New York, 1951.
— ders., A Homemade World, The American Modernist Writers, New York, 1975.
Kestenholz, Salome, »Von Damen, die Damen lieber lieben als nicht«, in: BAZ, Basel, 9.1.1987.
Knoll, Robert E., ed., McAlmon and the Lost Generation, A Self-Portrait, Lincoln, 1962.
Kokula, Ilse, Weibliche Homosexualität um 1900 in zeitgenössischen Dokumenten, München, 1981.
Koschel, Christine, von Weidenbaum, Inge, »Nochmal: Barnes«, Leserbrief, in: THEATER HEUTE, Heft 8, 1988, S. 54.
Landweer, Hilge, Neuere sozialphilosophische Personen- und Identitätskonzepte als androzentrische Theorien, Die Kategorie ›Geschlecht‹ bei Goffmann, Foucault und Devereux, Unveröffentlichte Staatsexamensarbeit, Bielefeld, 1983.
— dies., »›Weibliche Identität‹, Selbstaffirmation als Geschlecht«, in: PSYCHOLOGIE UND GESELLSCHAFTSKRITIK, Nr. 41, 1987.
— dies., Das Märtyrerinnenmodell, Methodologische, genealogische und ideologiekritische Untersuchungen zu weiblicher Individualität und feministischen Identitätspolitiken, Dissertation, Bielefeld, 1989.
Limonius, Lilli, »Almanach für Ladies«, in: ZITTY No. 3, 1987.
Linder, Christian, »Im Glanz von Djuna Barnes, Das 19. Esslinger Gespräch deutschsprachiger Übersetzer«, in: SÜDDEUTSCHE ZEITUNG, Nr. 270, 1986.
Literaturliste »Sexuelle Gewalt — sexueller Mißbrauch von

Mädchen und Frauen« des Vereins zur Weiterbildung von Frauen e.v., Köln.

Lütke Föller, Agnes Sophia, Frauen im Kampfsport — Eine Möglichkeit der individuellen und gesellschaftlichen Emanzipation?, Unveröffentlichte Staatsexamensarbeit, Universität Münster, 1986.

— dies., »FrauenBewegungs-Vereine — ein Raum für Frauen?«, Vortrag gehalten auf dem ADH-Frauentag »Mädchen und Frauen im Breiten- und Freizeitsport«, Berlin, 11.Mai 1988. (1988a)

— dies., Frauen in Interviews in Fernseh-Sportsendungen, Unveröffentlicher Abschlußbericht der Voruntersuchung, Forschungsprojekt im Arbeitsbereich Sportsoziologie FB Sportwissenschaft WWU Münster, Münster, 1988. (1988b)

— dies., Frauensportvereine, Eine sozialhistorische Studie zum Vereinswesen, Dissertationsprojekt, Münster.

Messerli, Douglas, Djuna Barnes, A Bibliography, New York, 1975.

Mix, York-Gotthard, Hrsg., Kalender?, Ey wie viel Kalender?, Literarische Almanache zwischen Rokokko und Klassizismus, Katalog zur Ausstellung im Zeughaus der Herzog August Bibliothek in Wolfenbüttel, Wolfenbüttel, 1986.

Orenstein, Gloria Feman, »Natalie Barney's Parisian Salon«, in: 13TH MOON, No. 5, 1980, S. 76–93.

— dies., »The Salon of Natalie Clifford Barney, An Interview with Berthe Cleyrergue«, in: SIGNS, JOURNAL OF WOMEN IN CULTURE AND SOCIETY, No. 4, 1979, S. 484–496.

Ortlepp, Gunar, »War Papa Mamas Opfer?«, in: DER SPIEGEL, Nr. 18, 43. Jg., 1.5.1989, S. 206–210.

OSCARIA, In Memory of Dorothy Irene Wilde, ed. by Natalie Clifford Barney, ohne Ortsangabe, MCMLI, Privately printed.

Page, Chester. Leserbrief ohne Titel, in: NEW YORK TIMES REVIEW OF BOOKS, 17.7.1984.

— ders., »Book Review Correction«, in: NEW YORK REVIEW OF BOOKS, No. 20, December 1984.

— ders., Unveröff. Manuskript o. T., New York, 1984.

Pike Barney, Alice, Portraits in oil and pastell, National Collection of Fine Arts, Washington, 1957.

Pinckney, Darryl, »Frische Abendbrise«, in: FREIBEUTER, Heft 24, 1985, S. 3–18.

Quennel, Peter, Genius in the Drawing Room, The Literary Salon in the Nineteenth and Twentieth Century, London, 1980.

Rasper, Christiane, Lust-Mörderinnen in der Sprache — Satire von Frauen als Kampfansage, Dissertationsprojekt, Bielefeld.

Raymont, Henry, »From the Avantgarde of the Thirties«, in: TIME, XLI, 55, 18.1.1943.

Reichart, Manuela, »Ladies Almanach«, in: DIE ZEIT, No. 7, 7.2.1986.

Röttgers, Kurt, »Diskursive Sinnstabilisation durch Macht«, in: Diskurstheorien und Literaturwissenschaft, Hrsg. von Jürgen Fohrmann und Harro Müller, Frankfurt a.M., 1988, S. 114–133.

Rule, Jane, Bilder und Schatten, Die lesbische Frau in der Literatur, Berlin, 1979.

Schlaffer, Hannelore, »Walrösser und Schwestern des Himmels, Djuna Barnes' LADIES ALMANACH oder die Päpstin von Lesbos«, in: STUTTGARTER ZEITUNG, 15.3.1986.

— dies., »Ladies Almanach von Djuna Barnes«, Radiomanuskript der Sendung »Soiree Neue Bücher / Neue Texte«, Südwestfunk Baden-Baden, SWF 2, 15.3.1986, 20.30–23.00.

Scott, James B., Djuna Barnes, Boston, 1976.

Secrest, Meryle, Between Me and Life, A Biography of Romaine Brooks, Garden City, 1974.

Showalter, Elaine, A Literature of Their Own, British Women Novelists from Brontë to Lessing, Princeton, 1977.

Siebrasse, Brigitte, »Das Leben, die Erlaubnis, den Tod kennenzulernen«, in: EMMA, Heft 8, 1982.

— dies., »Luchse können im Dunkeln küssen«, in: SCHREIBHEFT, ZEITSCHRIFT FÜR LITERATUR; No. 21, 1984. (1984a)

— dies., »Wer hat Angst vor Djuna Barnes?«, in: FREIBEUTER, Nr. 21, 1984. (1984b)

— dies., Nachwort, in: Barnes, 1985, S. 93–139.
— dies., »Die Verführerin«, in: EMMA, Heft 2, 1989.
Smith-Rosenberg, Carroll, Disorderly Conduct, Visions of Gender in Victorian America, New York, 1984.
Sniader Lanser, Susan, »Speaking in Tongues, ›Ladies Almanack‹ and the Language of Celebration«, in: FRONTIERS, Vol. IV, No. 3, 1979.
ST(robl), I(ngrid), »Das Buch für die Dame von Welt«, in: EMMA, Heft 5, 1986.
Stein, Gertrude, Paris France, London, 1940.
Stephan, Inge, »›Bilder und immer wieder Bilder ...‹, Überlegungen zur Untersuchung von Frauenbildern in männlicher Literatur«, in: Stephan/Weigel, 1983, S. 15–34.
Stephan, Inge, Weigel, Sigrid, Die verborgene Frau, Sechs Beiträge zu einer feministischen Literaturwissenschaft, Berlin, 1983.
Stern, Alfred, Philosophie des Lachens und Weinens, München, 1980.
Stromberg, Kyra, »Maskierung und Demaskierung«, in: SÜDDEUTSCHE ZEITUNG, 3./4.1.1986.
— dies., Djuna Barnes, Leben und Werk einer Extravaganten, Berlin, 1989.
Syberberg, Hans-Jürgen, Parsifal, München, 1982.
The Märtyrers Almanack, Verfaßt & verantwortet by an Aunt out of Fashion, Private Edition, Bielefeld, 1989.
Treder, Ute, Von der Hexe zur Hysterikerin; Zur Verfestigung des Ewig-Weiblichen, Bonn, 1984.
Troubridge, Lady Una, The Life and Death of Radclyffe Hall, London, 1981.
Villon-Lechner, Alice, »Feder wie ein Prunkstillet«, in: TAGESANZEIGER, 6.2.1986.
Vivien, Renée, Die Dame mit der Wölfin, Berlin, 1981.
Wackerhagen, Hilde, »Warum schreiben so wenige Frauen Satiren, Überlegungen zu den geschlechtsspezifischen Voraussetzungen von Humor«, in: Heenan, Susan, Hg., Frauenstrategien, Frankfurt a.M., 1984.
Weigel, Sigrid, »Der schielende Blick, Thesen zur Geschichte weiblicher Schreibpraxis«, in: Stephan/Weigel, 1983, S. 83–137.(1983a)

— dies., »Die geopferte Heldin und das Opfer als Heldin, Zum Entwurf weiblicher Helden in der Literatur von Männern und Frauen«, in: Stephan/Weigel, 1983, S. 138–152. (1983b)
Wickes, George, Americans in Paris, Garden City, 1969.
— ders., The Amazon of Letters, The Life and Loves of Natalie Barney, London, 1977.
Winter, Helmut, »Zwischen Puff und Gebetshaus«, in: Frankfurter Allgemeine Zeitung, 22.2.1986.
Wolff, Charlotte, »Lesbianismus und Bisexualität in den Werken von Djuna Barnes und Virginia Woolf«, in: Lesbenpresse, Nr. 2, 1982.
Zwetajewa, Marina, Mein weiblicher Bruder, München, 1985.

Alexandra Busch studierte in Bielefeld Literaturwissenschaft, Philosophie und Geschichte. Als Mitarbeiterin bei der Interdisziplinären Forschungsgruppe Frauenforschung der Universität Bielefeld arbeitet sie z.Zt. an zwei Forschungsprojekten über Djuna Barnes und das Paris der Zwanziger Jahre. Zahlreiche Vorträge und Veröffentlichungen von Rezensionen und Aufsätzen in Zeitschriften und Sammelbänden.

In diesem Verlag bereits erschienen

Robert Desnos
Gegenrichtung
Poèmes / Gedichte
Übersetzt von Jürgen Sieß
72 S., geb., 20,— DM, 1989

Schauspielerinnen
Der theatralische Eintritt der Frau in die Moderne
Herausgegeben, kommentiert und mit einem Nachwort versehen von Ursula Geitner. Mit 13 Collagen von Britta Findeisen.
284 S., geb., 38,— DM, 1988
»Die spannende Lektüre des Buches besteht im Nachvollzug dieses agonalen Verhältnisses, in dem Natur und Rolle, Weiblichkeit und Schauspielkunst in den geschickt ausgewählten und jeweils pointiert eingeleiteten Texten stehen.« TAZ

Kriminalgeschichten aus dem 18. Jahrhundert
Herausgegeben mit Erläuterungen und einem Nachwort von Holger Dainat
Mit 22 Montagen von Heinz Beier.
216 S., geb., 28,— DM, 1987
»Der Herausgeber dieses lesenswerten Bandes hat in seinem souveränen Nachwort nicht nur einen kompetenten Überblick über die Anfänge der Gattung geliefert, sondern auch mit sicherem Blick für die historische Dimension seiner Auswahl eine Fülle von Merkwürdigkeiten zusammengestellt.« Stuttgarter Zeitung

Karin Irshaid-Hake
Das Nönnchen
Ein Text mit 6 Bleistiftzeichnungen der Autorin.
54 S., Fadenheftung, 26,— DM, 1986
»In der Tat schreibt ›Das Nönnchen‹ eine psychologische Fabel, in poetischen Bildern gesetzt, und die Sinnoffenheit der Metaphern entspricht der Vielschichtigkeit emotional starker Seelenlagen.« Neue Westfälische

Gesa Amfelde
soviel Schulterton
Gedichte mit 7 Pinselzeichnungen der Autorin.
66 S., Fadenheftung, 24,— DM, 1986
»Diese Gedichte kreisen um Kosmisches, um Jahreszeiten und Vegetation, um Mensch und Tier und die Musik. Liebe und das schöpferische Tun, das Lächeln (...) sind zentrale Themen.« Badische Zeitung

Karin Irshaid-Hake
Helle Federn auf dem Kopf
Gedichte mit 7 Radierungen der Autorin.
78 S., engl. Broschur, 24,— DM, 1985
»Alle Gedichte beeindrucken durch unverbrauchte, frische Bilder, leben von Sprachfärbungen, vor allem von rhythmischen Akzenten und insgesamt vom Lautmaterial.« Neue Westfälische

CIP-Titelaufnahme der Deutschen Bibliothek
Busch, Alexandra:
Ladies of Fashion:
Djuna Barnes, Natalie Barney und das Paris
der Zwanziger Jahre / Alexandra Busch. —
Bielefeld: Haux, 1989
ISBN 3-925471-06-5

1. Auflage

Verlegt bei Cordula Haux, Hochstraße 13, 4800 Bielefeld
Typographie und Umschlag Heinz Beier
Umschlaggestaltung unter Verwendung eines modifizierten
Details einer Zeichnung von Djuna Barnes
Schrift: Baskerville
Gesamtherstellung:
Hans Kock Buch- und Offsetdruck GmbH, Bielefeld
ISBN 3-925471-06-5